中國學術思想 研究輯刊

二四編

林慶彰 主編

第 **3** 冊

荀子「化性起偽」思想之可能性
——從「意志」的面向來探討

江宏鈞 著

花木蘭文化出版社

國家圖書館出版品預行編目資料

荀子「化性起偽」思想之可能性──從「意志」的面向來探討
／江宏鈞 著 ─ 初版 ─ 新北市：花木蘭文化出版社，2016〔
民 105〕
目 2+172 面；19×26 公分
（中國學術思想研究輯刊 二四編；第 3 冊）
ISBN 978-986-404-715-4（精裝）
1.（周）荀況 2. 學術思想 3. 性惡論
030.8   105013471

ISBN-978-986-404-715-4

9 789864 047154

中國學術思想研究輯刊
二四編 第 三 冊   ISBN：978-986-404-715-4

荀子「化性起偽」思想之可能性
──從「意志」的面向來探討

作　　者　江宏鈞
主　　編　林慶彰
總 編 輯　杜潔祥
副總編輯　楊嘉樂
編　　輯　許郁翎、王筑　美術編輯　陳逸婷
出　　版　花木蘭文化出版社
社　　長　高小娟
聯絡地址　235 新北市中和區中安街七二號十三樓
　　　　　電話：02-2923-1455／傳真：02-2923-1452
網　　址　http://www.huamulan.tw 信箱 hml810518@gmail.com
印　　刷　普羅文化出版廣告事業
封面設計　劉開工作室
初　　版　2016 年 9 月
全書字數　158220 字
定　　價　二四編 11 冊（精裝）新台幣 20,000 元

荀子「化性起偽」思想之可能性
——從「意志」的面向來探討

江宏鈞 著

作者簡介

江宏鈞，一九八五年出生，生於台中市潭子區，國立台灣大學中國文學系畢業，國立清華大學中國文學研究所碩士。以荀子作爲撰寫主題的初衷，始於幼時所讀的兒童百科全書，基於最初學校所灌輸的孔孟人性本善之思想，書中所記的荀子之言，在那時深深震撼了幼時作者的內心，直到成年以後依舊深刻。承蒙恩師的指引和提點，作者決定以荀子之學爲論文主題，欲圖一解長年以來對荀子的一些疑問，亦抒發內心的想法，此著作如能稍有裨益於後生學者，不僅是作者的期望，亦是作者之幸。

提　要

　　荀子以「性惡說」聞名於世，在儒家思想裡獨樹一格。但荀子也因此在中國思想史的路上幾乎是飽受冷眼，倍嚐風雨。一直到明清之後，王先謙、汪中、孫詒讓等人極力闡揚先秦諸子學，再經過後來的學者不斷地研究，荀子的思想總算是逐漸被受到肯定與重視。既使思考的出發點不同，然而在最終的目標上亦是殊途同歸。

　　但是在強大的孟子形上道德思維的影響下，荀子思想本身的獨立地位與價值並沒有全然底定。大多數學者認爲荀子對「人性改造」的思想裡，缺少了自主性和普遍性，沒有一個能夠自生自發的道德根源存在。我認爲荀子的「化性起僞」說本身已經算是一套夠完整自足的理論，順著這套理論來進行對身心的修養，成爲聖人君子是有可能的。只是人自身的本能和慾望很強，個人的自我意識與選擇又會帶來不確定性，還有其他複雜的外部因素等，在在都會影響到「化性起僞」完成的可能。

　　我思索著一個能夠促使「化性起僞」說完成的重要關鍵，之後在荀子文本中發現到「志意」一詞，而「志意」在文本裡所呈現出來的一個型態與力量，非常可能就是我想要找到的關鍵要素。我認爲這個要素是一個常被稱爲「精神力」的「意志」，只是在文本內無法被直接發現，因此我從荀子文本著手，藉由對「志意」、「志」等高度相關的詞彙，以及與「意志」的內涵有所關連的段落進行搜索和彙整，然後採用文字、聲韻、與訓詁等方法來理解及分析內部的意義之後，我發現荀子不僅早在文本內便明白地宣揚「意志」的存在，也用其他的敘述手法來表現「意志」的作用跟重要性。

　　「意志」很早就存在於人類的文化當中，不只在儒家，在其他先秦諸子的思想裡，「意志」也是不停地在發揮作用，並且繼續影響著後來的思想家。而我在荀子文本當中找出這個歷來學者極少提及，這一個具備恆長力道的心理狀態，希望可以幫助荀子的思想能夠更完整，在功夫實踐面上能發揮更加堅定恆長的作用。同時也希望經由對荀子文本中部分內容的整理，可以讓後來也想研究荀子思想的人，減少一些在相關資料上的蒐集時間，繼而能拋磚引玉，引起更多人的注意與思考。

謝　誌

　　其實，在寫這篇論文之前，我從沒有想過，自己有一天會真的把荀子當作自己的論文研究題目。在服完兵役後考上清華大學碩士班，這四年下來時不時會感到徬徨與一點孤立無援感，經常托腮思索著：論文的題目與指導老師要怎麼找？到底要繼續讀下去，還是先拿到碩士學位在說？等……雖然尋覓的過程不算特別順遂，但幸運地有老師願意收我為徒，此外過去有讀過而且一直存在心中的荀子思想也給我一些啟示，讓我得到研究的目標和材料，使我能夠更進入到荀子思想的深處，去理解這個大儒的心理世界，他的衷心期盼。

　　事情的發展經常不是單向的，這篇論文的完成亦不是靠單獨一個人，就像是荀子的修養很需要外在的幫助。感謝的對象與份量或許常常有分先後，然而我認為無論要感謝的芳名錄上有誰，他們都是我需要致上一份謝意的，但這邊還是容許我一個小小的私心，我想先感謝我的老爸老媽，沒有他們就沒有我，即使我常常顯得很固執與反骨，但在求學的路上他們都給我很大的發展空間，默默支持著我去做。還有我的兩位指導老師，聰舜老師的臉上常常掛著和善又靦腆的笑容，在學生需要幫忙的時候都會很熱心地提供意見與幫助；振勳老師雖然和他結識甚晚，但幾次與他的會唔，我常常能夠得到許多令人欣喜的啟發，這次能夠寫出論文，有很多很多仰賴著兩位恩師的提點與幫助，感激不盡。

　　然後要感謝的是我的論文口試老師，林啟屏和王靈康這兩位老師的雙簧式幽默，以及深厚的學養，都很讓我羨慕不已，希望我以後也能成為一位很有深度又不失幽默的人。最後是我的碩士班同學們，跟他們一塊念碩士班是

我很感激的一件事,「友直、友諒、友多聞」,一路上有同學的陪伴,不管是一同討論學術或者聚餐、閒聊和嘻笑打鬧,這一切對我來說都是彌足珍貴的回憶。還有其他的中文系老師們(包含過去大學時期的老師們),以及系辦的助教們,很謝謝你們的建議跟協助,是你們讓我的碩士班生活更增添了許多溫馨和精彩。寫到這裡也想要來謝天,某個至高的存在,或者某個神秘的機制,讓我進來到這間充滿山野綠意的清華學府,邂逅到一堆人事物,我雖然還沒搞懂這裡頭的奧秘,但我想我需要做的,就是去好好地體會與感受就好了吧?

本文的目標是「意志」,所以我也想用「把這個論文給寫完寫好」的目標來當作自身「意志」的啟發點,把這份意志化為真實,用文字將「意志」給寫在紙上。這個目標不是很崇高,基本來說也是為了畢業跟學位,但對我來說寫這篇論文是生命中非常特別的一次大任務,不是單純的期中考考卷裡的申論題而已,這是一個考驗思考、文筆、壓力與耐性的大挑戰,生命歷程當中的一項考驗。現在我完成了這項任務,「意志」陪伴我渡過這四年,往後也希望這份可以更堅強的「意志」能伴隨著自我更新與超越的「意志」,繼續朝更遠的目標邁進。

目

次

第一章 導 論

　　身爲中國儒學大陣營中的一份子，荀子實在寂寞太久了！一千多年的沉
寂，荀子思想幾乎是不太被受到重視。然而這位學養與識見兼具的大儒，最
終是不會被後人給疏忽與埋沒的，就像深蘊在千呎之下的稀有晶礦，依舊會
有在世人面前熠熠生輝的一日。

　　孔子之後，孟荀承襲其遺風，一個在前，一個在後，用不同的方式來發
明與闡揚儒道。只是從漢代之後到了明清，繼承儒家的儒者幾乎只以「孟子」
爲正宗，視孟子乃眞正繼承了孔子之道的人，相較之下荀子就被冷落在一邊。
一般認爲，對於「天道」、「人性」等的看法是區分二人之差異，並且決定二
人後來命運分歧的重要關鍵。

第一節　研究動機與目的

壹、研究動機

　　基本來說，儒家的思考體系一直以「孔孟」爲軸心，這是傳承延續兩千多
年來的主要趨勢。雖然說有少數人注意到荀子這一塊失落之地，然而對荀子這
塊的研究依舊不怎麼發達，而且近現代研究荀子的學者們，也經常採孟子「形
上道德」的觀點來檢視之，一如新儒家對荀子的批判，自然是彼此扞格。然而
「仁義」與「禮制」都是孔子所提及的，見孟荀的思想，很明顯地像是各自承
襲孔子思想的其中一支而來，孟子主「仁義」，荀子則主「禮制」〔註1〕，兩人

〔註 1〕蔡仁厚：《中國哲學史》（台北：台灣學生書局，2009 年 7 月），頁 261。

—1—

的著眼點不同。荀子思想看似特別，可是要知道荀子亦是極力地承襲孔子之道，不是完全背馳，只是各自在方法的建立與使用上不同，卻依舊是「殊途同歸」，那麼我們就不能硬是把孟荀給強行劃割，涇渭分明，這樣「儒家」的思想體系就會產生矛盾與缺遺。

不同於孟子的看法，荀子談的是「性惡」，他說：

人之性惡，其善者僞也。〔註2〕

孟子相信人性內有善端，只要好好地保存之，誘發之，培育之，如小樹苗般的善根就會自然茁壯勃發。可是荀子不認同孟子的看法，他以為人性純屬自然生成，並沒有什麼「善」的因子在裡頭，而且人經常會慾望過剩，又容易受到外界的誘惑，如果沒得到適當的滿足或是發洩就容易為惡，於是荀子認為要「化性起僞」，借「僞」來「化」性，要使人去修養德性品格，必須要靠不斷地累積學習，努力思考，加上外在環境的幫助才有可能。

牟宗三評論荀子的一番話，倒是點出了荀子理論裡的一個弱處：

孟子由四端之心而悟良知良能，而主仁義內在，由具體的惻隱之情而深悟天心天理之為宇宙人生之大本也。……荀子於此不能深切地把握也。故大本不立矣。大本不立，遂轉而言師法，言積習。……故性與天全成被治之形下的自然的天與性，而禮義亦成為空頭的無安頓的外在物〔註3〕

牟宗三這段話的重點是「大本不立」，也就是說荀子理論在道德的根源上沒有可以真正立足的基礎，是無根無據的。換句話說，牟宗三覺得荀子的「性」裡沒有善端作為培養德性的苗床，那麼人要如何來確立道德上的追求與修養是可以穩固和深植在人的身心當中，不會輕易改變或丟失呢？如同一個沒有自信心的人，再如何打扮自己，用言語來膨脹自己，這個人還是沒有真正強固的自信。對此我也有相同的疑慮，因為荀子的「化性起僞」是一種改造，一種矯正的工程，通過外在的學習與實踐來改變自身，可是就像是女性藉由化妝來修飾自己，同樣也希望化妝品的功效不只是遮掩皮膚上的瑕疵，也能夠逐漸改善膚質，這個「改善膚質」的部份應當才是荀子真正想要達成的目標。

在文獻回顧的過程中，我企圖想要找出某個關鍵要素，某個可以讓荀子

〔註2〕清 王先謙：《荀子集解》（北京：中華書局，2012年3月），〈性惡篇〉，頁420。
〔註3〕牟宗三：《牟宗三先生全集》（台北：聯經出版社，2003年），頁171。

的修養功夫得以落實鞏固的關鍵要素。從清代開始一直到現在，許多學養兼優的學者紛紛投入研究荀子的陣營中，在「化性起偽」的部分，學者們固然早就從中點出許多荀子認為足以使人完成積德成善的方法，如「環境」、「師法」、「積學」等……看法皆正確且一致，可是我以為真正的關鍵點尚未被剔掘而出，但短時間內還摸不著邊。後來在張勻翔先生的論文裡，發現到他提出「意志」這個觀點，他認為這是荀子修養功夫中的重要環節〔註4〕。這無異給了我一個非常重要的啓發──無論是存善或是積學，「積德成聖」都是儒家的終極目標，而目標的達成光是靠資源、環境、策略等還是不太夠的，還得需要一個更堅強的，持續性的力量，我以為這個很有可能就是指「意志」。荀子這邊藉由外力性的轉變方式，進而最終達到聖人這種內外俱美的至高境界，還是必須有什麼關鍵機制方能真正地完成，而「意志」就可能是那個關鍵機制，本文想要在浩瀚深廣的荀子文本當中去尋獲那個關鍵要素。

貳、研究目的

　　「愚公移山」的典故，相信對很多人來說是相當耳熟能詳的。對於一件事，從不同的角度來看會有不一樣的解釋，這邊擷取「愚公」二字中的「愚」，因為這種「愚」的表現就是故事中的核眼。荀子「化性起偽」思想裡也有一個貫穿終始的核眼，例如唐君毅在評荀子的「心」時，說：

> 荀子固期在積善之全盡，而深知此事之艱難，故勉於自存自好其善，自省自惡其不善，以求有誠固之德。……故必言解蔽、精一、種種治心養心功夫，以使此心得無往而不中理合道，並使人心有誠固之德；然後人心之合理，乃不為偶然，而成為常然……然荀子終未能自反省：此求有誠固之德之心，求使此「心之不中理合道成為不可能」之心之本身，為何種之心……〔註5〕

　　唐君毅檢視荀子之論「心」，認為他「尚缺乏一超越的反省」，其中也有同牟宗三評斷荀子為一個「篤實人」的看法。孟荀固然是有所差異的，但我很高興地發現到，唐君毅在文中也提出如何使「誠固之心」自「偶然」成為「常然」的關鍵點，即誠意的「誠」。雖然他不是提出跟「意志」非常相關的

〔註4〕張勻翔：《攝王於禮、攝禮於德─荀子之智德及倫理社會建構之意涵》（台北：花木蘭文化出版社，2010年3月），頁49。

〔註5〕唐君毅：《中國哲學原論，原性篇》（中國：新亞書院研究所，1968年），頁57。

觀點，然而我大概能夠領會唐君毅先生所說的話。荀子說：

> 夫誠者，君子之所守也，而政事之本也，唯所居以其類至。操之則
> 得之，舍之則失之。操而得之則輕，輕則獨行，獨行而不舍，則濟
> 矣。濟而材盡，長遷而不反其初，則化矣。〔註6〕

段落中那所謂「長遷而不反其初」就是「化性起偽」這功夫要達成的目的，
而延續「長遷而不反」的動力就是守「誠」。守誠而不違就是一種「意志」的
展現。荀子曰：「志意脩，德行厚，知慮明，是榮之由中出者也，夫是之謂義
榮。……」〔註7〕仁人君子之修養意志，不僅是要長保自身修養的進程得以不
失，也讓己身能提高思想內涵的層級，勿使自身耽溺於狹隘慾利的甘甜誘惑。

現代有很多學者開始在研究荀子，這情況意味著荀子思想逐漸被受到重
視，學者們企圖還給荀子一個更適當的學術地位，而且這或多或少也意味著
對孔孟的研究已經到達一個飽和狀態，需要取「他山之石」給予一些刺激。
長年被刻意放掉、輕忽的荀子逐漸被重視，感覺很像是一個暫時替補，可是
也不能就這麼理解，由於荀子的重新崛起，也讓長年浸染在思孟、程朱思想
之海的人，或多或少能看到其他與眾不同的新島嶼，新風景。前面有說到，
牟宗三認為荀子有「大本不立」的問題，許多學者也都有類似的看法，這透
露出一個很重要的問題是，荀子的思想之所以不被重視，跟學者是如何來看
待荀子很有關係。詮釋自然是多角度的，但也因此容易產生獨斷或雜亂的價
值危機。從過往的文本，到近現代對荀子的研究資料裡，孟學的或形上的思
考模式常常在獨攬大局，孟子開啟儒家最早的形上道德思維，此後被視為儒
家道統，一直到現在。閱讀或是研究荀子的人，經常很喜歡直接了當地取孟
學形上思維來理解荀子，孟學思想存在太久，中國人亦沉浸得太深，於是對
看似叛逆的荀子就容易不帶有多少好感，甚至會誤解、扭曲了荀子的思想。
荀子的思想博大、特別，他也可以說是儒家裡開啟理性與社會式思考的第一
人，若是輕易地放失掉荀子，對於儒家可算是一大損失。

荀子修身養性的道路就像永無止息的火車頭，若無恆久堅定的意志是難
以確實完成的，故荀子在他的文章中常常提及與「志意」、「誠」等和修養保
存相關的概念其中，或是有字詞上的抽換，或者採取一些較隱晦的筆法，我
想試著在篇章內文裡一一尋繹出來，企圖展示荀子在「化性起偽」功夫裡，

〔註6〕清 王先謙：《荀子集解》（北京：中華書局，2012年3月），〈不苟篇〉，頁48。
〔註7〕清 王先謙：《荀子集解》（北京：中華書局，2012年3月），〈正論篇〉，頁328。

很少人提及的，其苦心孤詣的用心處。我很明白在「化性起偽」這塊領域裡，我的著眼點是其中更微小的部分，如在一部大機器中其中的一塊核心。但我也認為無論是先秦儒家，以及後來的宋明理學、心學，然後到現在的新儒家，還包括其他學術思想，「意志」這方面應該是從不缺席的，只是以不同的樣貌參與且協助完成很多理論和功夫。

在這篇論文中我無意去擔任孟、荀二人學說優劣高下的裁判，僅僅想要找出荀子的理論裡，能夠完成自「外在」教化學習的改變，到最後可以轉變「內在」身心，持續不斷的潛在動力。荀子在文本裡並沒有提到「意志」，那麼「意志」的意義是如何被表現出來的，還具有哪些意義上和型態上的賦予或變化，又是如何來引導「化性起偽」的生起與完成，這是本文的主要目的。雖然荀子理論中的「大本」先天就不存在，但還是有成為君子的方法，那「意志」就可能是取得成果的重要推手。不僅如此，將「意志」放到現代理論系統的理解中，「化性起偽」的運作模式，其可行性，可操作性等是採什麼樣的方法表現出來的，這些也是我在研究當中想要一塊解決的問題，同時我更加希望能藉由這個研究，力圖在解釋荀子思想的過程裡，讓其思想可以圓滿自足，也就是荀子理論的自我說明與對「意志」的考核的融合。

第二節　「化性起偽」的相關文獻回顧

壹、研究荀子的難處

首先，研究荀子「化性起偽」這一塊「性惡論」的後續處理時，會先遇到兩個困難，這一節想先釐清關於在荀子研究中很容易遇到的難題，再盡量仔細地敘述各家學者們對荀子的看法，以及後來研究過程中的發展和變化。

第一，關於荀子研究的文獻資料量，遠比其他家還少。荀子自戰國之後就幾乎乏人問津，加上歷來看過荀子文本的人，常常把他當做儒家的別出，差不多要被視為未能善繼孔子道統，近乎「離經叛道」的人了！兩漢時代還好，秦火之餘，戰國以後的經書之保存或傳播多出於荀子的弟子，荀子這一脈甚具有傳經之功，而且當時學者如董仲舒對「性」的觀點也有納入「性惡」的成分，尚未嚴格地直接劃分「性」的善惡。〔註8〕可是到唐朝以後直到兩宋

〔註8〕董仲舒說的「性」比較靠近世子之說，性是有善有惡，因為人稟著陰陽二氣而生，陰陽又是各分善惡。

時期，孟子抬頭，被拱進孔廟，學者特尊孔孟之學，頓成弱勢份子的荀子不僅被打入冷宮，還要被人給質疑、詰難，甚至被鄙夷，如北宋的蘇軾評荀子：

> 昔者常怪李斯事荀卿，繼而焚滅其書，大變古聖先王之法，於其師之書，不啻若寇讎。及今觀荀卿之書，然後知李斯之事秦者，皆出於荀卿，而不怪也。荀卿喜為異說而不讓，敢為高論而不顧者也。……荀卿獨曰：人性惡，桀紂性也，堯舜偽也。……彼見其師歷詆天下之賢人，自是其愚，以為古聖先王皆足法者，不知荀卿特快一時之論，而不知其禍之至於此也……荀卿明王道，述禮樂，而李斯以其學亂天下，其高談議論，有以激之也。〔註9〕

蘇東坡為博學多識之人，亦為性情中人，他對荀子的批評有些不留情面，認為荀子「喜高談闊論」、「詆毀先賢」以及道「性惡」，而且也影響到他的弟子李斯。後來李斯相秦，變古法，焚詩書，為「秦」做倀，手法激烈，李斯的這些作為，做師父的幾乎脫不了責任。到了南宋時，朱子直接說：

> 不須理會荀卿，且理會孟子性善。渠分明不識道理。如天下之物，有黑有白，此是黑，彼是白，又何須辨？荀揚不惟說性不是，從頭到底皆不識。當時未有明道之士，被他說用於世千餘年。韓退之謂荀揚「大醇而小疵。」伊川曰：「韓子責人其恕。」自今觀之，他不是責人恕，乃是看人不破。今且於自己上作功夫，立得本。本立則條理分明，不待辨。〔註10〕

「不須理會荀卿」與「從頭到底皆不識」這兩句話就下得很重了！朱子的意思是荀子之學早就「大本已失」，無一絲可看之處，可是其學說卻「被他說用於世千餘年」，頗令朱子訝異。朱子還說：「荀卿則全是申韓，觀〈成相〉一篇可見。……然其要，卒歸於明法制，執賞罰而已。」〔註11〕將韓非、申不害法家的思想直接視為荀子的全部思想，朱子無異是把荀子從儒家推到法家的門戶之內了。

　　之所以反對荀子的理由，朱子所說的也不過是多數人批判荀子的尋常說

〔註9〕張志烈、馬德富、周裕鍇主編：《蘇軾全集校注》（河北：河北人民出版社，2010年6月），〈荀卿論〉，頁340。

〔註10〕宋 黎靖德：《朱子語類‧戰國漢唐諸子》（北京：中華書局，1986年），卷一三七，頁4。

〔註11〕宋 黎靖德：《朱子語類‧戰國漢唐諸子》（北京：中華書局，1986年），卷一三七，頁5。

辭。另外長年以來，前人對荀子思想的認識也常常不怎麼清楚，在此舉一個實例，比朱子還要更早的韓愈說：「……及得荀氏書，於是又知有荀氏者也，考其辭，時若不粹，要其歸，與孔子異者鮮矣，抑猶在軻雄之間乎……余欲削荀氏之不合者，附於聖人之籍，亦孔子之志與，孟氏醇乎，醇者也，荀與揚大醇而小疵。」〔註12〕韓愈直道荀子的思想是「大醇而小疵」，可是到底是哪裡醇又哪裡疵卻都沒說。韓愈想要刪削荀子思想中不合孔孟的地方，證明他並沒有很認同荀子，再加上他的〈原道〉文章裡也沒有將荀子列入儒家道統的傳承血脈當中，不也就擺明了韓愈亦不承認荀子在儒家中的地位。

當然不是所有讀過荀子書的人都完全搞不清荀子的思想，例如宋代唐仲友的說法似乎比較有深入去探討荀子的思想，所以說得比較明確些：

> 以吾觀之，孟子爲用，必爲王者之佐，荀卿爲用，不過霸者之佐，不可同日語也。王霸之異，自其外而觀之……霸者之心雜出於詐，故假仁以爲利，利勝而仁衰，仗義以率人……〔註13〕

> 或曰：「卿之言曰：『君子養心，莫善於誠。』又曰：『誠者，君子之所守，而政事之所本也。』卿豈不知王道之出於誠哉！」曰：「子以爲誠者，自外至邪？將在內邪？性者，以生俱生，誠者，天之道，非二物也。……至於以義爲外，以性爲猶杞柳，故孟子力詆之。荀卿化性起僞之說，告子之儔也。」〔註14〕

唐仲友批評荀子的地方有兩點，第一個點他認爲荀子同告子一樣說「義外」，將禮義之根本割裂出人性之外，這樣「誠」就沒有真實的存在來源，道德亦無根可循。第二個點是承接著第一點，他認爲荀子之思想不能談王者之道，只能談較低一層的霸者之道。與其他人比起來，唐仲友的論述比較深入，也比較具可讀性，然而因爲傳統以來的孟子思想太過濃厚，他對荀子之說也不怎麼認同。

概括而言，自唐宋以來，前人幾乎對荀子沒有太多好感，他們意見不外乎是：言毀思孟先賢，貶低人性的「性惡說」，重法制論王霸，另外還得加上

〔註12〕 唐 韓愈撰，清 馬其昶校注，馬茂元編次：《韓昌黎文集校注》（台北：鼎淵文化事業有限公司，2005 年 11 月），頁 17。

〔註13〕 清 黃宗羲：《宋元學案・說齋學案》（台北：河洛圖書出版社，1975 年），卷六十，頁 70。

〔註14〕 清 黃宗羲：《宋元學案・說齋學案》（台北：河洛圖書出版社，1975 年），卷六十，〈說齋學案〉，頁 71。

其弟子所帶來的牽累等。在孟子「性善」理論的烈陽下，荀子相形便顯得黯淡且落寞，一直輾轉到清代才開始有人正眼端起荀子來仔細翻瞧，例如王先謙、汪中、郝懿行、錢大昕、孫貽讓等人，還有民國以後的新儒家學者們。

　　通常對自己不認同，甚至厭惡的東西，要繼續關注是不太可能的，更何況是去研究。對於荀子的研究因為上述那些喜好因素，使得相關文獻在清代之前一直都很少。若先不計算研究過孔孟、老莊的人數，光只是粗估的數字就很驚人，比孟荀還晚出現的人，如漢代的儒者，宋明的理學、心學家等……在相較之下後人對於他們的研究就相當多且頻繁，而荀子的部分又因為中間還相隔了幾百年的無人過問，這一段空白期便讓荀子的相關文獻無法增加。雖然近年來有大批的出土文物問世，但與荀子相關的依然非常稀少，加總結算後其相關的文獻資料還是不夠多。

　　第二點是研究荀子的方法與態度，這邊也是回應第一點的部分。對荀子的相關研究，稍稍舉出幾名新儒家的成員就足以概括之。新儒家的許多大學者們，如熊十力、牟宗三、唐君毅、勞思光、徐復觀等人，他們不只是持續研究和闡揚新儒家的孔孟大傳統，同時也有著眼於對荀子思想的探討，原因是儒家一向講求「內聖外王」之道，千年來學者們對於「內聖」部分的發揚與詮釋差不多已接近飽和，可是在經歷過清末的國外勢力入侵，西學之輸入，傳統政治的腐敗等情況之後，這一些事情不禁會使新儒家的學者們納悶：「內聖」說那麼多，但「外王」這一塊是遺失到哪邊去了？為何中國儒家迄今還不能真的建立起一個「外王」的「理想鄉」呢？若是只有內而沒有外，很多都是空口、不切實的，即使是聖王也需要去實踐才有可能改變整個天下。

　　荀子和孔孟的思想，其中一個不太相同的地方是：孔孟是主「尊王賤霸」，重視個人德性之建立，在具體的國家政治建設方面並沒有說很多，而荀子則說了很多關於「外王」的部份，像是〈王霸〉、〈富國〉、〈君道〉等，所以對新儒家學者而言，就有需要來讀一讀荀子所說的「外王」理論。但是見新儒家對於荀子思想的基本態度，與前人卻是相去不遠，孟子思想的先見常常早已替他們的荀子研究定了基調，即使有的學者真的會去理解荀子在說什麼，可是他們通常也是無法接受。

　　荀子思想的研究比起研究其他同時代的人就顯得相當波折。研究荀子的第一個難處還可以靠持續不懈的搜集與思考來努力解決，但是第二個難處卻很難被處理，就像羅馬不是一天造成的，思想也不是一日就養成的，根深柢

固的孟家思想不可能一下子就能夠全然擺脫。在下一節本文會針對對現代學者們的研究的回顧來說明第二個難處，以見「孟學本位」主導著對荀子的研究，會出現那些影響和謬誤。

貳、二十世紀的荀子研究

（一）孟學本位下的荀子研究

在討論這個題目前，要先搞清楚「孟學本位」是指什麼，才能避免這個詞彙的意義過於含混或氾濫。「孟學本位」通常是指用孟子的思考模式或觀點來理解許多事情的一個作法，而在本文內是針對孟子的「形上道德」觀點來使用這個詞。當代新儒家的一位重要代表，牟宗三先生對於孔孟思想的發揚與影響都相當無遠弗屆。對於和孟子站不同位置上的荀子，牟宗三認為：

> 且欲表明荀子的思路實與西方重智系統相接近，而非中國正宗之重仁系統也。故宋明儒者視之為別支而不甚予以尊重也。然在今日而言中國文化之開展，則荀子之思路不可不予以疏通而融攝之。此亦即疏通中西文化之命脈而期有一大融攝中之一例也。〔註15〕

牟宗三的重點在於「疏通而融攝之」，也就是說對荀子思想的疏通與吸收，其思想模式中的客觀性與邏輯性，或許能夠補缺原先儒家就比較不太重視（或是常常忽略的）的實際客觀面，也就是需要做出來實現的「外王」部份。然而新儒家學者的一大特色是，他們在閱讀荀子的時候會添入太多形上道德的成份，一者說善，一者說惡，兩者自然是談不攏的。

本來當人在接收其他訊息時，原先就存在的概念與經驗便會自行發動，以既定的對應方式來檢驗、核對外在的各種訊息，即便是面對自我的內心也是如此，本是無可厚非。然而做學術所要求的是可以使他人領會和信服，而詮釋的第一步便是要使雙方兩邊都盡量站在同一個理解平台上，避免各說各話。牟先生採孟學本位的觀點來檢驗荀子的天與性，難以認同荀子的「性惡說」，既然這個大背景不被同意，那後面修養的部份就不必再多說下去了。「大本已失」，這是牟宗三對荀子所下的大註腳，但是牟宗三看出荀子思想的特性，也贊同荀子的一些貢獻，於是很明顯地這是牟先生自身的思考模式，對荀子思想所產生出的差異呈現，不是全然不能理解荀子的思想。

自我立場所形成的觀點差異，有時候會顯得相當苛刻嚴厲。勞思光對荀

〔註15〕牟宗三：《名家與荀子》（台北：學生書局，1985 年），頁 194～195。

子是有些筆下不留情，他所寫的思想史裡幾乎通篇都以孟子的形上道德來駁斥荀子，認爲荀子說性惡業已失去道德自發自立的來源，性既爲動物性，就無以自立持續向善的可能，所以聖人之出現也是很令人懷疑。前提已經被他大力反對，化性起偽的部分勞先生便幾個筆劃帶過，沒有什麼探討。而且勞先生也和前人一樣，將李斯的所作所爲歸咎在荀子頭上，先不說勞思光有沒有搞清楚荀子與李斯的差異，斯以爲光從勞思光所下的〈荀子與儒學之歧途〉這標題，正是大大表明他對荀子的看法，暗示荀子已經偏離了儒家。新儒家當中與牟宗三一起鼎足而立的唐君毅先生，他的筆鋒通常比較溫厚穩健。對於荀子，他是這樣說的：

> 今論荀子之言性，則待吾人更知荀子之性所指者爲何。然後能知其
> 特見所在，與其言之所以立，並使其言與他家之言，似相矛盾者，
> 皆各得其所，而安於其位也。〔註16〕

唐先生在書中以大篇幅仔細地分辨荀子的心性論，認爲荀子的中心思想在於言「心」而不在言「性」，也覺得荀子對於人性和現實的差異看得比孟子還來得深刻。在「化性起偽」的部份，唐君毅說荀子以養心、去蔽等功夫使心能合道中理後再來化性，基本來說這看法沒有和其他學者不一樣。將敘述荀子的部分通篇看下來，他也是在質疑荀子的「性惡說」，認爲荀子既然說「心」可以守仁義，那爲何不繼續說此心爲善？同理，此心能爲天下之大慮，那其性豈是非善？〔註17〕唐先生這個說法不算是全從孟子的角度來入手，而是針對荀子自己的說法來提出他的疑問，顯得比較客觀而有思考的空間，對荀子思想的同情與包容比較多。

　　學養豐富的徐復觀先生同唐君毅先生沒有對荀子的研究專著，但是他對學術圈的影響亦相當深遠。徐復觀以「客觀性」、「理智性」、和「經驗性」這三項作爲荀子思想的總綱，同樣認爲「心」是荀子用以化性起偽的處理中心，只是能接收資訊的心並不一定具有對道德的正確判斷力，所以必須要有「道」作爲指引。爲了「知道」，心要保持「虛壹而靜」的狀態以正確地獲知「道」，然後還要有一套化性起偽的功夫使原本無禮義的「性」能夠得到禮義。對於

〔註16〕唐君毅：《中國哲學原論・原性篇》（台北：台灣學生書局，1989 年 11 月），頁 65。

〔註17〕唐君毅：《中國哲學原論・原性篇》（台北：台灣學生書局，1989 年 11 月），頁 71。唐君毅先生說：「然吾人今欲曲盡此心性問題之理蘊……便仍當本孟子之旨，對荀子之說，更作一評論。……」。

這個修養過程，徐復觀說：

> 但荀子認爲性惡，只能靠人爲的努力（僞）向外面去求。從行爲道
> 德方面向外去求，只能靠經驗的積累。……所以荀子特別重視學，
> 而學之歷程稱之爲「積」；「積」是由少而多的逐漸積累。〔註18〕

因爲道德是外鑠的，不是先天存有，所以必須靠長期累積的功夫來落實。除
此之外，還要有「環境」作爲穩定培養的土壤，最後再加上「師」。徐先生認
爲「師」是「化性起僞」中的核心，由於「心」不一定能順利知「道」，所以
還得靠「師」的從旁指導才行。徐復觀對「化性起僞」的看法是很中肯扎實
的，只是他認爲因爲荀子的「心」沒有形上道德的先行存在，所以在道德的
學習與教育上並沒有內在的主動性，是處於被動的，因此除了要有「師」以
外，還要加上「君」，用更具強制性的政治力量迫使人去向善。徐復觀的立場
還是有點傾向於孟學，即使他很明白荀子所強調的「積靡」作用，但是對於
沒有存在形上道德的荀子之「心」，他還是覺得不夠令人放心。

　　身爲新儒家第二代的何淑靜，認爲師法、積習對於「化性起僞」都很重
要。她說荀子的「心」是治性修身的關鍵，但是這個「心」還需要經過「大
清明」之後才能知禮義。心認知禮義，接著才能認可禮義，最後才會實踐禮
義，這三者是一個順承的連帶關係。一般來說，學者都能看出荀子之「性」
是個等待被治的非主動體，而唯一能動的「心」可能是啓動修養功夫的主要
開關。何淑靜先生說：

> 則就是，心若做虛壹靜的功夫而保持心之虛壹靜，則就必然地認識
> 禮義，且虛壹靜之心在認知禮義後就必然會認可禮義；心認可禮義
> 就必然會以禮義來治性；而性又必然爲心所治，順此下來，行爲活
> 動之依禮義而表現是乃必然的。〔註19〕

從荀子說的「凡人莫不從其所可，而去其所不可。知道之莫之若也，而不從
道者，無之有也」〔註20〕而推導出一個結論：人若是認識道，又認可道，那
人勢必會從道而行，「道」就是一個無須懷疑的唯一指標。「心」只要經過「虛
壹而靜」後去認知、認可禮義後，又能常常保持大清明狀態的話，那「心」
對於禮義的認知，到最後實踐治性的過程就是必然的，也必定實現的，亦即

〔註18〕徐復觀：《中國人性論史・先秦篇》（台中：東海大學出版，1977 年），頁 249。
〔註19〕何淑靜：《孟荀道德實踐理論之研究》（台北：文津出版社，1988 年），頁 125。
〔註20〕王先謙：《荀子集解》（北京：中華書局，2012 年），〈正名篇〉，頁 415。

「成治成亂」之關鍵在乎一「心」。

何淑靜將「化性起僞」的部分解析得頗為詳盡可信，只是後面她繼續探討「虛壹靜」作為「心」以認知禮義的功夫，是否具「普遍性」這個癥結點時，她認為這一點是有缺陷的。由於「大清明心」是從後天培養出來的，何淑靜引「未得道者而求道者，謂之虛壹而靜」﹝註21﹞來證明「虛壹靜」的修養功夫要靠他人的言傳與教導才能得到，所以就無法普遍。「普遍性」這個問題倒還好，何淑靜是用「後天所獲得的知識或技能能否完美長期的實行」這一點來看「普遍性」有無成立的可能，然而荀子同時也有在強調「積靡」、「師法」的重要性，於是「普遍性」的問題是可以解決的，「普遍性」與「立即性」不同，只是需要時間與耐性來完成。這邊想談論的是何淑靜批判的重點是她說的：「心做虛壹靜的功夫是寄託於後天的經驗而可能，不是由「心」自發而成的，自無內在的必然性。」﹝註22﹞「心」只是道德的憑依，非生成之源，於是她認為荀子的修養理論不夠具有普遍性，也不夠構成自發自主的要素。「本心不立」加上後天的一些不確定因素在，所以施展的強度不夠。從這邊可以很明白得知，荀子的理論當中的確存在著一些頗具爭議的論點，而這些就是我們後代想「好好認識」荀子的人，必須努力解決的問題。

荀子說在「心」知道又認可道後，人必然會去實踐（行）道，基本來說這個進展有點太過理想化，修養的結果是很難說的。孟子說人有四端，尚沒說過人必然會好好培養這四端，不然何以還要治氣養心，避免「牛山濯濯」；何淑靜在文章後段也以「寄託於後天的經驗而可能」間接證明「普遍性」的缺乏，以上都是再說一個人的修身養性之進行以及完成並非必然。本文這邊稍微大膽地以為：荀子的修養理論若能夠再加上本文所要關注的「意志」，這兩者一塊合作的話，或許可以解決荀子「化性起僞」說裡不夠「普遍性」的問題。

（二）納入客觀性理解後的荀子研究

二十世紀的早期，研究荀子的學者絕大多數會從孟子的角度來看荀子，尤其以新儒家的學者更是明顯。之後隨著研究者愈眾，新興的學者們慢慢發現以形上道德心來論荀子仍是不夠正確與客觀的，於是就慢慢調整方向，試圖從較同情、客觀的角度來作研究。

﹝註21﹞ 王先謙：《荀子集解》（北京：中華書局，2012年），〈解蔽篇〉，頁384。
﹝註22﹞ 何淑靜：《孟荀道德實踐理論之研究》（台北：文津出版社，1988年），頁127。

　　身為唐君毅弟子之一的唐端正認為，人的行為若要合乎道理，就不只要積學，還要思索，要修養「大清明心」，因為修養的一個關鍵處在於「心」，人要懂得從「心」不從「欲」。然而唐門第二代還是比較關注在對「性」的探索，唐端正思索著荀子是否有「道德意志」，他說荀子之認知心不僅要認知道德，還要「止於聖人」，那這樣的心也算是一種德性心。可是荀子說的「心」之知性活動在於要積善成德，跟荀子之心有沒有德性成分是兩回事，再加上就算是有德性的存在，應該也是在化性起偽開始之後才慢慢出現的。此外，唐端正說身為天君的「心」可以自禁、自使、自奪，於是他判斷這樣的「天君」是具有道德意志的。我以為這看法恐怕有點太過跳躍，荀子的這番話只能解釋「心」具有第一義層次的自由意志，不能說心還具有第二義層次的自由意志，即能夠自立自主的「道德意志」；況且若是採取這個判斷，那荀子所說的對「心」的教化就沒那麼必要了。唐先生幾乎沒怎麼以孟學之形上道德來套牢荀子，可是他意圖從荀子的思想中找出形上的「善」，無異也有孟學的力量在暗中主導，但唐先生有說到「誠」是人得以化性起偽，「長遷而不反其初」的重要關鍵，這讓我感到高興，可惜的是在「誠」這一點上，唐先生並無進一步的發揮。

　　龍宇純以扎實的文字聲韻底子來研究荀子，他認為荀子文本中有一段說：「然而塗之人也，皆有可以知仁義法正之質，皆有可以能仁義法正之具，然則其可以為禹明矣。」〔註23〕其中這一句「可以知（能）仁義法正之質（具）」便暗示「善端」藏於其中的可能，他認為這種質具幾乎等同於孟子的「是非心」，由此可知荀子也悄悄地在說「良知良能」。龍先生的厲害處在於能夠看出字裡行間中不容易被注意到的細微處，並且做出頗為合情合理的推論。的確，那段文字是需要被仔細梳理的，而我的看法與龍先生不太相同，在文章後面會對此再提出自己的看法。雖然說龍宇純的文章內沒有怎麼討論「化性起偽」，可是龍宇純從文本當中參透出荀子「化性起偽」理論裡自我的內在可行性，企圖挖掘出荀子思想自身的本根所在，而不是採「性善」的觀點直接消解之，如此作法已經大大削弱了孟式解法的力量。此外，龍宇純相當肯定荀子的禮教思想，認為荀子相信按照自己的方法，就能使人做到化性向善。他說：

　　　荀子整體之思想，亦都不出發揚孔子儒學之意。性惡的主張，禮的

─────────────────

〔註23〕王先謙：《荀子集解》（北京：中華書局，2012年），〈性惡篇〉，頁428。

宇宙本體的概念，似乎總該是荀子的創意，為孔子所不嘗言，然亦
無一不是欲為儒學彌縫，無一不是欲為儒學張皇。〔註24〕

龍宇純在結語處歸結出：「吾謂荀孟同乎其醇。」〔註25〕肯定荀子思想本身的
價值，同意他為孔門的一大發揚者。學識宏博，思路穩健的朱曉海，他認為
荀子之所以要人去學習禮義，使禮義作為立身行事的指導準則，其出發點乃
是因為「利」。「利」的意思並非是指錢財珠寶這一類有實體的「利」，也可以
指對人或事有益，有幫助的手段或方法，就像吃維生素對人體有益一樣。朱
曉海說：

荀子固然認為「人之『性』惡」，卻因為受到儒門傳統的影響，對德
化教育抱持高度的信念，以至一方面他認可的最適宜規範仍側重在
禮這範疇，所謂「禮者，節之準也」……一個背反規範，所謂「安
恣睢」的力量污染的人性何以肯接受束縛？依照荀學的進路，想要
在這樣的人性基礎上建立以「足禮」為主的成德之學，必須確立：
就滿足人情欲，進行欲求活動而言，規範帶來的負面抑制，所謂「法
而不說」，低於規範帶來的正面助益。用〈禮論篇〉的話說，就是：
「禮者，養也。」使人覺得：在禮式的規範中進行欲求活動，「欲雖
不可盡，可以近盡也」，較諸不守禮式規範仍達到欲求目的的或然率
大得多，而認為守禮式的規範比較上算，願意守。〔註26〕

簡言之：依禮而行，可得大利，故行之以禮。同時在判斷「心」這個「天君」
是否為「認知心」時，朱曉海認為「利」是「心」的最終主導者。他說：

若允許我們以過去的政制比附，心的認知部門非魏、晉以降身膺九
錫的權相，而近於明代內閣大學士。……就心而言，知慮活動乃是
在血氣所欲—利這更高原則下進行。〔註27〕

荀子說的人性裡沒有禮義，於是無禮義做主導的「心」，其行禮義的動機則在
於「利」。呼應上面所說，朱曉海意圖還原一開始人為何要去學習，去實行禮
義的原始動機，禮義固然是外鑠我者，人不必然會取禮義做為行事原則，可
是因為在一個社會環境下，若能遵循禮義行之則比較能夠利大於弊，而人接
受了這個事實，所以才會甘願來學習禮義。朱曉海就「為何人需要制定禮義」

〔註24〕龍宇純：《荀子論集》（台北：台灣學生書局，1987年），頁84～85。
〔註25〕龍宇純：《荀子論集》（台北：台灣學生書局，1987年），頁85。
〔註26〕朱曉海：〈荀子之心性論〉（香港，1993年），第六章第一節，頁154～155。
〔註27〕王先謙：《荀子集解》（北京：中華書局，2012年），〈富國篇〉，頁178。

這點來進行思考，屬於血氣慾望層次的「利」乃最原始強力的動機，於是能夠幫助妥善實現這種「利」的禮制，朱曉海認為這才是「禮」得以出現的重要因素。我以為這一個觀點也是很多學者沒有講到的，固然也是孟學本位的思維早就遮蔽了很多段落的原始內在意義，但朱曉海能直接從荀子文本內來進行推理，沒有動用太多孟學思維在其中，加上我曾經上過朱曉海的課，他的論文裡對荀子思想的處理方式是可想而知的。

在「化性起偽」理論這裡，朱曉海是用中國古代神話裡的「變形」成分來詮釋「化性」。他探討所謂的「化」是指什麼樣的「化」？而被化的「性」是外表形態上的改變，還是內在核心的改變？朱曉海認為神話中的「化」常常是「外化而內不化」，只是軀殼上的轉變，例如女娃化作一隻欲填滿東海的精衛鳥，或者是只剩下四肢和軀幹，卻依舊悍然與天爭勝的刑天等。荀子取之是要說明這是過程上、活動上的變化，而天生的「性」是不能被改變的，「性」若被完全改變，那這個東西就再也不是這個東西了。朱曉海還有說：

> 氣在道德意義上是中性的，可受影響成為「順氣」或「逆氣」，因此周道的介入既可以陶鑄心性，所謂「靡」，又可以滲透心性，所謂「漸」。「漸靡」的落腳點在日用言行意念這些細瑣處，漸靡過程也每在人意識外，這就是所謂「微」，但是長期專一積養下來，使自然氣化的心性得到質上的更新突破，所謂「安久一質」……所謂「長遷而不反其初」……荀子認為：在長期積靡後，道的本身價值被注意領會，工具轉為目的，成為心的終極關懷。……對於後一種狀態，荀子用「志安公，行安脩」來描述。……然則在我們眼中存在者緊張關係的兩型化性，對荀子而言，乃是一個歷程裡的兩階段：實異以狀變為基礎，狀變至實異方竣工。〔註28〕

「氣」的觀念在先秦時代就已經存在，孟子、莊子等人也常提到「氣」，但是「氣」的實際性質並沒有固定，有時是指一種身心上的狀態或是精神上的呈現外貌，有時是類似「分子」這種能構成形體的物質。朱曉海也有一篇小論文是在討論荀子思想中的「氣」，但這段引文的重點是，朱曉海的看法很貼近目前欲脫離孟學形上道德論的框架，採取最符合荀子模式的修養方法，也就是：荀子的「化性起偽」是一個經過長期的「積靡」過程下所達成的深層「內化」成果。雖然朱曉海在解讀方法上是相當扎實客觀的，但在論文當中他還

〔註28〕王先謙：《荀子集解》（北京：中華書局，2012年），〈富國篇〉，頁195。

是很明顯地認為不說先天本心的荀子，其理論功夫是難以落實的，於是他也感嘆荀子還是不得不借助政治力量來迫使百姓去化性為善。

在牟宗三、唐君毅等人以後的第二代學者，漸漸開始從荀子文本當中去找出一個能支撐荀子理論的根源。第一代的學者，包括新儒家的大學者們，很自然而然地用孟學的形上檢測紙去檢測荀子思想，尤其在「性」這方面。接著他們還認為荀子完全無視「本心」之存有，故大本不立，道德無根，就連後續的修養功夫也就幾乎談不下去了。下一代的學者力圖擺脫原先的觀察模式，因為他們慢慢看出荀子思想的自我可能性，也更能認同荀子那欲積善成聖的理想宏圖，也與孟子無異。可是荀子理論本身依舊未有自我獨立的核可認證，孟學的殘留魔力還是藕斷絲連似地纏附著荀學，只是濃度變得比較淡而已。不僅僅是新儒家的學者們，更早的學問家，一如蘇東坡、朱子等人，他們老早就高舉孟子的大旗來批判荀子，也就是說孟子形上思想之氛圍是如此深深地攏聚在荀子周遭，荀學常常遭遇到孟學的包夾而難以突圍。

讓人欣慰的是，後來的學者們逐漸深入剖析「化性起偽」與其他部份，他們大多認為那些才是荀子的理論重點處，「性惡說」應該是個前提交代或是大背景。可是這些相關研究還是常常建立在相對稀薄的孟學土壤上頭，孟學思想還是在其中企圖見縫插針。政大的曾暐傑在他的論文裡有說到：

> 最大的差異只在於道統意識的強弱與孟學本位思維的顯與隱，以及論述視角上的客觀化；如果真對荀子性惡論價值的認識上而論，其實並沒有太大的躍進，因為荀子性惡論在學者眼裡始終沒有可卓然獨立於孟學之外的價值。〔註29〕

一時難以完全擺脫的「孟學本位」思考，讓大多數的學者們無法用更獨立客觀的眼光來省視荀子自身的思想價值。學者們不是沒有認真讀書，他們的看法也不是全錯，可是或許就如曾暐傑所說的，荀子思想的價值和地位似乎還無法被確立，即使到了現代，荀子的廳堂裡還是常常被思孟之學給穿梭遊走著，不太有自家主人的模樣。

（三）「化性起偽」思想的新擘畫與探索

至今二十多年以來，對荀子的研究又走向另一個改變。荀子的研究之路似乎千迴百轉。有一些學者已經逐漸認知：荀子不應該被忽視，也不該被太

〔註29〕曾暐傑：〈打破性善的誘惑——重探荀子性惡論的意義與價值〉（台北：政治大學中文所，2012年），頁10。

強盛的孟學思想所曲解或拆碎。從清朝王先謙舉起大旗之後直到現在，荀子已經普遍被視爲儒家的繼承人之一，他是在孔子，孟子以後，第三位承繼儒家血脈的大儒，此事本來是不需太多懷疑。可是在孟學思想爲主幹的超級深遠的背景下，一般中國人通常還是傾向認爲人性中有道德光明面的存在。以家父爲例，曾經我問過他關於人性的看法，家父的意見是傾向性善的。可能原因在於「性善說」的光明圓滿，讓中國人確信人之所以爲人，乃是因爲人性當中有突出於萬物之上的特質，這樣的依據給人可以依靠的確信與慰藉感。孟子曰：「聖人與我同類者。」〔註30〕眾生皆有成善之天性，即便聖人難得，但總是可以給人一個努力的方向和信心。然而荀子卻偏偏說「性惡」，顯得與千百年以來人們所相信的格格不入，像是犯了大不韙一樣。

即使現代的學者嘗試不再輕易地把荀子給貼上「歧出」的標籤，但是荀子自身的地位卻還沒完全鞏固起來。近十幾年來，學者們開始深深地反省，到底以孟學本位的透鏡來觀察荀子是否洽當。雖然說因爲有孟子的存在，所以更顯出荀子的與眾不同，某方面來說荀子思想的研究與發展多少是無法與「孟子學」脫離關係的。或許全然將荀子給脫離孟子，卻是強行將儒家的理論領土給強行割裂與拆碎，對雙方都沒有太多好處，那孟子與荀子這兩個思想該如何一同來重新定義相處之道就成了一個很大的問題。對荀子的研究方式需要一些改變，從現代理論去重新詮解荀子的思想，或是從荀子本身的思路來確認荀子理論具有可行與可能之處，但這樣做不是要讓荀子思想從儒家獨立出來，因爲孟荀最終還是殊途同歸的。要自成一格或不成爲儒家的一份子，這個想法恐非荀子的本意。

新的荀子學的開創目前還在草創當中，還有很多地方需要思考與摸索。政大的劉又銘教授試圖要在前荀子時期，即還停在孟學本位的荀子研究之後，建立一個後荀子時期，也就是荀子本位思考的理論與研究體系。劉又銘思考關於傅偉勳先生所說的「創見的詮釋學」的五個層次：實謂、意謂、蘊謂、當謂、和創謂，而〔註31〕劉又銘取「蘊謂」這個層次來檢視荀子，「蘊謂」是指在一個文本中，作者可能「蘊含」著什麼意思，簡單來說就是指對文本意義的深層探索。他在荀子文本的內在脈絡裡發現潛在的「善根」，劉又銘稱

〔註30〕宋 朱熹：《四書集註》（台北：藝文印書館，1978年4月），〈孟子十一·告子上〉，頁7。

〔註31〕劉又銘：〈從"蘊謂"論荀子哲學潛在的性善觀〉（孔學與二十一世紀國際學術研討會，國立政治大學文學院，2001年10月），頁2。

之為「弱性善論」。〔註32〕因為是「弱性質」的善，跟孟子的「性善」仍舊不同，不然劉先生的作法就和之前的學者沒啥分別。這種荀子式的「善」是潛藏的，微弱的，劉先生他說：

> 認知能力當中包含著素樸的或者說有限度有條件的道德直覺，因此當這認知能力經過培養後便可以用來學得、知得禮義，並進而遵行禮義，成就人間的善。上述這樣的人性論雖然不是荀子自己說出來，但它就蘊涵在荀子的話語當中。從這裡來看，荀子的人性論表面上是性惡論，但它實質上卻是孟子性善論之外另一種型態的儒家性善論，可以稱作「弱性善觀」（相對於孟子的「強性善觀」）或「人性向善論」（相對於孟子的「人性本善論」）〔註33〕

雖然他說荀子「性惡論」裡的「善根」是弱的，可是與孟子的差異甚小，因為孟子的「性善論」裡並沒有說先天善端的程度高低，一開始的「善端」也不見得比荀子強。劉又銘可能是想凸顯在荀子思想裡幾乎勢單力薄的「善根」，而且荀子文本裡的確有一些說詞會讓人認為有「善」的存在，就像是在前面的文獻回顧時有提過的。因為這個「善根」不強，所以劉又銘很強調立根培養的必要性，他這麼說：

> 當然，從「疏觀萬物」、「參稽治亂」二語來看，這樣的道德直覺、價值抉擇是有限度有條件的，它必須在思辨的配合下經過反覆權衡才能恰當表現。也就是說，心必須就著客觀情境脈絡的各個方面各個因素，經過對比參校、拿捏思量，才能識取其中的「本末終始莫不順比」的節度分寸或者說禮義。這跟孟學所講的內在自明的真理的推擴是不一樣的。〔註34〕

這段話裡劉先生是在說「心」的內部也有道德根性的存在，只是這種「善根」也是不成熟，是有所限制的。同時也能把「化性起偽」放進一塊來說：因為如

〔註32〕劉又銘：〈論荀子的哲學典範及其流變〉（荀子研究的回顧與開創國際學術研討會，國科會國際合作處贊助，雲林科技大學漢學資料整理研究所主辦，2006年02月），頁5。

〔註33〕劉又銘：〈論荀子的哲學典範及其流變〉（荀子研究的回顧與開創國際學術研討會，國科會國際合作處贊助，雲林科技大學漢學資料整理研究所主辦，2006年02月），頁4～5。

〔註34〕劉又銘：〈論荀子的哲學典範及其流變〉（荀子研究的回顧與開創國際學術研討會，國科會國際合作處贊助，雲林科技大學漢學資料整理研究所主辦，2006年02月），頁5。

斯的「善」不夠成熟，就像一株小樹苗難以抵擋大風雨，所以要借助外來的資源以滋養茁壯。一樣藉由「心」來做轉變的中樞，但是這個「心」還是需要：「……心的道德直覺是有限度有條件的，所以心的「可道」、「守道」也跟心的「知道」一樣，需要經過反覆的鍛鍊和一再的嘗試錯誤，這就是荀子所以要特別強調「誠」和「積」的原因了。」〔註35〕如智慧的累積不是一蹴可就，「弱」性質的「善」也需要在後天的禮義引導和長期的修養下，「積善既久」，進而達到「神」而「明」，能「變」能「化」的境界，也就是後天完成的「聖人之境」。

基本來說，劉又銘對於「化性起偽」的看法與其他人沒太多差別，唯一比較明顯的區別是他沒有去否認荀子理論內部的可能性，而是以「弱性善論」來肯定又加強後天教化的必要性。可是劉又銘提出「弱性善觀」，還是會讓人覺得他沒有把荀、孟的關係給劃分乾淨，劉先生想要擘畫一個嶄新自足的「新荀學」，但「弱性善觀」可能是一個會被人挑出來質問的疑慮。後來他的弟子曾暐傑承繼師說，加強「化性起偽」中以持續的學習和累積去形塑後天道德自覺的重要性，更明顯的是他把孟子的部份給剔除得更一乾二淨，幾乎是兩不相干。

同樣試圖不採孟學思維來思考荀子的還有蔡錦昌，但蔡先生強調是要用傳統真正的「中國人模式」的思維，即「陰陽往復之道」來看先秦諸子的思想。他認為現代人的研究常常採取西方理論，如談性善就會使用康德，談荀子就會用社會學等，可是這些常常都只是借用過來的，套著中國人外衣的理論之名，不僅沒有發揮原先理論的效用，還遮蔽了原先中國語言內的深刻意涵。在看過他的專書後，我以為蔡錦昌在本文最關心的「化性起偽」這塊並沒有其他新的解釋，而他說以「明智心」來理解陰陽往復之道後使人得以治亂成善，禮義之道就是個大關鍵——這說法並不特別，反倒是覺得蔡先生用陰陽往復之道來解荀孟等地方也沒有特別多，常常只是學者們切入的視角不同，很多地方只是一些詮釋理解上的差異，很難用誰對誰錯來下判斷。我認為在書中他更加強調的，是要學者不要濫用或誤用西方的理論來研究中國的古代思想，而是要用中國人原本的思維模式來理解古聖先賢的語言。蔡先生的書中還藉著評論牟宗三、唐君毅與勞思光等學者對荀子的觀點，同時來表明他的「中國人式思想」

〔註35〕劉又銘：〈論荀子的哲學典範及其流變〉（荀子研究的回顧與開創國際學術研討會，國科會國際合作處贊助，雲林科技大學漢學資料整理研究所主辦，2006年02月），頁6。

的立場，想要解開研究古人的現在之蔽端才是他最苦心孤詣之處。

蔡錦昌對研究方法該如何使用的想法是對的。說簡單點，我們不能只用甲的想法去套乙的想法，那樣很容易會產生誤會。不同情容易產生誤解，但是同情本身也並不容易，東方的學者常常會援引西方的思想理論，我以為這不能單純說是套套理論，妄圖來增加文章的可看性與可靠性。人類社會建構的樣態即使各有千秋，但其中仍然有很多共通點，中西思想上的交流本就是在同異當中取得一個基本共識，對錯與高下則是另一回事。蔡錦昌所反對的是模糊不清又理解錯誤的西方理論之使用，並非是反對使用西方理論，故步自封不等於是件好事。劉又銘提出「蘊謂」來看荀子的「性惡」，也是間接地使用西方理論，所以借助西方理論思維來看中國的東西已經是個常態，只是要看是如何運用而已。中國大陸的學者經常以馬克思、恩格斯的唯物思想來看荀子，總會稱讚他是先秦時期第一位唯物思想家，只是還不夠純粹。我們可以發現馬克思、恩格斯的「社會思想」是可以拿來研究荀子的，裡頭有若干符合之處，同時現代的文化學和社會學在最近幾十年來的荀子研究中也經常亮相，學者們逐漸找到一個突破點或契合點，發現文化或社會學等相關理論很多可以對應荀子理論，如此不僅能為荀子的理論給予肯定與支持，也更加能減低形上道德思想對荀子研究上的干涉。

蒙培元在他的專書中強調人之所以為人的「社會本質」，過去採孟子本位思維的學者幾乎都不會提到「社會」這兩個字，由此可見「社會」這個外在因素逐漸被人所重視。蒙培元先區分孟子與荀子人性論的差異，荀子的「性」本身沒有道德價值之存在，於是要依靠人的後天「社會本質」部份。孟荀都認為人可以成為聖人，只是孟子強調要自我實現原本就具有的道德本根，荀子則強調要靠個人的主觀性努力，即主觀主動的認識和實踐能力，去做自我身心之塑造。人可以成聖，是因為人具有認識與實踐能力，可以去改變人的自然本性，所以蒙先生認為「化性起偽」的意義應該是：

> 社會倫理是其客觀方面，心知是其主觀方面，兩者結合起來，就是人的真正本質。換句話說，人的社會倫理通過心知，轉化為人的內在本質，即內化為人的本質存在，這就是人之所以為人者，也就是他所說的「化性起偽」。〔註36〕

也就是人應該依照社會倫理來改造自己的本性，「社會倫理」在荀子文本中就

〔註36〕蒙培元：《中國心性論》（台北：台灣學生書局，1990年），頁85。

是「禮」，尊從禮義而塑造出來的「社會本質」，轉化先天的自然本質，蒙培元認爲這才是荀子心性修養論的重點。蒙先生繼續說：

> 他的化性起僞說，就是這一個原理（認知理性）的具體應用。他主
> 張通過人的認識與實踐，改造自然之性，接受社會的價值觀。……
> 很清楚，內在的本性與外在的禮義是沒有任何聯繫的。但是，人可
> 以通過心的思慮而接受禮義，改變自己的本性，這就是人的主體能
> 動性之所在。〔註37〕

「心」去認識及接受禮義，即社會的倫理規範等，當客觀的社會規範經過認識，轉化爲理性原則後，人的自然本性也就逐漸被轉化了，這就是人的社會化過程。蒙培元說：「荀子的心性論不是自我認同（認識本心）而是向社會認同，不是自我超越，而是向社會超越。」〔註38〕人身處在社會環境中，若是想要好好地適應社會，在社會上生存立足，學習並且認同社會禮義就是相當必要的事。蒙培元從「性惡」、「群道」等看出人的「社會性」，認爲那些才是形成人之本質的重大要素。荀子應該是沒有想過有關社會文化理論的東西，但他的化性起僞說很明顯地能與這些理論接軌，既然排除道德的先天存有，那麼後天外在因素的影響就更加重要了。

　　「化性起僞」就是人的一種「社會化」的想法，在袁信愛的論文裡也有相同的論點。袁信愛研究荀子文本中有關社會學的成份，不啻在暗示著社會學早在先秦時期就有一些雛形存在，至少在荀子理論裡是可以看得出來的。「化性起僞」功夫同樣由「心」著手，她認爲依照社會倫理去行事，也是在人們彼此的交際應對當中，才能藉此取得正確的方法。禮義是社會生活中的主要判準點，人要去認識它才會知道自己所要負起的社會責任，而非盲從自我的天性而行，於是「政治─教育」上的互濟互補是很重要的，袁信愛說：

> 是以就聖人而言，其路徑是「化性─起僞」，即禮義法度是聖人爲化
> 制人性之發展而起制的人文之僞；但就眾人而言，其路徑是「起僞
> ─化性」，亦即藉禮義法度之僞的外鑠，使人的「心知─心意」由「知
> 道─可道」而內化此人僞之道，以擾化內在情性之發展，使循「心
> 知─心意」之導引，進求人世歸善。〔註39〕

〔註37〕蒙培元：《中國心性論》（台北：台灣學生書局，1990年），頁90。
〔註38〕蒙培元：《中國心性論》（台北：台灣學生書局，1990年），頁92。
〔註39〕袁信愛：〈荀子社會思想研究〉（台北：花木蘭文化出版社，2008年），頁85。

由於「禮」的合理性、實用性、與崇高性等性質，人們在認識到禮義之後，便會自然且樂意地認可禮義，順從禮義，藉禮義來變化內在，這和前面何淑靜所說過的差不多。

　　袁信愛在其中一節的尾端做出歸結：「所以我人亦可稱謂荀子的倫理思想為訴諸權威的社會主義道德觀。」是「從重自由的個人主義，過渡到重秩序的社會主義」〔註40〕，所說的「權威」是指「禮法」，荀子採取的是一個訴諸規範與制約的後驗型道德觀。這邊我只想重新去看袁信愛所說的「重自由的個人主義」這一句。在荀子那個時代不是一個重視個人自由的時代，也就是說現代意義上的「自由」並沒有在那時候出現。若是從西周到秦朝建立前這一段期間來看，說是過渡到「重秩序」的階段是可以理解的，畢竟東周時期的秩序思想等都相當混亂，從某方面來說秩序上的脫節也連帶著一些「自由」的出現，這裡認為袁信愛所說的「自由」，可能是指「發抒個人思想」的「自由」，而非個人行動或權益上的「自由」。隨著時局的變化，戰國時代紛亂的社會環境迫使有志之士講求秩序的回歸，刑罰的加重限制人的行為，對禮教秩序的要求，太過自由抒發的學說可能會添亂價值觀，加上荀子對於其他諸子的批判，總總原因會傾向於限縮思想及「抒發自由」的寬度，轉向為比較穩定合理的秩序要求。

　　試著將袁信愛與蒙培元的想法併在一塊來看，荀子將儒家思想中的「社會學」成分給擴充跟優化，人類必須經由認識、學習社會禮義來規範自身。在經由禮義來「沐浴身心」的「積靡」過程中，也便是社會化的逐步轉變，從外部進而深入內部，人的行為、思想，最後將與社會文化同步和諧，同步發展，與整體文明共存共榮。但是蒙先生對於「性」的看法讓我感到有些奇怪，他說荀子不把人性看做人的本質，「社會的」才是人的本質，可是人的一個「社會性」也是到了後天才養成，不是一生下來就能馬上社會化。若他是說人在長期的社會化之後，人性會變成有社會性的，如此說可以成立。但蒙先生太直接將形成之後的階段給拉到前面的初始狀態，否定先天的人性狀態並非人的本質，這或許不是荀子的本意。另外，他也沒說清楚他所謂的人性和人的本質的定義是什麼。蒙先生之意可能是想突顯荀子「化性起偽」的重要，然而無論是「不可事，不可學」的先天人性或是經後天修養而成的社會人性，兩者皆存在於人，不應該是有了這個就沒了那個。

〔註40〕袁信愛：〈荀子社會思想研究〉（台北：花木蘭文化出版社，2008年），頁91。

　　還有一位學者研究荀子亦非常深入，東方朔（筆名）從「人生不能無群」這個角度來理解荀子的人性觀，他認為荀子所說中的「人」深受客觀實在的社會文化規範，作為「人」在一個完整的社會體系裡被劃分階層與身份，這是用「角色」上的定義與分工來嚴格作界定。東方碩說：「人的概念，就是群的概念。或至少人的概念的真確、完整的概念必須在「群」的概念之中，獲得其實在性，換言之，人的概念中的人的身份規定在這裡是預先由「群」來給予的（is given），自我是以一定的社會組織（social setup）或群體所承擔的道德、義務為座標的。」〔註41〕獨自一個人並不能真的能完成一個人，人必需要在群體所構成的空間環境下，從角色上的扮演與義務上的提供執行來加深確認自身的定位。而且光有「群」還不夠，還要有「分」、「辨」、與「義」，也就是「禮」的出現使「群」獲得秩序和意義，從「群」的生活中得到「禮」的影響而成為「人」，跟孟子的依內心的自我道德根源之肯定而成為「人」是不同的，光是由內在道德形式總是有一種實體上的虛欠感在，荀子以客觀的社會禮義的包膜將一個人給的可見可知的性質給模造出來，讓人在現實之存在裡更加有血有肉。

　　東方朔在他的論文集中很明顯地在努力劃分孟、荀的分界，不讓思孟主義在文章內暗中主導，此外也很肯定荀子的另一番具社會意義的見解。寫到這裡，我發現到目前研究荀子的學者們雖然大多已經不採孟學本位，而且在「化性起偽」的部份幾乎也是越解越精細。但我還是覺得以上的研究裡猶有哪裡漏失的地方。人就算是經過「社會化」的「漸浸」、「積靡」，藉由禮義、知識與習俗讓身心獲得一種足以向善的轉化能量。但是在持續不間斷的過程裡，重要的可能不是你有多少樣東西，或是擁有多好的東西，而是你有沒有恆心或毅力去完成，這是「意志」方面的問題。在荀子文中有發現到可以讓人持續做下去的心靈動力，目前只在張匀翔與伍振勳這兩位學者的論文中有瞧見一些端倪。

　　張匀翔將荀子的「心—認知」到化性成善視為一種「智德」的表現，而且他認為在過去「五達德」裡，一向是「仁德」居於上位，而荀子是首位把「智德」給大大抬高的人。張匀翔說：「荀子的倫理思想首倡「智德」，「智德」為後天陶成的良好品格」〔註42〕，毋寧說「智德」是藉由人的智能去汲取外

〔註41〕東方朔：《合理性之追求：荀子思想研究論集》（台北：國立台灣大學出版中心，2011年6月），頁40。
〔註42〕張匀翔：〈攝王於禮、攝禮於德——荀子之智德及社會倫理建構之意涵〉（台

在資訊，慢慢養成之後所取得的後天德性，而要使智德發揮「化性起僞」的功能，除了要學習與積靡之外，還得要靠「志意」。張勻翔認爲徐復觀對「心知—禮義」以治性的解讀還有所遺漏，他說：

> 事實上，徐復觀的解讀，忽略了意志在荀子思想中的特色，但這卻是荀學重視「智」德時亦加強調的……「心」的自然傾向是欲佚。
> 荀子以爲自然生命要透過修煉「志意」的過程，才能節制人之情，人之欲，不爲外物所動，當處利害時能堅定當所選擇者。〔註43〕

就張氏對徐復觀的看法，這裡可以再補充一下。歷年來學者們已經把「化性起僞」給說解得熟爛，卻忽略了荀子理論的特殊性，必須還需要有一樣成分方能催化完成，張先生認爲「志意」就是這個重要關鍵成分。只是張勻翔對於「志意」的探討部分，總覺得有些地方可以再細辨。首先，張先生同樣也批判關於荀子的研究歷史，他也覺得早期的研究多從孟學本位，荀子的價值與地位無法被確立，這些評語在荀子的文獻回顧裡時常見到。可是他在後面卻說：「此品格之可能性在「心」本來具有之知能及向善之意志……」〔註44〕他好像把「向善之意志」當作是本來就存在人心中的。張勻翔說「心」不必然向善，於是要有禮義做爲指導，因「禮義」而生的向善意志是相當重要的，但他卻沒說清楚他所謂的「意志」是什麼。然後他說：

> 所謂「趨向善的穩定態度必須透過後天的養成」，並非意指「意志」的後天修養是由人之好佚欲利之自然情慾轉出，好佚之情及好利之欲的自然傾向並非化性起僞可能之所在；事實上，荀學化性根據的是人性中具有的向善趨向。〔註45〕

不只如此，張先生還提出幾個例句來證實荀子的「心」具有向善的傾向。然而他說向善的意志要靠後天培養，卻又說人的心中具有向善的趨向，兩句話似乎有點矛盾。張先生說的「意志」可能包含「思想意識」與「意志力」兩種涵意，君子與小人固然在意志上有差，但是人的意志不一定一生下就完全

北：花木蘭文化出版社，2008年），頁29。

〔註43〕 張勻翔：〈攝王於禮、攝禮於德——荀子之智德及社會倫理建構之意涵〉（台北：花木蘭文化出版社，2008年），頁51。

〔註44〕 張勻翔：〈攝王於禮、攝禮於德——荀子之智德及社會倫理建構之意涵〉（台北：花木蘭文化出版社，2008年），頁29。

〔註45〕 張勻翔：〈攝王於禮、攝禮於德——荀子之智德及社會倫理建構之意涵〉（台北：花木蘭文化出版社，2008年），頁55。

固定，意志上的差異也是有很多後天因素的介入所造成，譬如「欲死不欲生」這一句，即使是能爲人犧牲的作爲也不等於是天生的，因爲當人遇到麻煩或災難時，基於天性或生存上的需求還是會不想死而試圖求存，所以「從死不從生」不是一個純屬自然的選擇。此外，張勻翔還從人尚「群」與「人有氣有生有知亦具有義」這兩句當中，認爲「心」除了尚利外，還具有尚「義」的向善意志。但是我認爲這裡是張先生沒把修養與結果的「順序」給呈現清楚，誤把後天才獲得的部分給挪到最初狀態來說。

　　此外，張勻翔借章太炎的看法來表示荀子特重「主智精神」。張先生摘錄章太炎的看法：「孟子謂惻隱、辭讓、羞惡、是非四端，性所具有。荀子則謂『人生而有好利焉，順勢則爭奪生而辭讓亡矣。』是荀子以辭讓之心非本所本有，故人性雖具惻隱、羞惡、是非三端，不失其爲惡。然即此可知荀子但云性不具辭讓之心，而不能謂性不具惻隱、羞惡、是非之心。」〔註 46〕因爲缺少辭讓之心，故容易爲惡，可是這個看法不僅是肯定荀子的性中也有善端，而且也片面地以「辭讓之心」之有無來看性惡於否。在同一個段落後半部還有「生而有疾惡焉，順是，則殘賊生而忠信亡焉；生而有耳目之欲……故淫亂生而禮義文理亡焉」，荀子沒有把孟子的四端都拿出來否認，只說人會因「順是」而容易導致喪失辭讓、忠信等道德表現。這邊認爲荀子應當是取其中幾項來指稱全體，亦即人若只會順著本性則道德易失焉，僅僅取其中一項就說荀子也有同孟子的部分，難免會給人有刻意附會和斷章取義之感。張勻翔在「意志」方面說得不夠詳細，也混淆了「化性起僞」前後的順序，加上對於荀子有無「潛在善端」的部份的解釋不夠使人信服，我以爲若是要讓荀子理論可以獨立自成，在一些模稜兩可的地方還要多加注意與分辨。

　　前面張先生提出「志意」這個學者們幾乎都忽略不說的關鍵詞，對我而言算是「千呼萬喚始出來」，但還「猶抱琵琶半遮面」。之後也有少數學者對於「志意」也有一些相關的研究，如伍振勳先生提出「知慮理智化，志意規範化，血氣精神化的道德人格」〔註 47〕，認爲荀子所說的「知慮、志意、血氣」這三個層面，經由「化性起僞」而將人本身多欲的天性與後天的禮義文化做出緊密完美的結合，這才是「性僞合」的最高境界。「志意」是指滿足欲

〔註 46〕張勻翔：〈攝王於禮、攝禮於德──荀子之智德及社會倫理建構之意涵〉（台
　　　　北：花木蘭文化出版社，2008 年），頁 29，頁 60。
〔註 47〕伍振勳：〈語言、社會與歷史意識──荀子思想探義〉（新竹：國立清華大學
　　　　出版，2006 年），頁 75。

求化為行動〔註48〕，「心」在「知道」、「可道」之後，還須有「意志」上的「能固」來幫忙，才有辦法在「好道」的同時去行道並且禁非道。

伍振勳以社會文化學的角度，也採取「語用學」的角度來剖析〈正名篇〉，他認為荀子的〈正名篇〉揭示著荀子藉由「名、辭、辯」等語言定義，做出「名—言—道」的逐步推演，可以看出語言和社會環境的緊密結合，層層遞進。荀子之「正名」，用意不在於分析事物的性質，而是重視名物與人文世界的連結，由於人類的語言現象是經過長久累積而成的，人藉由語言去認識世界，理解世界，與世界連結，然後從個人學習、認識語言到最後掌握語言與語言背後的意義之後，人格也會隨之逐步發展到完熟。能從語用上的觀念去深入解釋荀子的理論，這是伍先生的卓見，而且他也將「社會文化」、「禮義」、「意志」做出很好的結合，把荀子的思想給好好呈現出來，裡頭更幾乎沒有一絲孟學形上思想的纖維相混雜。

上述對學者的研究回顧，代表荀學之研究已經慢慢開拓出新道路，試圖擺脫太多孟學本位的形上學眼光，讓荀學獲得自身的姿態與生命力。同為儒家一脈，荀學是否該要完全與孟學分割，這還是現在的研究者正努力思考的問題，只是在這篇論文裡，我的立場是先希望能將荀學自身的思想體系可以盡量純粹與獨立成形。在學者們努力剖析「性惡論」的同時，當然也會注意到在「性惡」之後，人又該如何去獲得「善」，甚至成「聖」，這是孟子與荀子都一樣的地方。伍先生雖然也提及「志意」部分，但是他所說的是人的心智之「意志」，同時其核心仍然在於試圖從「語用學」配合「社會文化」的維度來深度闡發荀子的思想，在本文這邊則是想加重力道在「志意」上的探討，搜羅與「志意」相關的部分，期望可以把這一個環節給說清楚，讓荀子的「化性起偽」理論可以更加獨立、穩固，與孟子能相輔相乘。

第三節　研究的方法與架構

壹、研究方法

本文的目標，是想藉由深入探討荀子「化性起偽」的功夫路數之內部，足以完成對一個個體自外到內，「轉化」的基本因素為何，同時提煉出這個關

〔註48〕王先謙：《荀子集解》（北京：中華書局，2012 年 3 月）注，頁 74。伍振勳在文章裡所說的「志意」比較類似「動機」或是原始想法，屬於意識層面。

鍵機制來說明荀子這一套化性功夫的可行與可能之爲何。

　　由於研究與討論的重心在荀子文本內「意志」的收集、張羅和檢驗上，所以在進入到「意志」這個核心議題前，必須先找出：「意志」爲何？所呈現的型態和意義有哪些。這個題目涉及到一些哲學領域的部分，本來應該要採用相關的哲學理論或方法來處理，可是本篇作者並非出身於哲學相關科系，也沒有涉獵太多哲學的相關知識，故無法直接將哲學理論納入這篇論文裡使用，以免發生左支右絀，遭人笑話的窘態。也就因爲如此，這篇文章對「意志」的研究是採用對原本內容的直接理解，以及運用文字、聲韻訓詁這些中國人的「老本行」來處理有關「意志」的問題。在有些地方，本文會使用到一點西方的哲學相關理論或觀點，因爲這個「意志」問題和近現代西方的一些哲學和心理學思想有關，無法只是就「東方」的只管談「東方」，必須援用一點西方的東西，才能在一些糾結點上做好意義分析跟釐清的處理。

　　「工欲善其事，必先利其器」，要做研究必須也要有一些必要的相關步驟，才不會汗漫無邊，沒有組織性。本文這邊的主要研究方法程序有以下幾項：參考文獻的版本、研究的相關資料、和研究的過程裡所要處理的對象和順序。在參考版本的部份，本文擬採清代王先謙的《荀子集解》作爲研究荀子的主要底本，另外佐取牟宗三的《名家與荀子》，張勻翔的《攝王於禮，攝禮於德：荀子之智德及倫理社會建構之意涵》，蔡錦昌的《從中國古代思考方式論較荀子思想之本色》，郝懿行的《荀子補注》，與唐君毅的《中國哲學原論》等……著作爲參考，以及作爲注釋、考異等相關資料來源。

　　資料處理部分，由於主要是在處理荀子思想與當代思想資料的參照比對，因此以先秦諸子的學說內容爲主，荀子作爲思想的主幹，旁及史傳記錄，以求內容的眞實無妄。接著光是靠個人的獨立苦思，不一定就可以激發出具有闡發性、影響性的好觀點，所以還得需參考先賢與近代學學者的著作，期望在經過細緻與繁多的閱讀之後，可以使本篇文章裡頭想提出的一個概念能夠得到更完善的，更充分的支持。除此之外也是借此發揚給予本文作者靈光點發的啓發者，示以表示無限的感謝之意

　　最後在文本內部的處理方面，主要採取對荀子本文的個別篇章內，尤其是〈解蔽〉、〈性惡〉、〈修身〉等……最直接連接荀子「化性起僞」思想的篇章，從中找出與「志意」相同或相干的詞彙，檢索尋繹其含意，並且做內部文章段落的參照與比對。

貳、研究架構與章節概要

本文擬將文章的架構分成七個大章節，茲各述其章節概要如下：

第一章「導論」：說明作者為何研究荀子思想的動機，動機的來源，和想要達成、做到的目的是什麼。還有說明研究的方法，章節上的安排與內容綱要。

第二章「荀子思想基礎的探索」：這一章主要是對荀子理論作背景知識上的介紹和解釋，也是下一章本文重點區塊的前導。荀子和孟子雖然同出儒家，但由於在「天」、「性」等……觀點上的差異，荀子提出異於孔孟前人的說法。從「天」、「性」等大概念的發展開始，然後到先秦儒家產生意義的變化，我們必須先了解荀子是如何另外詮釋這些基本思想，才能更有效地明白荀子後面的思想內容。

第三章「探討「化性起偽」說之的內涵」：這一章是將研究視線深入到荀子思想的重點區塊，即「化性起偽」。從內部對「心」的功能之探討，到外部影響之力量上的敘述，最後兩方相互結合以完成「化性起偽」說的真正內涵，並且也一塊帶出本文中想要談的核心議題。

第四章 「強力的驅動源——「意志」」：這一段是本文最重要的地方，筆者取前面的研究者提出的一個未完備的觀點，想撚出能夠讓「化性起偽」成為真實可能的關鍵鑰匙。這裡將會把荀子文本裡關乎「志意」的部份給提出來，並且分類解釋，試著說明荀子在很多地方都有在強調「志意」之操存和培養的重要性。

第五章「荀子思想與「意志」的相關討論」：由於荀子理論上的特殊性，加上本文所提出的「意志」命題，所以會有一些相關的枝節問題需要用別的章節來一塊處理。雖然本文不可能將所有問題給全盤寫出和解決，但本文會試圖把「意志」與荀子理論上的某些糾節點給析理一番，並且加強論述「意志」的功能和價值。

第六章「結語」

第七章「參考文獻」

第二章　荀子思想基礎的探索

第一節　荀子的思想特徵

　　面對一套成熟的哲學體系，能夠用以分判個人特色的，是思想家對敘述的對象採取怎樣的觀察角度來作思考與判斷，其中涉及到個人的價值觀、邏輯思維之運作等。而想要研究一個人的思想，如不先理解那個人是如何看待事物的話，就很難觸及到其學問思想的核心。很幸運地，荀子的著作內容包羅廣泛，其中有幾篇可以讓後人從中尋繹出他的思考模式。

　　關於荀子的思考模式，近代已經有學者提出來。如牟宗三摘要荀子書中一些片段來推斷其思考性格：

　　　　荀子之心思一往而不返，故其誠樸篤實之心，只表現而爲理智之廣
　　　　被，而於問題之重要關節處轉不過。誠樸篤實之人常用智而重埋，
　　　　喜秩序，愛穩定，厚重少文，剛強而義；而悱惻之感，超脫之悟，
　　　　則不足，其隆禮義而殺詩書，有以也夫。〔註1〕

牟先生比對孟荀兩人，認爲荀子之剛健嚴整甚於孟子，可超脫之悟則不足，重要的是荀子「重智」，屬於「內聖外王」中偏「外王」那一面。牟先生又說：

─────────────

〔註1〕牟宗三先生從〈勸學〉、〈議兵〉篇的摘錄中揭示荀子的思想性格，又從〈不
　　　苟〉這篇裡頭發現某部分內容和〈中庸〉、《孟子》很相近，認爲是荀子書中
　　　最特別之處。牟先生認爲荀子書中有些內容與《孟子》、《中庸》很像，可是
　　　卻沒有從中深切把握之，故大本不立：因大本不立所以轉而言師法，言積習。
　　　牟先生的說法固然本於新儒家的思想宗旨，然而在分辨孟荀兩人性格這部份
　　　還是相當精闢的。

「荀子誠樸篤實之心，表現而為明辨之理智，故重禮義，亦深識于禮義……」〔註2〕，整合這兩段引句來看，荀子的性格是重客觀性，重理智思辨的，也因此對具體成文的「禮」更加重視。徐復觀在進一步說明荀子的思想前，就先下了「荀子具有經驗性性格」這個大判斷，「經驗性性格」意味著荀子會藉由實際的觀察跟體會來做出結論。〔註3〕

基本思路在文本中通常會一貫，如陳大齊從〈非相〉篇中推斷出：

> 荀子在論述思想道德政治時，莫不以發揮義辨的功能為其理論的基礎，其論政治，兼以發揮能群的功能為基礎。義辨是理智作用，能群以義辨為基礎，亦級以理智為基礎。故荀子此一基本觀點發展的結果，形成了理智主義……荀子偏重治國修身的實用，輕視純理的思辨，形成荀子學說中又一主要因素，可以稱之為實用主義。〔註4〕

陳大齊認為荀子之論「義辨」是理性的表現，但因為沒有再進一步去作純粹的思辨而變成了「實用主義」，我認為單從荀子文本裡就可知其做形上思辨的意圖不高，說是「實用主義」也是理所當然。此外蔡仁厚也認為荀子的思想性格是：

> 以誠樸之心表現而為理智，喜秩序，崇綱紀，因而特重客觀之禮義，亦能深識禮憲之大。……他順孔子外王禮憲而發展，重視現實之組織，重視分與義，重視禮義之統，凡此，皆是客觀精神的表現。〔註5〕

蔡仁厚統整在文本中所有可歸類在「客觀」的部份，荀子的思想特色已經明顯得不能再明顯。牟先生或唐先生等人亦提及荀子文本中某一些段落處，幾乎與《孟子》、〈中庸〉相近，和荀子原本的思考格調似乎不搭，但因為荀子無超越逆覺的解悟，故仍多侷限在客觀實際的現象上。結合以上學者的說法，我們後人對荀子的形象大概會是一個勤樸力學，嚴屬端正的大學者，而我們可以先朝「純樸篤實之心」和「客觀性」這兩個方面，深入理解荀子到底是如何來「看」這個世界的。

首先，荀子有個「純樸篤實之心」，「純樸篤實」代表實在、專誠和單純，

〔註2〕牟宗三：《名家與荀子》（台北：台灣學生書局，1985年3月），頁199。
〔註3〕徐復觀：《中國人性論史·先秦篇》（台中：中央書局，1977年），頁224。
〔註4〕陳大齊：《荀子學說》（台北：中國文化大學出版社，1989年），頁6～7。
〔註5〕蔡仁厚：《孔孟荀哲學》（台北：台灣學生書局，1984年），頁362～363。

也表示荀子可能和陰陽家不大合拍，這個可從荀子思想裡陰陽玄虛之看法相當稀少這一點得證。這顆「純樸篤實」的「心」是如何被荀子定義的呢？荀子是這麼說的：

> 耳目鼻口形能各有接而不相能也，夫是之謂天官。心居中虛，以治五官，夫是之謂天君。〔註6〕

以「耳目鼻口」為「官」，以「心」為君，不約而同地孟子也有類似的比喻，皆取君臣來比附。但是在「心」這個地方，孟子說是「心之官」，而荀子則是說「天君」，君與官的位階有差，又冠以「天」之名，暗示在荀子眼中「心」的地位是非常重要的。此外還要注意的地方是，即使是冠上了「天」之名，卻不一定就具有形上的意涵。「心」身為天君，掌控耳目鼻口這些「天官」，「心」也是發號施令者，與「天官」是老闆與員工，將帥與士兵之間的關係。自古以來，中國人是把「心」跟「腦袋」合在一起看的，不像現代醫學有相當明顯的分別：心是心，腦袋是腦袋，型態和位置等都不同。耳目鼻口這些天官受到外物給予的刺激，於是才能「目辨黑白美惡，耳辨音聲清濁，口辨酸鹹甘苦，鼻辨芬芳腥臊……」〔註7〕而且感官各自司掌一種能力，如耳朵不能看，眼睛不能聽，彼此不能越俎代庖，互相替代。

「心」比較特殊，「心」本身就有「說、故、喜、怒、哀、樂、愛、惡、欲以心異」〔註8〕的能力，但是「心」的能力是屬於內在的，不是貼近胸膛而聽見「心」的聲音那種，「心」必須要藉由外部的感官來表達內部的思緒。「心」乃可以自行自為的天君，天君可以自行做出判斷，天官則不能，但是「心」要有「知」才能作出下一步判斷，「知」的獲取是「天君」和「天官」共同合作下的結果：

> 心有徵知。徵知則緣耳而知聲可也，緣目而知形可也。然而徵知必將待天官之當簿其類，然後可也。五官簿之而不知，心徵知而無說，則人莫不然謂之不知。此所緣而以同異也。〔註9〕

「知覺」的產生方式在於耳目口鼻去感應、接收到外界捎來的訊息後，將這些訊息交付給「心」去做處理與判斷。

〔註6〕王先謙：《荀子集解》（北京：中華書局，2012年3月），〈天論篇〉，頁302。
〔註7〕王先謙：《荀子集解》（北京：中華書局，2012年3月），〈榮辱篇〉，頁63。
〔註8〕王先謙：《荀子集解》（北京：中華書局，2012年3月），〈正名篇〉，頁404。
〔註9〕王先謙：《荀子集解》（北京：中華書局，2012年3月），〈正名篇〉，頁404～405。

感官雖然是各類刺激流通的大門，可是訊息或刺激不只會從外界，也會從身體內部發出，例如肚子餓或是想上廁所。但這些只是某個物體或某種現象所產生的訊號，訊號不全等於物體或現象之本身，譬如雷達接收到一種電波，但也只知道是個電波，並不能知道電波本身的內容爲何；或者有人聞到一種味道，他能體會這個氣味的香臭濃淡，還有他喜不喜歡這氣味，但他不一定會知道這個氣味是什麼東西才擁有這種氣味。要做到分辨訊息之本身和來源，就需要靠「心」。天官在得到刺激後，心的「徵知」功能將這些刺激納入它的檢視屏幕當中，「徵」字楊倞解爲「召也」，「心能召萬物而知之」即爲「徵知」，楊倞把「徵」賦予具有吸引性質的能動意義，但也把「心」的被動性給忽略。近人梁啓雄則認爲「徵」應該是指「感應」〔註 10〕，本文取梁啓雄的解法，如此「心」的能動與被動求物的作用就都可以被兼顧到。心可以主動或被動地「徵知」自外部而來的刺激後，再構成一個雛形的「知」，這是人認識外界與自身的第一步。

「知」在獲得初步的概念雛形之後，還有一個步驟需要同時進行。上面的引文當中有「然而徵知必將待天官之當簿其類，然後可也」這一段，楊倞解「當簿」爲「如各主當其簿書，不相亂也」，「當簿」有「主管」的意思，案楊注則解作「耳目等天官主管其所主管的類」。陳大齊借文本內容以自證，認爲「當」也可以解爲「適合」，而「當簿」的意思就是「適合於其所主管或所記錄的類」，與楊注相較反而更具有彈性，也同樣有「主管」的意涵。〔註11〕天官的功能有限，感官能力早已對應好相關同類的訊息與刺激，所以只能去感應可以感應到的「類」。耳目鼻口等感官需要先掌握能夠被感知到的「類」之後，「知」才能正確地被「心」所接受。心與耳目鼻口的作用是相互合作的，可是「心」仍爲最終的仲裁者。

荀子在「心」這一塊不同於孟子的地方是，孟子談天人貫通的「心性合一」，荀子則比較深入地去探討人如何取得知識、經驗的方法和過程，縱然不是最正確縝密的科學式論述，但他卻是先秦諸子裡首度在人類的「知覺」這

〔註10〕「徵」也有胡適先生解爲「證」，陳大齊先生對「徵知則……」這一句，依舊採楊說來解釋。可是作者以爲陳先生把「可也」解爲「可以如此而不一定如此」，有解釋太過之感，且和「然而徵知必將待天官之當簿其類…」的「可也」之意不貼。作者以爲「可也」解成「如此便可」這意義比較適當。見陳大齊：《荀子學說》，頁 46～47。

〔註11〕「簿」字，郭嵩燾解爲「記錄也」。出於陳大齊的《荀子學說》，頁 49。

個領域做出最靠近「生理形式」描繪的人，這是荀子被後人說具備「科學精神」的證據之一，也證明荀子的心乃直觀的、實際的「樸質認識心」。同理可推，這樣的心對外界的定位則是採「客觀經驗」來理解。

荀子的「樸實心」使荀子具備「客觀精神」，這個「客觀精神」還可以在荀子其他篇章裡發現。孔子對子路說要「正名」，是為了要導正在政治秩序上不可偏亂的名與實之關係，而孟子雖然沒說「正名」，但在「義利」、「王霸」等問題上，他也努力地去做出分辨。身處更加混亂的戰國後期的荀子，他也作〈正名〉篇以示其更加嚴謹的正名思想。春秋時期孔子對季氏之舞八佾的舉動雖然相當不滿，但僭越過禮的行為卻在戰國時代早就是司空見慣，同個時期思想知識的傳播，知識分子的崛起，他們對於所處的時代有很多的想法，荀子作為儒家的後繼者，對禮制倫理的要求和掌握相當嚴格，可是在亂世當中這些幾乎都被打亂，甚至是被扭曲，人心意識的浮躁不安或是刻意曲解，影響到許多事物和價值觀，造成「貴賤不明，同異不別，如是則志必有不喻之患，而事必有困廢之禍」〔註12〕的結果，又「今聖王沒，天下亂，姦言起」，可是「君子無勢以臨之，無刑以禁之」，因此必須「故辨說也」〔註13〕，即以正名辯說當做儒門中人能夠繼續與無道之亂世持續對抗的方法。

儒家一直期待著「聖王」再度出現，進而重新安定整個時代，而聖王若要使混亂的事事物物都回歸正軌，按部就班，「名」的制定便是一件重要無比的任務，即「王者之制名，名定而實辨，道行而志通，則慎率民而一焉」〔註14〕。嚴正細密的荀子對「名」的製作也有很嚴格的界定與程序。聖王若起，撥亂反正的開端必須要先知道如何判斷「名」。〈正名〉：「名也者，所以期累實也」〔註15〕，「名」是個抽象的概念，簡略的定義就是一個或是一組音符。「名」如要有所意義就要與一個事物做出對應，「期」字有「會通」之意〔註16〕，「累實」是指一群連綴的物類，「期累實」是指抽象的概念要與物類做出連接和會通，「名」才能安固下來，使人與各種事物現象能夠做出聯

〔註12〕 王先謙：《荀子集解》（北京：中華書局，2012 年 3 月），〈正名篇〉，頁 402。
〔註13〕 完整引文為：「今聖王沒，天下亂，姦言起，君子無勢以臨之，無刑以禁之，故辨說也。」。詳見王先謙：《荀子集解》，〈正名篇〉，頁 409。
〔註14〕 王先謙：《荀子集解》（北京：中華書局，2012 年 3 月），〈正名篇〉，頁 401。
〔註15〕 王先謙：《荀子集解》（北京：中華書局，2012 年 3 月），頁 409。
〔註16〕 「期」字比較難解。楊注「會也」，段玉裁則注「……期者，要約之意，所以為會合也。」陳大齊先生與廖名春先生以「故比方之疑似而通，是所以共其約名以相期也」等……內文，來加強補充「會通」的意義。

繫。

　　在知道「名」的意義和作用後，接著就是「制名」。「制名」有三個大綱領：「然則所爲有名，與所緣以同異，與制名之樞要，不可不察也。」〔註17〕經過化約後的三個綱領是：所爲有名、所緣以同異，和制名之樞要。首先「所爲有名」是在說爲何要有「名」的存在以及制名的目的，「爲」讀去聲，「所爲」即「爲何」之意。荀子認爲：

> 貴賤不明，同異不別；如是，則志必有不喻之患，而事必有困廢之
> 禍。故知者爲之分別制名以指實，上以明貴賤，下以辨同異。貴賤
> 明，同異別，如是則志無不喻之患，事無困廢之禍，此所爲有名也
> 〔註18〕

現象界的事物太多，難以勝數，所以要制名以界定分類之。名跟物的指涉區分若是交錯混淆，或是曖昧不明，就可能會造成政治社會、倫理思想等各個層面上的錯亂與崩裂，這也是荀子強調的：聖王之制名是要來穩定一整個國家社會的。第二個綱領是「所緣以同異」。緣，因也，「所緣」的意思是「何因」、「因何」，「所緣以同異」是說同名、異名是由何而起。同名與異名是因爲事物之差異所導致，事物之所以有差異，其中一個原因在於人的感覺器官，即天官對於外界事物上的感受出現差異：

> 然則何緣而以同異？曰：緣天官。凡同類同情者，其天官之意物也
> 同。故比方之疑似而通，是所以共其約名以相期也。形體、色理以
> 目異；聲音清濁、調竽、奇聲以耳異；甘、苦、鹹、淡、辛、酸、
> 奇味以口異⋯⋯五官簿之而不知，心徵知而無說，則人莫不然謂之
> 不知。此所緣而以同異也。〔註19〕

天官如何意物的部份，在前面已經有談過，此處不再贅述。天官各司其職，各感其類，然而光是顏色、味道，冷熱形狀等刺激與感受都有大小細微的差異，經過「徵知」以後，將天官所感受到的進行分類，做出辨別和認識之後就產生同名與異名的結果。最後一個是「制名之樞要」，意在解釋制名的重要原則，荀子將大致的原則與方法給鋪陳出來：

〔註17〕王先謙：《荀子集解》（北京：中華書局，2012年3月），〈正名篇〉，頁402。
〔註18〕王先謙：《荀子集解》（北京：中華書局，2012年3月），〈正名篇〉，頁402。
〔註19〕王先謙：《荀子集解》（北京：中華書局，2012年3月），〈正名篇〉，頁402～
　　　　405。

然後隨而命之，同則同之，異則異之。單足以喻則單，單不足以喻則兼；單與兼無所相避則共；雖共不爲害矣。知異實者之異名也，故使異實者莫不異名也，不可亂也，猶使同實者莫不同名也。故萬物雖眾，有時而欲無舉之，故謂之物；物也者，大共名也。推而共之，共則有共，至於無共然後止。有時而欲徧舉之，故謂之鳥獸。鳥獸也者，大別名也。推而別之，別則有別，至於無別然後止。名無固宜，約之以命，約定俗成謂之宜，異於約則謂之不宜。名無固實，約之以命實，約定俗成，謂之實名。名有固善，徑易而不拂，謂之善名。物有同狀而異所者，有異狀而同所者，可別也。狀同而爲異所者，雖可合，謂之二實。狀變而實無別而爲異者，謂之化。有化而無別，謂之一實。此事之所以稽實定數也。此制名之樞要也。〔註20〕

對於事物與名稱之間的分辨，有共名、異名、散名、實名、大共名等稱呼，依照物類特性之同異來作分別。還有「名無固宜，約之以命，約定俗成謂之宜，異於約則謂之不宜」，這是從社會發展來看「名」的變化與定型，大家都可以接受的話就是好名，不必刻意標新立異。制名的原則讓名與實有比較合理的落腳處，後面荀子還針對「名」的其他現象繼續作探討，如破除名實相亂的「三惑」等，但那些不是本文要關注的地方，所以就討論到此爲止。〈正名〉的內容很容易讓人聯想到亞里斯多德的邏輯理論，可是荀子的邏輯並沒有像亞里斯多德那樣非常繁複細緻，因爲荀子的目的不是和名家一樣對「名」做出更深刻抽象的鑽研，他比較重視「正名」思想落實在政治倫理上的作用。

　　按照荀子的觀察角度，在〈天論〉篇裡對於「天」的看法自然是直接又樸實的，沒有多少神祕不可解的成分存在。然而眼尖的人還是可以在文本其他地方發現到，荀子說的「天」還是有崇高性與神祕性的成份在，例如〈儒效〉：「習俗移志，安久移質。並一而不二，則通於神明，參於天地矣。」〔註21〕〈彊國〉：「故人之命在天，國之命在禮。」〔註22〕〈性惡〉：「今使塗之人伏術爲學，專心一志，思索孰察，加日縣久，積善而不息，則通於神明，參於天地矣。故聖

〔註20〕　王先謙：《荀子集解》（北京：中華書局，2012年3月），〈正名篇〉，頁405～407。
〔註21〕　王先謙：《荀子集解》（北京：中華書局，2012年3月），〈儒效篇〉，頁144。
〔註22〕　王先謙：《荀子集解》（北京：中華書局，2012年3月），〈彊國篇〉，頁291。

人者，人之所積而致矣。」〔註23〕上面三個例句裡，「人之命在天」是說人的壽命長短早已決定，無法預測，「天」的神祕性建立在一個「神龍見首不見尾」，而且能主宰眾生的神祕機制上，可是這種看法很普遍，並不稀奇。「通於神明，參於天地」這兩句出現兩次，兩句彼此對仗，「神明」與「天地」也彼此互對，這邊推測「天地」一詞可能不是單純的自然現象，可能是指大道的根源，或者是君子積學成德之後欲達到的通明無礙，「神之明之」的境界。

文本內自身所產生的矛盾，尤其在一個長篇大論裡前後意義有所出入，在思想史裡是屢見不鮮，又何況當時古人對「天」抱持著好奇與敬畏，對「天」的認知傳統淵遠流長，乃社會習俗中不可分割的一部分，生在其中，長於其中的中國人自然難以避免。只是我們需要先把握住的是思想家在他的書寫當中，真正想要表達的意義，而非刻意地去吹毛求疵。基本來說，荀子對周遭的事物是採直觀，可以被探知、被理解的角度來看，例如「星隊木鳴，國人皆恐。曰：是何也？」〔註24〕流星飛落，木頭鳴叫，一般人會覺得這或許是某種兆頭，可是荀子認為這些只是很少見的自然變化，沒什麼好大驚小怪的，於是他破除之：「無何也！是天地之變，陰陽之化，物之罕至者也。」還有「雩而雨，何也？曰：無何也，猶不雩而雨也。」〔註25〕荀子認為跳祈雨舞跟下雨沒什麼太大關係，就算不跳也還是會下雨。這是荀子對外在現象經過長期的觀察後才有這些看法，即使他所重視的並非「自然科學」。在〈天論〉裡荀子主要想表達的還是在於破除人對「自然」的消極抵抗與過度依賴，人要更加重視自身的力量，與大自然一塊競爭，互利共存。

從其他篇章裡也可以觀察到一部分荀子的性格，如在〈非十二子〉裡，荀子以相當認真確實的眼光來審視其他家的思想特性與好壞；在〈正論〉當中，荀子仔細地分析一些歷史上的疑問；在〈正名〉中荀子析縷與分類共名、異名的差異，駁斥名家一些著名的辯論議題，如此看來，他的性格特色是相當明顯的。牟宗三說荀子的性格是篤實敦切，接著牟先生又說正因為荀子是這樣的個性，所以有難以超脫有形經驗框架的缺點，對於孟子的說法才無法接受。可是正因為荀子是採另一種途徑來做觀察與思考，所以才會出現這些不同於孔孟的思想，供後人去思索和分辨。

〔註23〕王先謙：《荀子集解》（北京：中華書局，2012 年 3 月），〈成相篇〉，頁 443。
〔註24〕王先謙：《荀子集解》（北京：中華書局，2012 年 3 月），〈天論篇〉，頁 313。
〔註25〕王先謙：《荀子集解》（北京：中華書局，2012 年 3 月），〈正論篇〉，頁 316。

第二節　「天」概念的發展

壹、先秦時期的「天」

　　從生民結集成群，共同開創一個人文世界的生命共同體以來，人類不僅要在現實環境與資源上努力求存與發展，同時也要面對著未知的，不可理解的命運與現象。「天」就是一個好像看得到，卻又聞不到，摸不著的存在，在人的頭頂上亙古長存，一大片既變又不變的虛空。東西方在人類開始出現文明以後，咸對那片「天」產生濃厚的興趣與疑惑，包括敬畏與讚美。但本文沒有要談東西方文化對「天」的概念上之差異，在這一節裡主要是關注從三代到先秦時期，「天」的內涵之變化及發展。

　　關於「天」的觀念，最早的記載是出現在甲骨文上。殷墟甲骨文的卜辭上，「天」這個字看起來像一個人形，類似火柴人那樣。王國維說：「天本謂人顛頂，故像人形。」〔註 26〕在甲骨文內「天」和「人」這兩個獨體象形字都長得一樣，而「天」的意義是取自字體中一部分概念的延展，即人的頭頂，在人的頭頂上的便是「天」。原本用來代指頭頂上的虛無存在，其意義在逐漸演化後，「天」還具備神格，有了至高無上之存在的意涵。甲骨文的內容很多是「卜辭」，原因在於古人面對天象、四季等自然變化，還有對自身的運勢、生命動態之走向等，因為還不能夠理解背後產生的原因，更無法預知生命裡可能會遭遇什麼，運勢又將如何發展，所以想向至高至能的「天」祈求一些解答或提示，利用「占卜」可能是最可靠又方便的法子。

　　「天」無所不在，無所不能，也監控著人間一切變化，例如〈大盂鼎銘〉記載：

> 王若曰：盂！不（丕）顯玟王，受天有大令（命），在武王嗣玟乍（作）
>
> 邦，闢厥（厥）匿（慝），匍（撫）有四方。〔註27〕

　　加上〈毛公鼎銘〉等金文的記錄，「天」掌有最高權力，是至高的授與者，人間的王者必須受到天之降命，方能名正言順地擁有統治天下的大權，也就是擁有「天命」。此外《尚書》記錄三代以來大多數的文書資料，其中記載殷商時期的部份，「天」就有賦予人間君王稱「帝」的權狀，如〈盤庚篇〉記載：「先王有服，格謹天命。」〔註 28〕夏王得到天之賜命，故得以成王，這個地

〔註26〕張立文：《天》（台北：七略出版社，1996 年 10 月），頁 32。

〔註27〕張立文：《天》（台北：七略出版社，1996 年 10 月），頁 33。

〔註28〕《中國哲學 第十輯》（北京：三聯書局，1983 年），頁 7。

位與權力是由「天」所給予，是具有絕對性的。從氏族部落到統一各地部族，夏王以共主的身份把持最高權力，同樣授與天命的「天」理所當然地也有「帝」之尊名，而且是更加至高無上的「天帝」。可是稟受天命的夏王朝，最終在紂王一代被西陲的「周」給推翻，即便是天命所佑的夏朝仍無法力挽頹勢。

「天」的概念在搬到新居「周朝」後出現新的轉變，「天」依舊高高在上，難以捉摸，可是人對自己的存在給予更多注目，人不是只顧仰望天的垂憐，天命的賦予也是有限制條件的，而這條件就是人自身的品德。《周書·召誥》說：「皇天上帝，改厥元子，茲大國殷之命。」〔註29〕周能取殷而代之，固然是民心之向背讓周有起兵的大義，而另一方面為了讓周朝取代商朝這件事具合法化和合理性（在武王進發朝歌的途中，伯夷叔齊兩兄弟出現，反對武王去討伐紂王），理由是：原先殷商的「天命」已經移轉到周朝。這很像是土地繼承權轉讓一樣，其中一個緣故是文王之積德，「天」見殷商的荒謬腐敗，沒有足夠的「德」可以繼續撐持天命，於是將天命易手給周朝。周公曾對霍叔說：「剖比干而囚箕子，飛廉、惡來知政，夫又惡有不可？」〔註30〕即使周武王在伐商之前，曾出現許多看似對出征不利的跡象，但紂王多行不義，商朝又豈可長久？如此來看，「天」不是只會一直庇佑一人一朝，人的作為也會影響到天的意志，周之德業讓「天」改變心意，而「天命」似乎就不能像免死金牌一樣依賴了。周公還說：

> 天難諶，乃其墜命，弗克經歷。……天不可信。我道惟寧王德延，
> 天不庸釋於文王受命。〔註31〕

周公不以「天」為基準，認為人的作為才是最重要的關鍵。武王伐紂前的三誓：「天矜于民，民之所欲，天必從之。」〔註32〕、「天視自我民視，天聽自我民聽」〔註33〕，也表達相同的看法，周朝因有德而得天命，得到大位之後還必須固持德操，維繫民心才能使國祚長存，上述的幾段話中就透露出，到了周代以後「人」的地位開始上升，原本高高在上的「天」有點被邊緣化，即使其不可測度的神祕及尊崇還是存在著，但焦點已經轉移到人自身的行事

〔註29〕 《中國哲學 第十輯》（北京：三聯書局，1983年），頁6。

〔註30〕 王先謙：《荀子集解》（北京：中華書局，2012年），〈儒效篇〉，頁135。

〔註31〕 江灝、錢宗武譯註，周秉鈞審校：《今古文尚書全譯》（貴州：人民出版社，1991年），頁347。

〔註32〕 王先謙：《荀子集解》（北京：中華書局，2012年3月），〈王霸篇〉，頁207。

〔註33〕 王先謙：《荀子集解》（北京：中華書局，2012年3月），〈王霸篇〉，頁212。

上頭。天是天，人是人，人不再只會將一切責任推給「天」，轉而把自身之存在感與重要性給突顯出來，人不能光看天的臉色，而是要自動自發，自我修養，自己去掌控可以掌握的部分，「人文精神」的萌芽於焉發端。

先秦時代的典籍裡，如《詩經》、《左傳》、《國語》等都有類似的人文思想，原本高高在上的「天」，其尊榮不可質疑的地位也正被動搖著，譬如《詩經‧小雅‧雨無正》：「浩浩昊天，不駿其德。……弗慮弗圖，捨彼有罪，既伏其辜。」〔註 34〕人民無助地面對上天降下的災禍，但人民何辜，爲何上天要這樣殘虐他們？至於真正有罪的人，上天爲何沒有對他們降下懲罰呢？「天地不仁，以萬物爲芻狗」〔註 35〕，老子對天也有很嚴厲的陳詞，人們開始懷疑「天」是否真的有德有情，還是只是隨意地展示其威能而已，對百姓的生死根本置若罔聞。《詩經》裡的詩歌來源複雜，不只是有從民間收集而來的民謠俗曲，也有文人自製改寫的部分，詩集當中包含上下階層的各種思想。

上引的詩句裡表現出人們面對難以理解或難以掌握的事情時，已經不單單從「天」的角度，而是改由「人」的角度來看。人在世間所遇到的大小麻煩，並非全來自於天，常是「人」自己招致的。事情的因果變化不是從遙遠的天際上盲目捕捉，而是放在實際的作爲內作出檢驗，得到肯定，無需把所有的好與壞都歸因於「天」，有很多時候都是自己咎由自取的。鄭國大夫子產說：「天道遠，人道邇，非所及也。」〔註 36〕經常被孔子稱道的賢相子產，卻因爲製作刑鼎而被叔向批評，認爲他的作爲貶低了禮制的重要性。然而子產所爲乃是因應時代上的變化，不是故作矯態。子貢也說：「夫子之文章，可得而聞也。夫子之言性與天道，不可得而聞也。」〔註37〕孔子並非真的不知天，只是把注意力集中放在「人」身上而已。

總結商周以來的經典文獻來看，「天」的意義與時遞進，內涵變得更複雜，自然意義上的「天」，具神格的「天」，能賞善罰惡，監管人間的「天」等，這些「天」的屬性是同時存在的，只是「天」的角色逐漸退居幕後，在人界的另一端「垂簾聽政」，「天」和「人」依舊共處同一個時空，但人已經慢慢

〔註 34〕裴普賢：《詩經評註讀本》（台北：三民書局，2006 年），頁 486。
〔註 35〕東漢 王弼：《老子道德經注》（北京：中華書局，2011 年），頁 15。
〔註 36〕楊伯峻：《春秋左傳注》（台北：洪葉文化事業有限公司，1993 年 5 月），頁 1395。
〔註 37〕宋 朱熹：《四書集注》（台北：藝文印書館，1978 年 4 月），〈論語三‧公冶長第五〉，頁 5。

地掌握到如何站穩自身腳步的方法,以自身的角度來詮釋自己的抉擇和思想。「道德」的要求彰顯出人的特殊性,使人也具有某種超越的可能。這是東西方文化在長久的發展下,都有走上的同一條道路,然而在中國這邊還是有自身的「東方式神祕」。

貳、儒家眼中的「天」

討論先秦諸子時,對孔孟荀這一派應該要被稱作「儒家」還是「儒教」,東西學者各有不同的看法。一般來說,西方學者比較傾向稱呼「儒教」,因為其思想體系與影響力已經具備「教」的規格。在東方「儒」不算很早被當成「教」,到了元明以降,儒釋道才被合稱為「三教」〔註38〕,這是眾所皆知的歷史事實。然而若按照西方對「宗教」(religion)的定義,那「儒教」又不太符合資格,因為「儒教」本身並沒有類似「人格神」的存在,即使後來儒教的創始者也被奉入廟堂裡供人祭祀,但是孔子在歷史上通常是被當作至高的聖人典型,通常不具有神靈的屬性。

儘管如此,若說「神」或「唯一」是一個不可違逆與懷疑的終極概念,是一種思想體系內的最高原則與歸屬的話,那麼儒家對「天」大概就是這麼樣的一個看法。相傳堯派重、黎絕地天通〔註39〕,又據說上帝因為人類想建巴別塔來登天,故把語言給弄亂,這兩個故事各有寓意,其中也意味著「天」與「人」之分道。春秋時代東周與其他王國在歷史舞台上相互角逐,群雄並起,征囂擾攘,時代的混亂也暗藏變化跟革新,這個時期懷有技能與抱負的人紛紛出現,在政治、軍事或經濟上逐漸嶄露頭角,在思想上諸子百家各逞擅場,用自家的意見與理論對他們身處的時代品頭論足。

儒家剛開始只是其中之一,而且當時還未有成熟的派別思想。孔子的出現象徵了人文社會中所建構的一切得到哲理上的昇華,原本固有的概念得到另一種理解跟體會。孔子曾回答子路說:「未知生,焉知死。」、「未能事人,焉能事鬼」〔註40〕,在《論語》裡孔子常按照情境與人物來分別述說,在在

〔註38〕 杜維明著,陳靜譯,楊儒賓導讀:《儒教》(台北:麥田出版社,2002年),頁12。

〔註39〕 據說重黎(合稱)是顓頊高陽氏的子孫,但另一個說法是重與黎分別是義、和兩氏的祖先。

〔註40〕 宋 朱熹:《四書集注》(台北:藝文印書館,1978年4月),〈論語六·先進第十一〉,頁3。

都是懇切實在的道理，相對的他對天、鬼神等人類所難以觸及的事物則輕輕帶過。孔子以繼承周朝的制度與思想爲己任，同時也相信「人」自身的價值，像馬房失火後，孔子先關心的是人，不是馬，可知孔子的焦點在於「人」。雖然孔子也說：「四十而不惑，五十而知天命」〔註41〕，或是「四時行焉，萬物生焉。天何言哉！天何言哉！」〔註42〕孔子的思想裡依然沒離開過「天」，但是他說的「天命」應該是指他對自己生命事業上的期許和認可，也可以說是經歷過許多事情之後的一個澄澈的明白。另外「天何言哉」也可以解釋爲孔子深深體會到自然運行的背後總藏有一些大道理，期許人們能多加理會，多去思考。

　　觀念或思想隨著時代，隨著迴異的人物而逐漸，天與人的地位天秤慢慢改變兩邊的高低。比孔子還早登場的老子提出「自然天」的觀點，認爲「天」只是順著時間運行的存在，與人世間的興衰無關。至戰國初期，與儒家相抗衡的墨家，其創始者墨子提出「天志」、「明鬼」等說法，甚至還引用過去的史書記載作爲例證，似乎非常相信在冥冥之中有鬼神意志的存在，並且還監看著人間的一切。但是墨子這類說法應該是爲了輔助他對政治社會改造的理想，並非單純要人去相信有鬼神的存在而已。

　　戰國中期，孟子繼承孔子思想，更努力發揚孔子思想中關於心性的部份，深化儒家理論的哲理性。在孟子的文本中，「天」常常是指「天下」，很少是單指「天」，但孟子在心性修養這方面，則是把「天」視爲德性的原始承載體，是道德的至高境界，不是具有人格或意志的「天」。孟子說：「盡其心者，知其性也；知其性，則知天矣。存其心，養其性，所以事天也。」〔註43〕這一段話可以捻出三個要點：盡心、知性、知天，三者是上下相互聯貫的。孟子將心性合一，性之善端便藏於其中，當人可以充分發揮善端，擴充德行，在經過持續修養後就能明達天人之道貫，直通天理，「天德」在人身上便得以開展體現。經由孟子之手，「自然天」被改造成「道德天」，「天」的「神格性」朝人間傾倒，其玄祕且不可測度的成份就被削弱。可是在有些段落裡孟子的

〔註41〕王先謙：《荀子集解》（北京：中華書局，2012年3月），〈論語一・爲政第二〉，頁8。

〔註42〕王先謙：《荀子集解》（北京：中華書局，2012年3月），〈論語九・陽貨第十七〉，頁6。

〔註43〕宋　朱熹：《四書集注》（台北：藝文印書館，1978年4月），〈孟子十三・盡心上〉，頁1。

「天」還是具有意志且能掌握命運的存在，例如：

> 萬章問曰：「人有言：『至於禹而德衰，不傳於賢而傳於子。』有諸？」，
> 孟子曰：「否，不然也。天與賢，則與賢；天與子，則與子。……莫
> 之為而為者，天也；莫之致而至者，命也。匹夫而有天下者，德必
> 若舜禹，而又有天子薦之者，故仲尼不有天下。繼世以有天下，天
> 之所廢，必若桀紂者也，故益、伊尹、周公不有天下。伊尹相湯以
> 王於天下。」〔註44〕

這一段引文的前頭萬章先詢問堯舜「禪讓」之事，孟子認為那不是堯禪讓給
舜，而是「天」聽取了人民的心意所向，於是才把天下給了舜。可是後來禹
不是傳給以賢能著稱的益，而是傳給他的兒子啟，這個作法使萬章感到困惑。
孟子解釋這也是天的決定，天要給賢人就給賢人，要給子嗣便給子嗣，如此
看來「天」操有決定要給誰天命的意志。魯國的樂正子春來見孟子，說是因
為有個叫臧倉的人阻止魯平王來見孟子，所以孟子才沒被起用。孟子聽完後
就說：「行，或使之。止，或尼之。行止，非人所能也。吾之不遇魯侯，天也。
臧氏之子，焉能使予不遇哉？」〔註45〕孟子將不被魯侯所重用的事歸結到「天」
身上，其中有命運之使然，所以自上面兩個例子看來，上天仍然有著不可抗
拒的神秘威權在。孟子也曾經說：

> 天時不如地利，地利不如人和。三里之城，七里之郭，環而攻之而
> 不勝。夫環而攻之，必有得天時者矣；然而不勝者，是天時不如地
> 利也。城非不高也，池非不深也，兵革非不堅利也，米粟非不多也；
> 委而去之，是地利不如人和也。故曰：域民不以封疆之界，固國不
> 以山谿之險，威天下不以兵革之利。得道者多助，失道者寡助。……
> 故君子有不戰，戰必勝矣。〔註46〕

「天時地利人和」這個說法很早就存在，孫子兵法裡也有。天時與地利是自
然環境所賦予的客觀條件，人類很難去改變與預測，但孟子卻說前兩者的影
響力還不如「人和」，除了是因為孟子強調道德操行的重要性之外，也可能有

〔註44〕王先謙：《荀子集解》（北京：中華書局，2012 年 3 月），〈孟子九·萬章上〉，
頁 9～11。

〔註45〕宋 朱熹：《四書集注》（台北：藝文印書館，1978 年 4 月），〈孟子二·梁惠王
下〉，頁 17～18。

〔註46〕宋 朱熹：《四書集注》（台北：藝文印書館，1978 年 4 月），〈孟子四·公孫丑
下〉，頁 1。

想將「天」的至高性給稍稍拉下，把人給抬高的意圖。

　　孟子之後，荀子就不把「天」看作是有意志的存在，「天」的地位與性質在他的眼裡看來是越來越邊緣於人間，同時也物質化成自然現象的一環。但是我們不能因此認為「天」的神秘性已經消失匿跡，「天」的神秘跟不可知還是一直存在著。這裡要強調的是儒者的「天」的概念發展，從孔子到荀子的這一段期間，孟子在「天」的思想演變史中佔有一部分過渡的地位，還有其他家的說法亦有影響到荀子的「天論」思想。

參、荀子眼中的「天」

　　戰國後期，交戰兼併的情形越發激烈，強凌弱，大吃小的情形時常發生，越是強大的國家就越有生存或是一統天下的可能。在這個比孟子當時還更加動亂的時期，荀子起而繼續弘揚儒家之學。

　　很早就有人指出荀子思想中的「雜揉性」〔註 47〕，這個特質可以在文本內容中看出一些端倪，其中也有許多學者認為荀子對「天」的看法和道家非常接近，這是荀子「雜揉性」的特徵之一。荀子「天」的思想有可能是他吸收消化一部分道家的思想，畢竟他出生在諸子百家發展的中後期，前輩的諸般理論，素稱博學多聞的荀子想必也是會知道的。若想弄明白荀子眼中的「天」，他的〈天論〉就不可能被忽略。〈天論〉篇開宗明義就說：「天行有常，不為堯存，不為桀亡。」〔註 48〕荀子一開始就認為「天」是自然而然的存在，循著一定規律在變化，不會因為人世間換了什麼樣的帝王而有所改變。「天不為人之惡寒也輟冬，地不為人之惡遼遠也輟廣」〔註 49〕，天地運行，翕翕如常，不會因為人的感受而產生變化。換成現代的角度來看「人定勝天」是可能的，人類依靠科技的高度發展，得到足以改變自然的力量，然而科技程度尚在嬰孩學步的古人自然無法去撼動自然。儘管如此，光是靠「人」本身確實是無法改變自然的，荀子在開頭就揭示了天與人的分際。既然天人有分，荀子對天地自然的態度，不是以敬畏或崇敬鬼神的態度來看待，而是採共生、

〔註 47〕荀子思想中的「雜揉性」，如清代的傅山就提出過。一般認為，因為荀子生於戰國後期，又曾經待過齊國稷下學宮一段時間，所以自然會接觸到其他家的思想，進而影響到荀子。

〔註 48〕王先謙：《荀子集解》（北京：中華書局，2010 年 3 月），〈天論篇〉，頁 306～307。

〔註 49〕王先謙：《荀子集解》（北京：中華書局，2012 年 3 月），〈天論篇〉，頁 311。

共存、互利的態度。「天有其時,地有其財,人有其治,夫是之謂能參。舍其所以參,而願其所參,則惑矣。」〔註 50〕這段話揭露了人與自然如何共存的基本模式:天的運行和變化有其時節,大地則蘊藏眾多資源,而人類生於天地之間,可以治理天地,「參」於其中。所以荀子才說人類若是不懂得好好「治」天地自然,這才是真正的大困惑。

　　人與天地的關聯很複雜,荀子雖然在〈天論〉裡沒有談到更具體的如何「治天理天」的方法,可是有一點和孟子不同的是,荀子不認為人與天之間有冥契相感的關係,他只是更加凸顯「人」積極主動地去「參」的重要性,所以荀子說:

> 大天而思之,孰與物畜而制之!從天而頌之,孰與制天命而用之!望時而待之,孰與應時而使之!因物而多之,孰與騁能而化之!思物而物之,孰與理物而勿失之也!願於物之所以 0,孰與有物之所以成!故錯人而思天,則失萬物之情。〔註51〕

在這段話裡,荀子已經把他的態度給講得一清二楚,而這裡另外要提出來的點是,荀子這番話並不是要人去佔盡或消耗自然的一切,而是要採取務實的,具有效率與節制的態度,取天地之有來提昇人類的生活和生命品質,對應上一節裡所談的荀子對事物的思考方式與態度,放在〈天論〉裡可以再度被印證。

　　一絲不苟,務實明確地審視一切,無怪乎荀子並不吃孟子那一套理解天人心性關係的看法,因為對他來說那是無法被實證的。同樣地對「性」的看法,荀子亦採取一貫的方式來表達他的觀點。

第三節　「性」概念的發展

壹、先秦時代的「性」

　　近年來中國大陸連續發掘出大批簡帛文物,而郭店楚簡的發現給學界人士非常大的震撼。根據李學勤先生的定年〔註 52〕,郭店楚簡存在的年代大約

〔註50〕王先謙:《荀子集解》(北京:中華書局,2012 年 3 月),〈天論篇〉,頁308。
〔註51〕王先謙:《荀子集解》(北京:中華書局,2010 年 3 月),〈正論篇〉,頁310。
〔註52〕李天虹:《郭店楚簡〈性自命出〉研究》(武漢:湖北教育出版社,2002 年),頁 1。

在戰國的中晚期，也就是說至少這些簡帛的「活動期間」可能早於孟子。郭店楚簡裡有〈老子〉甲、乙本、〈太一生水〉等，而與儒家思想相關的篇章就很多，如〈五行〉、〈緇衣〉、和〈成之聞之〉等，其中〈性自命出〉這一篇探討先秦的「人性」觀，其看法相近於告子的人性論，但又有性善的傾向，或可視為孟子「性善」思想的先河〔註53〕。

「性」一字從心從生，《說文解字》說：「人之陽氣性善者也。從心生聲。」「性」與「生」彼此在形音意上都有關連，《說文》解為「人之陽氣性善者」，說「性善者」可能是因為許慎有受到孟子思想的影響，另外把「性」說是「人之陽氣」或許是作者自己的觀點。「氣」與「陰陽」的概念在周朝就已經出現，「陰陽」本為自然界抽象的屬性詞彙，與「氣」結合後賦予「氣」以特性。而「陽善陰惡」的觀念也在先秦時代出現〔註54〕，在《易經》當中也以「陽」為善，「人之陽氣性善者」的說法可能與上述的現象有所關連。究其「性」最初的型態跟意義，「性」最早的型態在甲骨文裡是個「生」字，像一株小草，依照初步的觀察而得到「出現」、「生長」等外部意義，然後因為具有生長變化的現像，於是又產生「具生命的」、「活著的」的含意。「生」的基本意涵即為事物之產生與生長，所以才說是「活著的」，而因為是「活著」的生命，所以才會持續生長和發展。

目前發現「性」最早是出現在金文裡，字義上是「性命」的意思，〈齊子中姜鎛〉的內文裡有「彌生」兩字，「生」指「性命」，「彌生」就是指「延長性命」。「生」與「心」的合體而成「性」，「心」存在于人的內部，同時「命」的概念也融入「性」當中，如此正意味著「性」的內部意義正逐步被構築當中。「性」在萬物被賦予形貌後才能被具體顯出，這是如一張藍圖的本質，人要先存在才有「性命」可說，有生命之後「性」開始發顯，接著生命的發展再使其意義產生變化。唐君毅定義「性」是：「一具體之生命在生長變化發展中，而其生長變化發展，必有所向。」〔註55〕意思是說一個生命於焉出現，那這個生命體就會依循一個「方向」來進行其所屬的時空當中的一切活動，包括生長、變化、移動等。這個「性」的基本涵意與前述對「生」的定義很

<hr />

〔註53〕 李天虹：《郭店楚簡〈性自命出〉研究》（武漢：湖北教育出版社，2002 年），頁 81。

〔註54〕 《易經》當中早有「陽尊陰卑」的觀念，後來董仲舒的「春秋學」裡也繼承這些概念。

〔註55〕 唐君毅：《原性篇》（香港：新亞書局研究所，1968 年），頁 9。

相似，「生」與「性」乃同源同根，如日與光是不可須臾分離，有生命才會出現動向，有動向才能顯現出生命。

隨著時間變化，「性」在先秦經典裡的意義變得更加豐富，如《左傳》中趙簡子問子大叔什麼是「禮」，子大叔回答：

> 夫禮，天之經也，地之義也，民之行也，天地之經，而民實則之，則天之明，因地之性，生其六氣，用其五行，氣為五味，發為五色，章為五聲，淫則昏亂，民失其性，是故為禮以奉之，為六畜，五牲，三犧，以奉五味，為九文，六采，五章，以奉五色……〔註56〕

子大叔說「禮」是「天之經也，地之義也，民之行也」，「經」者原意是織布機上的直線，因為在織布的時候「經」線不會移動，所以被引申成「恆常不變」的意思。子大叔認為「禮」就如天地一般恆常不變，乃「天地之經」，並且也是人民的行事標準，其中「因地之性」是在說要依照土地的性質來行事，這個「性」不是指生命，而是事物本身恆常固定的「材質」。上位者須知禮樂制度乃蘊含著天地變化的道理，天地自然無私地撫育眾生，那統治百姓的上位者必須掌握之，順應之，愛護百姓之餘又不失天地之大理，這樣人才能與天地共存共榮。

此外還有〈昭公十九年〉：「戌曰，吾聞撫民者，節用於內，而樹德於外，民樂其性，而無寇讎，今宮室無量，民人日駭，勞罷死轉，忘寢與食，非撫之也。」《國語・晉語四》：「懋穡勸分，省用足財，利器明德，以厚民性。舉善援能，官方定物，正名育類。昭舊族，愛親戚，明賢良，尊貴寵，賞功勞，事耆老，禮賓旅，友故舊。」〔註57〕等，可見「性」的意義正在發展當中。因為人性的特色顯而易見，施政者若要更有效率，更合理地統治人民，就要明白「人性」，於是「樂其性」、「厚民性」都是指統治者能夠順應人性的特徵去給予節制或滿足，讓人民能逐其「性」而不忮不怨。在先秦文學裡，如《詩經》中〈卷阿〉的第二段：「伴奐爾游矣，優遊爾休矣。豈弟君子，俾爾彌爾性，似先公酋矣」〔註58〕，還有長江地區的《楚辭》也有說到「性」，例如〈悲回風〉：「悲回風之搖蕙兮，心冤結而內傷。物有微而隕性兮，聲有隱而

〔註56〕楊伯峻：《春秋左傳注》（台北：洪葉文化事業有限公司，1993 年 5 月），頁1457。

〔註57〕周 左丘明著、吳 韋昭注：《國語》（台北：漢京文化事業有限公司，1983 年12 月），頁371。

〔註58〕裴普賢：《詩經評註讀本》（台北：三民書局，2001 年），頁 680。

先倡。」﹝註59﹞接近春秋戰國時期，「性」在先秦的經、史、文學等領域裡頻頻出現，「性」的意涵也差不多大致被奠定下來，只是還未更進一步發展成孔孟荀，或是告子、老莊等人對於「性」的看法。

東方對「性」的概念與同時期西方的並不相同，西方人對「性」的看法和定義比較單純，倒是對人的「性」比較有所感受和定義，西方人認為人性中有善有惡，然後在經過希臘羅馬時期之後，對「性」的看法與宗教緊密地同步發展，「宗教」幾近指導著一切，西方的「原罪觀」給人類烙下一道無法迴避的印痕，人性當中因為原罪而充滿了矛盾跟衝突。「原罪觀」與「性惡說」看起來很像，所以常常有人把這兩者一併比較，可是「原罪觀」和「性惡說」最大的差異點在於，人性中的原罪是無法靠自身去消除的，只能祈求得到上帝的救贖，可是「性惡說」則是認為人類能自己來拯救自己。

除了宗教所定義的「人性」之外，還有人類自己在生命歷程當中所感受到，見識到的人性百態。例如西方很多著名的神話傳說或是詩歌文學當中，人們照樣歌頌或悲歎著人性的高貴與卑劣，體會到在人性裡如萬花筒般的多重面相，這個部份倒是不分東西，橫跨族群。同樣身為人，皆有其性，類物之共感便能夠獲得類似的反應與答案，人類從自身的生命歷程裡感受到「性」的隱形存在，也同樣在生命週期的發展與變化當中，領悟到其他同樣和「性」息息相關的東西。

「性」與「生」同，但又多一個「忄」字作偏旁，意味著「性」除了有呈現於外在可視的形狀之外，也兼具內在的部分。內在部份是難以被察見的，例如喜怒哀樂等情緒，說實在的人根本不知道這些情緒長什麼樣子，是方是圓也測不出來，可是這些情緒卻能靠肢體和器官的活動來讓人感覺到。「性」不只是單指著生命之樣態，還包含屬於內部的感情與傾向，猶如皮膚血管下的血液一樣，是深沈且流動的存在與指向。

貳、孔孟論「性」

「性」的意涵因不同的情境而有所變化，但是性之善惡卻是東西方一直沒停止爭論過的亙古議題。善惡的問題常常被提出來，但善惡和好壞的概念並不相同，不能太直接做出解釋，必須要從很多視角來做觀察和推斷。在這篇文章裡因為會談及「性惡」，於是就不能忽略「善惡」與「好壞」的問題，

﹝註59﹞洪興祖：《楚辭補注》（台北：大安出版社，2009年），頁233。

但是善惡的判斷不是本文所關注之處，所以在此僅做出大致的界定。

一般來說「善惡」的分判通常是從「道德面」來看，而「好壞」的判斷就比較複雜，可是人們對「善惡」的判別也常常與「好壞」連結，善是好，惡即是壞，這是最為普遍的定義。如同西方神話裡天使與惡魔的戰鬥，光明與黑暗的傾軋，人性之善惡問題自古以來便不分東西被廣泛地討論著。儒家以「道德」來論性，儒家的始祖孔子對「性」的看法是：「性相近也，習相遠也。」〔註60〕後來這段話被編入《三字經》裡而琅琅上口。孔子這句簡單賅要的話，揭開了後來對「性」的各種定義與探討之道路。在討論孔子的「性」以前，需先大致敘述其他家對「性」的看法。總括起來關於「性」之善惡有三種基本觀點，一個是「性無善無惡」，另一個是「性可善可惡」，最後是「性善或性惡」。第一種看法可以參見告子的說法，即使篇幅不多，但是告子算是很清楚地表示「性」本身沒有善惡之分。第二種說法是戰國時代世子的說法〔註61〕，據說他也是孔子的弟子之一，他認為「性」兼具善惡，而且必須要靠後天的修養功夫才能決定最後的善惡走向，後面這個看法跟荀子差不多，最後一個便是孟子的「性善」和荀子的「性惡」。

論「性」是一門學說賴以開展的大背景，無法輕易迴避，於是不僅儒家在談「性」，其他家也是。道家對「性」的看法比較類似告子跟荀子〔註62〕，是無所謂善惡的，但是若從老子對「小國寡民」的敘述與道家其他篇章的內容來看，道家對人性的看法應該是傾向善的，至少道家認為人性之自然狀態就是完美的，所以道家才會很反對外來因子對人性的改變。墨子比較重視整體國家社會的發展與生存，沒怎麼在談人性，法家像韓非就比較傾向性惡，特重以律法與刑罰來約束人民，可是在諸子之中依然是儒家最常在討論人性。《論語》裡記錄對「性」的看法屈指可數，然而還是可以推斷孔子基本上認為人性本善，後天之所以有分善惡，是因為後天「習染」的關係。可是到底性善的內容是什麼？為何說人之性本善？為何「習」會改變一個人的「性」？孔子就沒有繼續說下去，替他繼續說的是孟子。

〔註60〕 宋 朱熹：《四書集注》（台北：藝文印書館，1978 年 4 月），〈論語九·陽貨〉，頁 1。

〔註61〕 岑賢安等著：《性》（北京：中國人民大學出版社，1995 年），頁 45。

〔註62〕 之所以說荀子的「性」非惡，是因為荀子之「性惡」是一種經過觀察後的結果論，不能直接論斷荀子說的性就是惡的，而且荀子也沒有否定情慾。而且若說人性就是惡的話，那「化性起偽」這個功夫論是幾乎無法談的。

　　孟子上承孔子的倫理道德思想，繼續開展對「性善」的討論。「性善說」深深影響到唐代，宋明理學與心學，甚至到現代的新儒學，其影響不可謂之不深。孟子與告子的精采論辯，是「人性」議題的首度大論戰：

　　　　告子曰：「性猶湍水也，決諸東方則東流，決諸西方則西流。人性之無分於善不善也，猶水之無分於東西也。」孟子曰：「水信無分於東西。無分於上下乎？人性之善也，猶水之就下也。人無有不善，水無有不下。今夫水，搏而躍之，可使過顙；激而行之，可使在山。是豈水之性哉？其勢則然也。人之可使爲不善，其性亦猶是也。」〔註63〕

　　先不研究在這場辯論當中，孟子「辯論術」的使用是如何精湛，那不是本文想談的。孟子在論辯當中很明確地提出「性善」的觀念，並且認爲人之所以不善是因爲外在的「勢」。那爲何會說人是「性善」的呢？孟子對公都子說：

　　　　乃若其情，則可以爲善矣，乃所謂善也。若夫爲不善，非才之罪也。惻隱之心，人皆有之；羞惡之心，人皆有之；恭敬之心，人皆有之；是非之心，人皆有之。惻隱之心，仁也；羞惡之心，義也；恭敬之心，禮也；是非之心，智也。仁義禮智，非由外鑠我也，我固有之也，弗思耳矣。〔註64〕

惻隱、是非、羞惡、辭讓是孟子提出的人性中之「四端」，這是性之所以爲「善」的重要內涵，是概括性地指稱「道德」。道德倫理之出現不是一蹴可幾的，而是在人類創建文化社會之後，經過長時間的累積與變化才慢慢形成的。對於何謂「善」，何謂「好」的基本概念，具有普遍性而且能被絕大多數人所接受和理解的就會變成「道德」。孟子認爲這四端是「善」的指標，並且是早就存在於「性」之中，無需外求，無怪乎孟子會極力反駁告子「仁內義外」的說法。對於「性善」的例證，孟子說：

　　　　今人乍見孺子將入於井，皆有怵惕惻隱之心。非所以內交於孺子之父母也，非所以要譽於鄉黨朋友也，非惡其聲而然也〔註65〕

〔註63〕宋　朱熹：《四書集註》（台北：藝文印書館，1978年4年），〈孟子十一‧告子上〉，頁1。

〔註64〕王先謙：《荀子集解》（北京：中華書局，2012年3月），頁5。

〔註65〕宋　朱熹：《四書集註》（台北：藝文印書館，1978年4年），〈孟子三‧公孫丑上〉，頁14。

這個有名的例子說明人性中天生便有這些善之因子，於是才能進一步萌生出
文明世界裡普遍的倫理範疇，因為大家都有，大家都能夠心領神會，所以大
家都可以接受，對於「道德倫理」是沒有一絲勉強或遲疑。

有人說自古以來東西方都是要求人去行善、成善，這個悠久且普遍的歷
史事實，或許也可以用來證明人是「性善」的。可是用相同的道理來說，人
到現在也依舊是「原罪」未除，這樣一來荀子說人「性惡」似乎也沒錯。而
且說人的行為趨向是要求向善尚無法全然支持「性善」的說法，因為若人真
的性善，那還需要那麼多誡規法條來督導人的行為嗎？反而是因為希望人努
力去為善，所以才凸顯出人性其實不算是善的。我這樣說不是在抹殺人有善
的可能，而是認為人之所以勤勤懇懇，殷殷切切地去發展「道德」，應該是因
為人性的不完美所致。倘若說多數人有求善的動機與想法，這應該是對的，
可是不能就此來證實人性是善的，這卻是兩碼子的事情。

換回來到孟子與告子的辯論場，從孟子借「水流就下」的譬喻，更能確
定孟子相信人性之善端是早就存在，而且是能自然而然地發揮出來，就像水
會自然而然地往低處流一樣。但是他沒有忽略「惡」的存在，孟子說：「若夫
為不善，非才之罪也。」〔註 66〕「才」者「材」也，有「材質」之意，指向
「性」的本身，人之為惡不是天生有內藏的惡，而是後天的環境與習慣所造
成的。孟子舉例來解釋「環境」的影響性：

> 一齊人傳之，眾楚人咻之，雖日撻而求其齊也，不可得矣；引而置
> 之莊嶽之間數年，雖日撻而求其楚，亦不可得矣。子謂薛居州，善
> 士也。使之居於王所。在於王所者，長幼卑尊，皆薛居州也，王誰
> 與為不善？在王所者，長幼卑尊，皆非薛居州也，王誰與為善？一
> 薛居州，獨如宋王何？〔註 67〕

後天的影響因子中「環境」佔有很重要的成份，這個例子還跟教育有關，
人類天生就有「模仿能力」，容易有樣學樣，假使人處在不適當的環境當中，
就非常有可能會受到影響而學壞墮落，畢竟孤木難支。但如果換到好的環境，
那人就比較容易學好，像「孟母三遷」的故事便是一個典型例子。個人思想
和內部善端的影響力還是有的，但能否很好地發揮作用則未可知，外在環境

〔註 66〕 宋 朱熹：《四書集註》（台北：藝文印書館，1978 年 4 年），〈孟子十一・告子
上〉，頁 5。

〔註 67〕 宋 朱熹：《四書集註》（台北：藝文印書館，1978 年 4 年），〈孟子六・滕文公
下〉，頁 8。

的影響力是很強大的。一個人原本「性善」，卻因後天不好的環境或習性之薰染，於是就「其所以放其良心者，亦猶斧斤之於木也，旦旦而伐之，可以爲美乎？」〔註68〕人如果沒有持續專心地去培養「善端」，就會像樹林被砍伐殆盡的牛山，善根之無存，說要不爲惡也就很難了。

　　孟子強調他所謂的「性」是指人的「性」〔註69〕，不同於告子說的「性」，也不是指與動物皆有的「性」。善端存乎人之性中，性中有善方爲人之性，亦是人能突出于動物的地方。孟子要人用「心」來約束慾念，引導感官，避免善端被任意放失，「惡」的成份明顯地是從外界而來，「性」本身是傾向「善」的，所以「四端說」應該是孟子假設人性中有爲善的可能，而不是直接認爲人性就是善，因爲具有善端跟完成善端並不一樣，人還是有爲不善的可能性。另外若直接說人就是「性善」，那儒家如此強調禮樂教化的作用就難以自圓其說，況且全然性善之人所創造的生活環境也就不太可能會有惡的出現。

　　人性複雜，孟子以「性善」作爲人治心養性的出發點，似乎對人性抱持很多的樂觀，然而荀子否定這個看法，思想面比較客觀的他決定另採別處著手。

參、荀子論「性」

　　同樣出自儒家，很令人訝異地荀子沒有承繼孔孟的「性善」，反而是說「性惡」。唐君毅在《原性篇》裡說過，中國自古言性，多對一個理想而言，卻沒有視性爲惡之論點。唐先生這個說法是針對西方宗教的「人性論」而言，而從某方面來說荀子可說是開了先例。〔註70〕

　　前面已經提過荀子對「天」的看法是比較樸素且實際的，同樣他對「性」的看法也是。「凡性者，天之就也，不可學，不可事。」〔註71〕、「不可學，不可事，而在人者，謂之性」〔註72〕，這兩句要一塊看，才知道荀子說的「性」是指人的「性」，因爲他有說「而在人者，謂之性」，然而荀子的人性和孟子

〔註68〕宋　朱熹：《四書集註》（台北：藝文印書館，1978 年 4 年），〈孟子十一‧告子上〉，頁 8。

〔註69〕請見上註書，〈告子〉篇，孟子或許也明白告子說的「性」，但他更加重視的是「人」的「性」。

〔註70〕請見唐君毅：《中國哲學原論：原性篇》，第一章，頁 30。

〔註71〕王先謙：《荀子集解》（北京：中華書局，2010 年 3 月），〈性惡篇〉，頁 421。

〔註72〕王先謙：《荀子集解》（北京：中華書局，2012 年 3 月），〈性惡篇〉，頁 421～422。

的還是不同，荀子定義的人性裡沒有孟子的「善端」成份在其中，其生物性反更加突出。荀子以為「性」是天生自然的，「性」之本身既不能學，也不能被改變，一旦存在於一個時空當中便是直接固定。可是荀子也有說「性」乃「天之就也」，從字面上看來似乎是有個名為「天」的神秘存在創造了「性」，但這樣說卻有違荀子思想的本意，我認為荀子的意思是「性」乃自然而成，與萬物並生，取「天」這個字是用來輔助表示自然生成的狀態，而不是指一個神秘的，至高的存在。

　　儒家一般認為萬物之創生咸自天地，孟子說：「形色，天性也。」〔註73〕單取字面上的意義似乎跟荀子無異，萬物的軀體形象乃天生天成。但是荀子與孟子還是有所差異，孟子的「性」與「天」相互貫通，所以孟子會說：「盡其心者，知其性也。知其性，則知天矣。」可是孟子也說過：「故凡同類者，舉相似也，何獨至於人而疑之？聖人與我同類者。」〔註74〕孟子也認為人性普遍是差不多的，凡聖無別。荀子也有相同的看法：「材性知能，君子小人一也；好榮惡辱，好利惡害，是君子小人之所同也」〔註75〕，由此可以推論出儒家對於人性的基本看法，咸認為人性本身的基本屬性與內涵都是大同小異。可是在「小異」的部份，才是真正可以看得出個別思想上的差異和緊要處，孟子和荀子的「同」是指人性天生的基本表現，像情緒、欲望等不管是誰都有，而「異」的部份則是兩人對「道德本體」有無的判斷。

　　荀子的「性」和「天」都是自然而然，兩者不是上下層級隸屬的關係，而是平行面上共存的關係。然而要理解荀子對「性」的明確定義，還得從〈正名〉篇裡來看才會更詳細，荀子說：「生之所以然者謂之性；性之和所生，精合感應，不事而自然謂之性」〔註76〕，荀子對「性」做出一個比較仔細的定義，學者也對這段話有一番討論，基本來說解釋的分歧點幾乎集中在前半句——「生之所以然」，這句話的意義究竟是屬於形而上的還是形而下的很不好判斷，倒不如先來看學者們怎麼解釋。徐復觀認為：

　　　首先，一般人忽略了荀子言性，有兩面的意義。更忽略了荀子言性

〔註73〕宋　朱熹：《四書集註》（台北：藝文印書館，1978年4年），〈孟子十三·盡心上〉，頁15。
〔註74〕宋　朱熹：《四書集註》（台北：藝文印書館，1978年4年），〈孟子十一·告子上〉，頁7。
〔註75〕王先謙：《荀子集解》（北京：中華書局，2010年3月），〈榮辱篇〉，頁61。
〔註76〕王先謙：《荀子集解》（北京：中華書局，2010年3月），〈正名篇〉，頁399。

的兩面的意義，同時即含有兩層的意義。此處「生之所以然者謂之
性」的「生之所以然」，乃是求生的根據。這是從生理現象推進一層
的說法。此一說法，與孔子的「性與天道」及孟子「盡其心者知其
性也」的性，在同一層次。這是自孔子以來，新傳統的最根本地說
法。〔註77〕

「所以然」通常會解釋爲「某物之所以具有這樣表現的來源」，含有「根
源」之義，是從一般可感的生理現象更向內一層的說法。徐復觀依一般的語
意邏輯來推斷這一段話，前半段是指「性」的形上根據，後半段則是「性」
所依附之實體所具有的特質和官能，與外界相互感應後所發出的情狀表現，
兩段話的層次不同。

這段話當中兩個「性」有兩個解釋，也有其他學者和徐先生抱持類似的
看法。可是韋政通的想法則不同，他認爲既然荀子對「天」、「性」等觀念是
如此樸實自然，那麼這段句子的解釋方法應該要和理論本身一貫才是，所以
他不太贊同徐復觀所說的「從生理現象推進一層的說法」。廖名春贊同韋政通
的看法，並且他更進一步地解釋前一個「性」是指人的外在形軀，後一個「性」
則是指人的天賦本能，是心理學意義上的「性」。〔註78〕對於廖名春說後半段
的「性」是屬於心理學的，我覺得有點偏狹，即使他以天官與天君的「徵知」
作用所呈現出來的情緒反應來說明，但是人跟外在的互動交感所產生的反應
不只是有心理的，也還有生理的，就像是聞到食物的香氣會分泌口水，聽到
音樂會不自覺踏腳起舞，即便說是天賦本能，然天賦本能也同樣包含生理與
心理的成分。

看起來針對這一句的解釋不算太複雜，但如何做出不偏離荀子思想格調
的解釋，應該才是要先著重考慮的地方。徐復觀先生傾向認爲荀子的焦點依
舊是放在後半句，也就是荀子更加重視「客觀」的部分，而牟宗三在解釋「生
之所以然」時，他認爲那是指自然萬物有形態出現以後所呈現出來的種種徵
象，「生之所以然謂之性」即「生之謂性」，這個「所以然」是形而下的「形
構之理」，並非形而上的「存在之理」，牟宗三還是再說明一種依據的根源，
只是沒認爲那一句有形而上的成分。廖名春說的就比較簡單，他緊緊扣著形

〔註77〕徐復觀：《中國人性論史：先秦篇》（台中：私立東海大學中文系，1963 年 4
　　　　月），頁 232。
〔註78〕請見廖名春：《荀子新探》（台北：文津出版社，1994 年 2 月），頁 98～102。

而下的生理性質來開展一連串的解釋。〔註 79〕按荀子的思想理路來考慮的話，牟宗三和廖名春的解法更具有一貫性，更能適恰地接上荀子的理論，「性」是不需要學習而自然如此，是能被人所經驗的客觀存在，如此才可以與荀子的「性惡」說做出緊密的結合而沒有太多矛盾。

第四節　小　結

歸結一下這一章所講的，荀子的思想特色是透過經驗接觸上的觀察，經過歸納整理之後得出實際結果，並非只是一種推想或臆測。他以理性的觀察眼光，汲取事物在現象界的呈現，做出順取式的判斷，由此也透露出荀子樸素篤實的性格。既然荀子就是如此性格，他所認為的「天」是不具備神性、思想，與超越性的，雖然偶爾還是擁有超越且神祕的一面，可是絕大多數的情況下都只是自然而然的一個存在。他所認為的「性」其實更貼近一般共通的動物性，具備七情六慾等天生本能，沒有孟子式的善性，而是相當普通的，屬於原質性的。

這邊花了三節的篇幅，試圖解釋荀子的個人思想特質，了解他人思路的風格，方能更好地掌握到作者的行文方式與立論邏輯。如能先理解荀子對「天」、「性」等的定義，可以讓人更明白荀子許多迥異於孟子的地方，此外在往後的章節內，還會出現很多與孟子同桌對談的地方，荀子以孟子為思想的對手，做雙方向的往復論辯。先講明了基本籌碼，才好明辨兩人的差異之處，也藉此大致勾勒出一個荀子之所以會講「性惡」和「化性起偽」的大背景。

〔註 79〕蔡仁厚、林月惠編：《牟宗三先生全集　心體與性體（一）》（台北：正中書局，1968 年 5 月），頁 93～94。

第三章 探討「化性起偽」說的內涵

第一節 進入「化性起偽」之前

壹、「性惡說」的真正意義

　　徐復觀認為荀子的經驗性性格，其事物之呈現必須立足於感官所能觸及的範圍內，若是超出這個範圍以外便不是荀子所關心的地方，即荀子的重經驗，客觀性的眼光影響到荀子對自然和人性的見解。

　　荀子不認同孟子的「性善」思想，他在〈性惡〉篇裡直接挑明了說：

> 人之性惡，其善者偽也。今人之性，生而有好利焉，順是，故爭奪生而辭讓亡焉……故必將有師法之化，禮義之道，然後出於辭讓，合於文理，而歸於治。用此觀之，人之性惡明矣，其善者偽也。〔註1〕

荀子很大膽地推翻前輩孟子的「性善說」，乍見很容易讓人覺得荀子對於人性的看法相當悲觀，然而若只是做這樣子的理解，就會誤解荀子的意思。光看字面很難斷定荀子的真正想法，還必須看完整個段落才會比較明白。「今人之性，生而有好利焉，順是，故爭奪生而辭讓亡焉；生而有疾惡焉，順是，故殘賊生而忠信亡焉；生而有耳目之欲，有好聲色焉，順是，故淫亂生而禮義文理亡焉。」這一段的字眼在於「順是」，這是判斷「性惡說」真實意義的一個很重要的地方。人生而有「好利」、「疾惡」、「耳目之欲好聲色」，這些是人

〔註1〕清 王先謙：《荀子集解》（北京：中華書局，2012年3月），〈性惡篇〉，頁420。

類天生就具有的慾望與喜好，除了基本的生理需求外，還有喜歡利益，以及會嫉妒、憎惡等性情也是人天生的心理反應，一旦「順著」這些欲望本能去發展，就會產生「爭奪生而辭讓亡」、「殘賊生而忠信亡」、「淫亂生而禮義文理亡」的結果。簡言之，若直接「依從」人之自然情性，會導致倫理跟秩序上的崩解與破壞，因此荀子視之為「性惡」。

由此可知，荀子所謂的「性惡」是推導出來的，不是直接著「根處」說的，好利、好聲色等只不過是「性」的自然表現。判斷「善惡」和「好壞」常常是定義上的問題，荀子說「性惡」，那他的「惡」是指什麼？他說：

> 凡古今天下之所謂善者，正理平治也；所謂惡者，偏險悖亂也：是
> 善惡之分也矣。〔註2〕

「正理平治」為善，「偏險悖亂」為惡，再加上上一段對何謂「性惡」的描述，荀子說的「善惡」似乎是著重在社會秩序和倫理價值上的判定，所以說不合乎禮義規範的便可視為「惡」。孟子定義的「惡」是由於沒有持養善端所產生的「不善」，這是道德面上的缺陷，而荀子定義的「惡」是以客觀的衡量面來作判斷。「生而有好利焉」、「生而有疾惡焉」等這些算是「欲」，荀子說：「性者、天之就也；情者、性之質也；欲者、情之應也。」〔註3〕「性」乃自然生成，「情」是「性」的內質呈現，即性之「好、惡、喜、怒、哀、樂」，而「欲」則是「情」的呼應，情跟欲常常並立，由此可以推論性、情、欲三者雖然有生成順序，但也是一體之三面，根源同出於「性」。「夫人之情，目欲綦色，耳欲綦聲，口欲綦味，鼻欲綦臭，心欲綦佚。此五綦者，人情之所必不免也」，人類的基本情慾相同，不同的是程度和內容上的差別，但「欲」本身沒有善惡之分，譬如肚子餓會想吃東西一樣無分善惡。於是荀子的「惡」是指一種「過份」的，超出界限的情況，若直接「從人之性，順人之情」，然後「必出於爭奪，合於犯分亂理，而歸於暴」，其產生出來的結果就容易會被視為「惡」了。

為了加強他的「性惡」論點，荀子又提出其他例證。「故枸木必將待檃栝、烝矯然後直；鈍金必將待礱厲然後利；今人之性惡，必將待師法然後正，得禮義然後治」〔註4〕，荀子舉枸木、鈍金這兩個自然物為例，枸木天生不長直，

〔註2〕 清 王先謙：《荀子集解》（北京：中華書局，2012年3月），〈性惡篇〉，頁425。
〔註3〕 清 王先謙：《荀子集解》（北京：中華書局，2012年3月），〈正名篇〉，頁415。
〔註4〕 清 王先謙：《荀子集解》（北京：中華書局，2012年3月），〈性惡篇〉，頁421。

鈍金本來不銳利，兩者需待後天外力之助才能變直，變利。「性」就像枸木或鈍金，也需要借重外在的力量，如師法、禮義等才能被矯正成善。接著荀子再說：

> 古者聖王以人性惡，以爲偏險而不正，悖亂而不治，是以爲之起禮義，制法度，以矯飾人之情性而正之，以擾化人之情性而導之也，始皆出於治，合於道者也。今人之化師法，積文學，道禮義者爲君子；縱性情，安恣睢，而違禮義者爲小人。用此觀之，人之性惡明矣，其善者偽也。〔註5〕

聖王因人之性惡，所以制定禮義，施行教化，欲矯正人性，使人棄惡趨善。寫到此處便會發現到一個疑問，荀子舉枸木、鈍金來比喻人性，認爲不直、不利的自然狀態，就和人的性質一樣天生而然。可是自然生成的性質，直與彎，鈍與利，基本來說並無所謂的善惡好壞。檜木高直，柳枝彎垂，難道柳枝這樣就是不好？鐵石堅硬，雲母鬆脆，豈雲母會比鐵石還差？而且這樣的比喻很有可能會被挑出來詰問：這是否在暗示人性本來是惡的呢？但這裡可以爲此做出疏解：荀子主要是藉此來強調後天變化的重要性。

「性惡」篇裡荀子還特別借由反駁孟子的說法來加強他的論證，如孟子說：「今人之性善，將皆失喪其性故也。」〔註6〕這句話比較費解，依照孟子的理論，這段話的解釋應該是：人本性善，若放失了本性，那善端便難以發揮。荀子對此則提出反駁：

> 若是，則過矣。今人之性，生而離其朴，離其資，必失而喪之。用此觀之，然則人之性惡明矣。所謂性善者，不離其朴而美之，不離其資而利之也。若夫可以見之明不離目，可以聽之聰不離耳，故曰目明而耳聰也。〔註7〕

關於那段孟子說的話，在孟子的文本中並沒有一絲記載，有可能是荀子當時的資料，只是傳抄者沒有抄寫到，也有可能是在流傳的過程中遺漏消失，更很可能是荀子自己模擬出來的，目的是想加強自身的論調。「朴」者「樸」也，和「資」一樣是指性之本然狀態，荀子的反駁認爲人生下來之後就必然會因爲一些誘惑而失去原先的樸素，於是會「生而離其朴，離其質」，然後導致「性

〔註5〕清　王先謙：《荀子集解》（北京：中華書局，2012年3月），〈性惡篇〉，頁421。
〔註6〕楊倞解「故也」爲「故惡也」，而劉師培則是認爲「將」爲「惡」字之誤。
〔註7〕清　王先謙：《荀子集解》（北京：中華書局，2012年3月），〈性惡篇〉，頁422。

惡」的結果。官能如耳聰、目明本來是不會與器官之本體分離，是一塊存在的，但人性和官能不同，生下來就很容易與原初的質性相遠離，慢慢偏向不好的結果，所以荀子才會說人是「性惡」的。

很明顯地荀子是用自己的話來重組和解讀孟子的話，他認為人若真的是性善，那善就不可能會喪失，因為「性」與「善」應該像是目明、耳聰一樣形影不離，可是事實上人卻容易失去原本單純的質性，若真是「性善」就不會出現遠離原先本性稟賦之表現，所以人性應該是惡的。另外這段話還有一點要注意，就是「生而離其朴，離其資」這一句，這一句可以用來輔助說明荀子的「性」本身是比較偏於中性的，「朴」是形容一個無分善惡好壞的自然狀態，樸質的「性」本身若沒有過度放縱慾望的話，性本身算是不偏善惡的。

荀子極力反駁孟子的「性善」和申明「性惡」的正當性，看起來理由相當充分，可是荀子的「小疵」處也能從中找出一些。荀子擅長以既有現象做出歸納與迴向推導，但有時在因果處卻說明不清，還有一些邏輯上的漏洞。因為糾錯不是本文的重點，所以僅在此舉出一個例子：

> 夫薄願厚，惡願美，狹願廣，貧願富，賤願貴，苟無之中者，必求
> 於外。故富而不願財，貴而不願埶，苟有之中者，必不及於外。用
> 此觀之，人之欲為善者，為性惡也。〔註8〕

人有欲望，就會去滿足欲望，按照正常情況應當是這樣發展。這個引句是在說人因為有所不足，於是才想去改善與彌補，貧窮的想要富貴，刻薄的想要敦厚等，一如人想要變得好看一點而去整型，這些都是一般情理。同理可證，人因為「性惡」所以才想要成善，荀子的推演公式其實很簡單。

可是這一段有邏輯上與真實情況上的缺失。雖然說寒冷了、飢餓了便想得到暖飽，因為貧窮而想要變得有錢，因為長得不好看所以想要變得好看些，這些是很自然的事。然而這種「因為甲於是乙」的順勢推論若沒有合理的條件支撐，反而會弄巧成拙，因為貧願富，薄願厚，惡願美等情況不一定必然如此，如顏回願意居陋室，處陋巷，印度聖雄甘地亦過著簡單清苦的生活，他們並沒有汲汲營營於大富大貴；有人長得醜或不夠上相，但他們沒花錢去整形，也沒有天天遮遮掩掩的，因為他們認為這是他們的特色，不覺得是醜惡的，譬如莊子書中的支離疏，他的奇怪外貌反而還給了他其他好處，於是簡單的「因為有甲，所以有乙」的推導法，用在一些真實情況裡就不能完

〔註 8〕 清 王先謙：《荀子集解》（北京：中華書局，2012 年 3 月），〈性惡篇〉，頁 425。

成立。

　　荀子有些推論的部份採順取方式，取完結後的現象為必然面，卻忽略了一些特殊的過程變化，將「因果」關係給簡單處理，由此得來的結論並非全貌，用來證明「性惡」仍稍嫌美中不足，這可能是荀子理論為何被說有「小疵」的原因。究其「性惡說」根本不是在說「性」就是「惡」，不是指原始材質中的不善，而是強調若沒有被節制或引導的話，「順是」而為就有發生惡的可能。後來的人多不解「性惡」之意，尤其是宋明理學後的儒者，於是認為其背離孔孟之宗旨，但「性惡說」並非是荀子思想的全部，身為周朝後期最後一個儒家重鎮，荀子還是以成就仁德為主要的依歸。

貳、荀子也說「性善」嗎？

　　韓愈評荀子是「大醇小疵」，實際上韓愈並沒有很理解荀子，可是我以為這個評價並不是沒有一點合理的線索可循。如同前面所敘述過的，荀子藉由對孟子性善說之批評，想彰顯自己性惡說的正確性，但理論中的不合理與模糊處也是經常被學者拿出來討論的，其中一項就是：荀子的「性」裡似乎也有「善」的存在。

　　經過前面章節的探討後，可以知道荀子說的「性」並非是惡，可以說是偏中性的，無所謂善惡之別。可是荀子其他的話卻又讓人起疑竇：他所說的「性」好像也有「善」的成份在，這樣不就和孟子也有一點牽扯嗎？以下就舉出幾段比較具有爭議性的段落，然後試著來釐清荀子的思想裡，是否真的有「善」的成份。有所疑慮的句子之一：「義與利者，人之所兩有也。」〔註9〕這句是說人天生除了好「利」之外還好「義」，看起來「性」似乎還有善的成份。「利」字能被解釋為好處或利益，是歸屬為「私」的，而荀子對「義」的定義是：

> 凡姦人之所以起者，以上之不貴義，不敬義也。夫義者，所以限禁
> 人之為惡與姦者也。〔註10〕

> 貴貴、尊尊、賢賢、老老、長長、義之倫也。行之得其節，禮之序
> 也。仁、愛也，故親；義、理也，故行；禮、節也，故成。……君
> 子處仁以義，然後仁也；行義以禮，然後義也；制禮反本成末，然

〔註9〕清　王先謙：《荀子集解》（北京：中華書局，2012年3月），〈大略篇〉，頁485。
〔註10〕王先謙：《荀子集解》（北京：中華書局，2012年3月），〈強國篇〉，頁298。

　　　後禮也。三者皆通，然後道也。〔註11〕

　　　其流也埤下，裾拘必循其理，似義〔註12〕

從上述的引句組看來，荀子認為「義」是一種「理則」，抽象地說是經驗界的事事物物都必須依此而行方能完成的「原則」，實際來說是指具體的「禮義」。「義」算是屬於「公」的，而人兼有「義」與「利」也正意味著人具有「公私」雙重性。既然人有「義」，那人可以循「義」而動，依荀子的定義是合禮義者為善，所以人本身也有「義」之「善」的存在。但是「人之兩有也」這句無法支持人天生有「義」的說法，也可以是後天才有的。譬如人在出生幾年後才會開始說話，會說有聽過的語言，接著在長大後會因為興趣或是環境而去學習其他語言，最後這個人至少就會母語和一種外語。舉這個例子的用意是說先天跟後天是可以一塊存在的，「義」的概念來自後天，人之好「義」不是天生就有的。

　　下一個「水火有氣而無生，草木有生而無知，禽獸有知而無義，人有氣、有生、有知，亦且有義，故最為天下貴也。」〔註13〕荀子做物類上位階的分別，從自然的水、火等自然物質或能量開始，這些具有「氣」，稟「氣」而生，可是卻沒有「生命活動」所具備的「生」。接著是草木等植物，他們有氣有生卻沒有知覺，再來是動物，動物有前三種性質，卻沒有「義」，而最後的人則是全部都有，「義」成為人與動物之間最大的區隔點，人因為有禮義作為生活上的指導規範，所以才可以活得像「人」一樣，與動物有所不同。分析這一段，其中「………有………而無………」的句式連續出現三次，從水火、草木、到禽獸，看起來是在敘述這三種不同事物所具備的天生性質，依此類推人之有「義」應該也是天生的。可是這樣就和荀子之前說的產生矛盾，因為荀子不認為人天生有禮義。或許可以這麼看，人之有「氣、生、知」是在說明人在現實的存在上所擁有的生理性質，但是人之有「義」卻不是天生的，而是憑著後天學習才會擁有的德性之知。然後下一句：「人之所惡何也？曰：汙漫、爭奪、貪利是也。人之所好者何也？曰：禮義、辭讓、忠信是也。」〔註14〕從字面上看起來所好的與所惡的事物是天生的，可是喜好或厭惡的事物也常

〔註11〕　清　王先謙：《荀子集解》（北京：中華書局，2012 年 3 月），〈大略篇〉，頁 475。
〔註12〕　清　王先謙：《荀子集解》（北京：中華書局，2012 年 3 月），〈宥坐篇〉，頁 506。
〔註13〕　清　王先謙：《荀子集解》（北京：中華書局，2012 年 3 月），〈王制篇〉，頁 162。
〔註14〕　清　王先謙：《荀子集解》（北京：中華書局，2012 年 3 月），〈彊國篇〉，頁 291。

常出自後天，即便喜歡或討厭是天生就有的心理反應，然而類別上、數量上、和程度上的增減是可以被慢慢改變的，像「一朝被蛇咬，十年怕草繩」，後天的際遇也會影響到個人的喜好和情緒，而且喜好「禮義」也不是天生的，可能是因為對自身有益的關係，是出於理智上的判斷，於是好禮義就不算是屬於天生的。

最後一個解釋起來有一些難度，荀子說：

> 凡禹之所以為禹者，以其為仁義法正也。然則仁義法正有可知可能之理。然而塗之人也，皆有可以知仁義法正之質，皆有可以能仁義法正之具，然則其可以為禹明矣。〔註15〕

荀子已然說過不管是聖人還是小人，「性」之基本質具是沒有差別的，可是就這一小段：「皆有可以知仁義法正之質，皆有可以能仁義法正之具」容易令人聚焦存疑，學者常以此來推斷人天生也有善端。在前面龍宇純曾解釋過這一段，而我認為還可以換另一個方式來說。首先，孟子的「是非心」不是指明白事物發展的對錯，孟子說的是「倫理面」上的是非分辨，不是單純的「抬腳去踢球，球就會移動」這種知識性的，現象面的正確與否。但是倫理上的是非分辨不是天生就有的，需要靠後天的學習與經歷才會真正獲得，加上即使說人具有這個潛能或資質，卻只說「可以知」、「可以能」，而不是說「必然」的知與能。這邊認為「可以知（能）」即「可知（能）」，而整句話的意思應該是：人具有可以知曉仁義法正的能力，又具有可以實行仁義法正的能力。進一步仔細地講，前一句的「可以知」指的是「知性活動」上的「知」，也就是能夠獲得外在訊息的感知能力；後一句的「可以能」，應該是指有辦法進行獲取知識，展開活動的行動力，例如口可以說，手可以做等。人具有知性活動，可以取得禮義的內容，接著人又有五官、四肢以及思辨能力，於是能去實踐禮義的內容，既然如此若能照著禮義規範好好去做，就算是一般人也有可能成為跟堯舜一樣的聖人，我認為這一段話是可以這麼看的。

這邊說了一堆，是因為荀子的文本裡的確存在著一些比較特別或是容易引起注意的句子，而現在為了要讓荀子的理論能夠更加有自我本色，儘量避免孟學思維的介入是很重要的事。當然不是說研究荀子就不可以套用其他理論，只是希望能努力地從荀子的角度去思考荀子的理論，這樣荀子說的話才更好被人接受。荀子的「性」裡沒有「四端」，也沒有仁義禮信這些後天才被

〔註15〕清 王先謙：《荀子集解》（北京：中華書局，2012 年 3 月），〈性惡篇〉，頁 428。

加以定義出來的道德概念。昔者墨子曾悲染絲，人或許就像一張白紙，容易
沾到東西而變黑變髒，所以「化性起偽」就像是一個清理、滌淨，以及優化
的過程，讓白紙不只是恢復潔白，又更具有美好的內容。

參、「心」與「性」的關係

　　促成「化性起偽」的力量好像都來自外部，可是在仔細閱讀後卻發現不
僅僅如此。前面已經有談過「心」在荀子的認識論、知識論裡的重要性，由
於「化性起偽」很需要借助外力，可是感官接收外界的訊息與刺激之後，卻
無法依靠自身來一一分辨內容，更別說是弄清楚背後隱藏的意義。孟子說過：
「耳目之官不思，而蔽於物，物交物，則引之而已矣。心之官則思，思則得
之，不思則不得也。」〔註16〕感官容易因物而蔽，也容易被情緒或慾望所支
配，可是「心」能為之擇，為之慮，所以說能夠超拔而不惑的「心」在荀子
的理論中絕對是極具份量的。

　　很多學者認為荀子是講「心性」分離的，但荀子說的「心」並沒有與性
相離。「心」兼具情感與思慮的功能，可是「心」雖然能進行知性活動，卻不
等於一定會合於善，因為「心」也是「性」的一部分。有兩個明顯的證據可
供證明，第一「若夫目好色，耳好聽，口好味，心好利，骨體膚理好愉佚，
是皆生於人之情性者也；感而自然，不待事而後生之者也」，「心好利」是皆
「生於人之情性者也」，又和感官皆有天生的愛好，這是一證。第二，性乃「天
之就」，「心」又被稱為「天君」，冠以「天」之名又具備天然自成的屬性，此
又為一證。合併這兩個證據來看，「心」應當也是屬於「性」的一部份。

　　由於「心」也是「性」的一部分，所以「心好利」是正常的，然而「心」
還是很特別的。何淑靜說「心」有「雙重性」，她分成「生而有」與「實踐功
夫」這兩方面來說明。〔註17〕「生而有」的部份在前面已經談過，後者則採
道德修養的實踐功夫來說明「心」與「性」仍然不同。心性之關係，何淑靜
是以「心」為「性」，但這裡要把「以心為性」稍稍做點澄清。若講「以心為
性」可能會誤以為跟孟子「心性合一」的思想很像，孟子沒有嚴格分別心與
性，心性同為天理所藏之處，但是荀子這邊則像是馮友蘭在他思想史裡所說

〔註16〕 宋　朱熹：《四書集注》（台北：藝文印書館，1978 年 4 月），〈孟子十一・告子
　　　　 上〉，頁 14～15。
〔註17〕 何淑靜：《孟荀道德實踐理論之研究》（台北：文津出版社，1988 年），頁 49
　　　　 ～54。

的「稻禾」與「米」的差別。〔註18〕米自稻禾生出，故其「性」同，卻不能說「米」等於「稻禾」，所以「心」是「性」的一部分，卻不等於「性」。

再來從「實踐功夫」面來說「心」不是「性」，應該是指「心」能超越「性」的本能，或是「心」能夠掌控與改變情性之表現。「化性起偽」若要從內部著手改造的話就要靠「心」的能力，因為「心」雖然是「性」中所出，可是心也可以「自禁也，自使也，自奪也，自取也，自行也，自止也」，「心」會隨情慾而動，也能夠自我控制、自我拴緊，不被慾念所奪，其中便表現出一種「自由意志」。「自由意志」的定義有二〔註19〕，一是人可以自由地做出抉擇，不受到任何限制；二是意志之自身能立定行為活動的法則，並且能自發地依照其自定的法則來決定如何行事，前者是一般涵意，後者則比較靠近孟子的思想，本文這邊是取前者的定義。「心」天生能夠自我做出選擇，只是不一定會依照某個原則，也不必然是深思熟慮後的結果，經常是靠著直覺或情欲來作出決定，此時「心」尚沒有脫離被「性」所掌握。可是隨著長期的修養後，「心」就會去依從一個準則，會照著準則在一定的規矩方圓當中去進行一些行為活動，這時人的「自由意志」不會任意或隨性為行，並且能擺脫或制約原本「性」的天生愛好或趨向，在此時「心」才會是真正可以做到自立自行的「天君」。

「心」若無法好好控制本性，便與其他天官沒有太大差別，孟子說「心」本有善端，道德本來就存在於人心之中，於是只要不忽視或放失就好。可是荀子的心是「智心」，可以自我選擇卻不一定就是正確洽當的，所以要靠外在的教化與學習，配合「心」的自我修養，讓「心」能夠更穩定，更通明地依循著禮義來做出判斷跟選擇，如此的「心」才能夠「化性」。何淑靜的「以心為性」，是因為她將「心」的重要性給放大，認為對「性」的轉化要憑借「心」的特殊性和自主性方有所成，「心」的影響力太過重要，所以才會說「以心為性」。

荀子說的「心」並不是「性」，精準一點來說是「心」不被「性」所左右。「心」具有雙重面向，有慾望的一面，也有理性的一面，而荀子想要突出的是後者。這裡談「心」與「性」的關係，是想要強調「心」的重要性，沒有

〔註18〕漢 董仲舒著，趙炎元註譯：《春秋繁露今註今譯》（台北：台灣商務印書館，1984年5月），〈實性第三十六〉，頁274。
〔註19〕這裡說的「自由意志」的「意志」主要是指人的思想，人的意識，不是指「意志力」的「意志」。

意圖去誇張「心」的能耐，「心」跟「性」一樣，還需要經過後天的教化後才能達到完善，而因爲「心」也是「性」的一部分，所以「心」才能夠治性，才能做到「性偽合」這個理想境界。荀子的「心」與「性」也是不分離的，但是其中仍有所轉折和區分，必須要仔細辨別才不會造成誤會。

第二節　「化性起偽」說的整體內容

關於「化性起偽」，陳修武曾稱「偽」是「他力教」，他這麼說：

> 在我國的學術思想史中，眞正開始以「他力教」的方式以教人，而且有眞成就的，就是荀子。荀子生於孔、孟、老、莊之後，自稱孔子之徒……竟對孔子的「自力教」心靈全無體會。力主「他力教」之方式，且眞能講出一大套的學問，這就是他的一大奇特。〔註20〕

「自力教」和「他力教」，簡言之就是「力」的來源之分別，陳修武將基督教的救贖法稱爲「他力教」，而中國儒家的則稱爲「自力教」。陳修武以爲荀子比較類似「他力教」，而以荀子的思想來看確是如此。禮義法制、或者傳統習俗等能助人成善的內容就在裡頭，人不僅要去看，去聽，還要去學，「化性起偽」也同時悄悄地開展自身的腳步。

「化性起偽」是外在具體的實踐行爲，也包括內在心智的同調轉變，就像是五臟消化食物，腦袋消化訊息，「化性起偽」亦藉由全副的心力與外在客觀的禮義規範，一塊進行外與內的通透變化，荀子期許人可以藉此來讓智慧與道德能夠同步增進。

壹、何謂「化性」與「起偽」

「性惡說」被人排斥與詬屬了那麼久，人們會容易以爲：既然都說是「性惡」，那人豈有成善的可能？我在前面第三章裡試圖將「性惡」的意涵給釐清，荀子認爲人若順乎情性，放縱慾念，就容易造成惡的出現，所以「性」並不是眞的本惡。倘若性就是惡，那眞的沒有多少能被改變的可能。

荀子認爲君子和小人的「性」沒啥兩樣，可是還是有君子和小人的分別，其中的原因荀子很早就有提過：「故必將有師法之化，禮義之道，然後出於辭讓，合於文理，而歸於治……」〔註21〕君子與小人之差在於有無師法、禮義

〔註20〕陳修武：《荀子 人性的批判》（台北：時報文化出版公司，2012），頁38。
〔註21〕清 王先謙：《荀子集解》（北京：中華書局，2012 年 3 月），〈性惡篇〉，頁

上的「化」。「性也者，吾所不能爲也，然而可化也。」〔註22〕「性」是天生而成，不是後天基因工程那種可以被調整的，可是「性」卻可以「化」，這個「化」才是「性」得以轉變的重點。「性」可以被變化、塑造，也就是說可以導正人的行爲思想之趨向，使人能朝向善途，「其善者僞也」，「化性起偽」即是在講一個調化情性的過程，以外在、人爲的力量對「性」做出改造。「化」是指什麼？荀子說：

> 物有同狀而異所者，有異狀而同所者，可別也。狀同而爲異所者，
> 雖可合，謂之二實。狀變而實無別而爲異者，謂之化。有化而無別，
> 謂之一實。此事之所以稽實定數也。此制名之樞要也。後王之成名，
> 不可不察也。〔註23〕

「化」就是指變化，而且還有層次上的差異。「物有同狀而異所者」是說有相同形狀外貌的物，卻是各自處在不同的地方，例如非洲有大象，亞洲也有大象，雖然說有名稱上或特徵上的差異，但都是叫「大象」，這是「狀同」；而一個在非洲，另一個在亞洲，這是「異所」。非洲或亞洲的大象「雖可合」，可是因爲所處的位置不同，也算是分開的兩個物，於是「謂之二實」。另一個情況是「狀變而實無別而爲異者」，荀子說這是「化」，是狀態或形軀上的改變。「實無別而爲異者」的情況類似蝴蝶、甲蟲、蛾等從幼蟲經過「蛹化」後變爲成蟲的情況，雖然看起來是不同的兩個東西，但實際上本質是一樣的。若是「冬蟲夏草」的話則是另當別論，那真的是兩種不同的東西。看起來有所改變，其實本質上或內容上是沒變的，「化」是「外變而內不變」的意思，所以仍被看成是「一實」，而不是「二實」。荀子說的「化性」就是指改變「性」所表現出來的情狀，是可視可事的活動，而不是改變「性」的本身。

「化性」所改變的是人的判斷力或趨向性，不是改變「性」的本質，這種情況很類似俄羅斯娃娃，「性」從內部原質到外顯特徵是一層一層的關係，荀子所要變化的部份是比較靠外層的，不是改變裡頭的核心。接下來是解釋「起偽」，「偽」者「詐也」〔註24〕，表面意義上有虛假不實之意，但實際上不僅如此。荀子對「偽」下的定義是：「夫感而不能然，必且待事而後然者，

421。
〔註22〕 清 王先謙：《荀子集解》（北京：中華書局，2012 年 3 月），〈儒效篇〉，頁 143。
〔註23〕 清 王先謙：《荀子集解》（北京：中華書局，2012 年 3 月），〈正名篇〉，頁 407。
〔註24〕 漢 許慎撰，清 段玉裁注：《說文解字》（浙江：浙江古籍出版社，2006 年 1 月），頁 379。

謂之生於偽。是性偽之所生，其不同之徵也。」〔註25〕「必待事而後然者」就是「偽」，而且南唐的徐鍇說：「偽者，人爲之，非天眞也。」〔註26〕「偽」字拆開是「人」和「爲」，所以「偽」字的含意在荀子文本中應該是指非天然的，屬於人爲的。虛假不實之物常常出自人爲，所以「偽」也有「詐偽」的意思，可是「人爲」更符合荀子理論的本意。此外「心慮而能爲之動謂之偽；慮積焉，能習焉，而後成謂之偽」〔註27〕，這一句中的「偽」是放在「化性起偽」上來理解的，前半段說「心」在經過思慮後而能去實踐化性之事，這是「偽」。「慮」者「情然而心爲之擇」，「性」動而生情，而「心」發起思慮爲「情」作出正確的選擇便叫「慮」，荀子的「慮」並非單純的「思考」而已，還有替情慾作調節和導引的作用。後半段則是在講思慮之既出，經過學習與累積後而完成也叫作「偽」。前後兩個「偽」的差異，在於前者是「偽」之發起，乃經過思慮後的結果；後者則是「偽」的完成，兩者在「化性」的過程裡不能相離，「偽」的作用始終是相連貫的。

明白了「化」跟「偽」的意義，便可知「化性」是指變化人性，「起偽」則是指引起（發）人爲的改變，合起來便是「化性起偽」。荀子說：「故聖人化性而起偽，偽起而生禮義，禮義生而制法度；然則禮義法度者，是聖人之所生也。」〔註28〕這句話中可見的意義順序爲「化性→起偽」，而這個部分可以再多談一點。自聖人這邊來看，聖人欲化生民之性而起偽，因「起偽」而製作禮義法度以對人民「化性」，這就是上述的過程。若換成從一般人的角度來看，一般人無以生禮義所以要去學習禮義，要先「起偽」方可進行「化性」，然後在「化性」成功，臻至聖人境界之後再來「起偽」以教百姓，這就變成「起偽→化性」，由此可見「化性起偽」的過程是一個可以首尾連貫的大循環。

「性者、本始材朴也；偽者、文理隆盛也。無性則偽之無所加，無偽則性不能自美。」〔註29〕「性」與「偽」的關係就像花圃跟園丁，沒有花圃，園丁就無處可以著力；沒有園丁，花圃就可能會雜草漫蕪，如同唇與齒，要

〔註25〕 清 王先謙：《荀子集解》（北京：中華書局，2012 年 3 月），〈性惡篇〉，頁 423
～424。

〔註26〕 南唐 徐鍇：《說文解字繫傳》（北京：中華書局，1987 年 10 月）。

〔註27〕 清 王先謙：《荀子集解》（北京：中華書局，2012 年 3 月），〈正名篇〉，頁 399。

〔註28〕 清 王先謙：《荀子集解》（北京：中華書局，2012 年 3 月），〈性惡篇〉，頁 424。

〔註29〕 清 王先謙：《荀子集解》（北京：中華書局，2012 年 3 月），〈禮論篇〉，頁 356。

兩方互助才能完成「化性起偽」。沒有「偽」的幫助，本無禮義的「性」便難以得到轉變而向善，有「偽」方能「異而過眾矣」，「性」者聖人與凡人同，可是最後變得不同的關鍵在於「偽」，這是荀子的人性改造理論的重心。

貳、「環境」的影響

人作為「社會」的一份子，就幾乎無法脫離文明社會所建構出的「環境」。「環境」這個詞可以很具體，像一個社區或是學校；抽像一點的像是一個地方的風土民情。有句話說「入境隨俗」，西方也有「When in Rome, do as the Romans do」這句諺語，要進入一個環境之內就要試著跟環境一樣，不然就會引起衝突，「環境」的影響力是很重大的。

孟子很早就注意到「環境」對人的影響，他講一個楚大夫的兒子去學習齊語的故事，孟子最後結論：

> 一齊人傅之，眾楚人咻之，雖日撻而求其齊也，不可得矣；引而置之莊嶽之間數年，雖日撻而求其楚，亦不可得矣。子謂薛居州，善士也。使之居於王所。在於王所者，長幼卑尊，皆薛居州也，王誰與為不善？在王所者，長幼卑尊，皆非薛居州也，王誰與為善？一薛居州，獨如宋王何？〔註30〕

要學好一個外語，到那個外語的環境當中通常是最好最快的方式，只是若你在學習外語時，周遭的人卻用別的語言來干擾你，那麼學習的效果就可能事倍功半。相同的道理，一個想成為有道德的人，但他的周遭環境裡卻都是一堆道德敗壞的人，那要成為一個有道德的人就會變得很困難，甚至可能會被環境所同化。由此可見，即使孟子相信人性本善，但是後天的環境也可能會使善根無法茁壯。

荀子不談善性，人若要化性成善需靠後天的加倍努力。環境因素的影響很大，人又是「社會的動物」，社會就是一個龐大又複雜的「環境」，其影響力可以用一個引言來說明：

> 蓬生麻中，不扶而直；白沙在涅，與之俱黑。蘭槐之根是為芷，其漸之滫，君子不近，庶人不服。其質非不美也，所漸者然也。

蓬草的枝枒本來柔弱，可是若生在莖桿挺直的麻草叢當中，蓬草不用被扶起

〔註30〕宋 朱熹：《四書集注》（台北：藝文印書館，1978 年 4 月），〈孟子六·滕文公下〉，頁 8～9。

也能長得挺直。潔白的細砂如果被放到黑色的泥巴裡，也會被染成黑色。芷草有香氣，可是若浸泡在尿水裡，君子也不會想配戴，連一般人都不會想靠近。這三個比喻在說很多東西不會永遠都保持原狀，因為所處的環境會改變它們。自荀子的「性惡說」來看，人之本性本來多欲，容易被外物所誘，但也代表人很容易發生變化，只差一個正確的引導方式而已。

「孟母三遷」的故事意味著人的可變性，以及環境的巨大影響力。萬物自有一套屬於自身的性質，那是難以改變的，可是「所處之環境」與「待在某個環境中的時間長度」這兩個要素還是會慢慢改變「性」的外顯特徵與行為。荀子說明環境與事物的關係：

> 施薪若一，火就燥也，平地若一，水就溼也。草木疇生，禽獸群焉，
> 物各從其類也。是故質的張，而弓矢至焉；林木茂，而斧斤至焉；
> 樹成蔭，而眾鳥息焉。醯酸，而蜹聚焉。故言有招禍也，行有招辱
> 也，君子慎其所立乎！〔註31〕

還有中唐劉禹錫的〈陋室銘〉：「山不在深，有仙則名；水不在深，有龍則靈；斯是陋室，惟吾德馨」〔註32〕，劉禹錫以相應類似的事物會彼此吸引為先導，帶出事物還會反過來影響環境的觀點，可是絕大多數卻是「環境」在影響著人事物。水往低地流，火朝乾處燒，「環境」本身的趨向力會像地心引力一樣引導事物往一個方向移動或是引起特定反應。再者，「環境」本身所具備的條件有時會符合人的需要，例如山裡有礦藏，海中有魚類，人才會去山裡挖礦，去海上捕漁，彼此是相互呼應的。但是一般來說人無法輕易地去影響或是選擇自己所處的環境，甚至是去改變環境，「環境」的影響力之大可見一斑。

「環境」引起作用的方式，在於一個「積靡」的過程。荀子說：

> 人積耨耕而為農夫，積斲削而為工匠，積反貨而為商賈，積禮義而
> 為君子。工匠之子，莫不繼事，而都國之民安習其服，居楚而楚，
> 居越而越，居夏而夏，是非天性也，積靡使然也。〔註33〕

工匠的兒子自小耳濡目染，長大之後就可能會繼承父業；一個人若居住國外多年，一些思想跟習慣也會和那邊一致。荀子認為人的很多作為或習慣，和天性沒太多關係，常常只是「積靡使然」。「積靡」的意思是累積沉浸，如同

〔註31〕清 王先謙：《荀子集解》（北京：中華書局，2012 年 3 月），〈勸學篇〉，頁 7。
〔註32〕卞孝萱：《劉禹錫集》（北京：中華書局，1990 年 3 月），頁 628。
〔註33〕清 王先謙：《荀子集解》（北京：中華書局，2012 年 3 月），〈儒效篇〉，頁 143。

毛筆蘸墨，滴水穿石，各種細微但統一的要素不停地與同一個目標物進行刺激與碰觸，那個目標物最後就會慢慢被改變。「積靡」之過程也有主動選擇跟被動接受這兩種情形，前者就像工匠之子會繼承家業，後者就類似「居楚而楚，居越而越」的例子，而且主動地「積靡」會比被動地來得更快更順。

人在「積靡」的過程裡常常是不自知的，如年歲之增長。荀子說：

> 夫人雖有性質美而心辯知，必將求賢師而事之，擇良友而友之。得賢師而事之，則所聞者堯舜禹湯之道也；得良友而友之，則所見者忠信敬讓之行也。身日進於仁義而不自知也者，靡使然也。今與不善人處，則所聞者欺誣詐偽也，所見者汙漫淫邪貪利之行也，身且加於刑戮而不自知者，靡使然也。傳曰：「不知其子視其友，不知其君視其左右。」靡而已矣！靡而已矣！〔註34〕

身處一堆有良好品格的朋友當中，你或多或少會去模仿、學習他們，你的智慧跟道德就可能會提升；若是身處在一群狐群狗黨之中，你就可能會成為一個流氓或壞蛋。齊桓公晚年寵幸易牙、豎刁等奸佞，名聲政績日壞；唐太宗身邊有魏徵等賢臣，後有貞觀之治，種種例子是不一而足，但無論好壞，在「積靡」過程裡自己通常很難自覺地發現到，所以若不是「自覺地」身處其中，那麼就必須在一開始就要好好地做出選擇，然後努力去維持。

「環境」不單單指所處的地方，還包括周遭的一切人事物。其影響的方式就像是在進行呼吸一樣，呼吸的時候不會刻意去感受周遭有無空氣的存在或察覺到「正在呼吸」這件事，但你的確是在吞吐著氣體。荀子在「化性起偽」裡很明顯地非常重視一個人或一個團體之所處，他說：「故君子居必擇鄉，遊必就士，所以防邪辟而近中正也。」〔註35〕君子知道要潔身自愛，自然會慎重選擇要去的地方，而一般人要麼就要選擇好的地方，要麼就要對環境的影響提高警覺性。

參、「禮樂」的功用

自古人製作「禮樂」後，人們就活在「禮樂」之中。「禮樂」也是大環境中的一部分，後來孔子賦予「禮」以道德之意義，而孟子使「禮」有生成的根據，人若能夠培養性中的善，之後必會尊禮而行。晚一點出生的荀子也說

〔註34〕王先謙：《荀子集解》（北京：中華書局，2012 年 3 月），〈性惡篇〉，頁 434。
〔註35〕清 王先謙：《荀子集解》（北京：中華書局，2012 年 3 月），〈勸學篇〉，頁 6。

禮樂，尤其對「禮」更是異常重視，而且他對禮樂內涵的敘述比孔孟更加豐富，更具系統性。

　　荀子論禮樂有〈禮論篇〉和〈樂論篇〉，這兩篇等於專論，還有一些則散見於其他篇章。荀子認為「禮」是「人道之極也」〔註36〕，是「人」的生存之極則，不僅如此，荀子眼中的「禮」還可以：「天地以合，日月以明，四時以序，星辰以行，江河以流，萬物以昌，好惡以節，喜怒以當，以為下則順，以為上則明，萬變不亂，貳之則喪也。」〔註37〕這一段可分成兩部份來看，第一部份在說「禮」是天地星辰等自然現象生成和運轉的法則，這是荀子文本裡少數帶有形上性質的部分。第二部份「禮」是建構與穩定人間的秩序，社會倫理要靠「禮」才能正常維持，不然會產生崩解。荀子賦予「禮」神聖性以及高度崇揚「禮」的功能和重要性，可能是因為戰國時期的禮樂制度幾乎蕩然，再來是為了配合他的理論體系，於是將「禮」給大大地提昇凸顯。

　　如斯重要的「禮」是為著什麼而誕生的，荀子認為：

> 人生而有欲，欲而不得，則不能無求。求而無度量分界，則不能不爭；爭則亂，亂則窮。先王惡其亂也，故制禮義以分之，以養人之欲，給人之求。使欲必不窮乎物，物必不屈於欲。兩者相持而長，是禮之所起也。〔註38〕

因為人性多欲，若是沒有做出節制就可能會導致紛爭，這與性惡論的說法是一致的。荀子認為「禮」能用於控管與導正人性，與保持地力的原理很像，一塊地的生產力與負荷能力有限，可是人的慾望無窮，相對的資源卻不是無窮，「禮」的作用之一就是控管好「欲」與「物」的平衡，使人不會胡亂地消磨資源，也讓資源能夠發揮出最好的使用效益，使「兩者相持而長」，此為「禮」之所以起也。由此可知荀子對「禮」的基本看法是：「禮」有「調節平衡」的能力，使人類與自然環境可以得到互惠雙贏的結果。

　　「禮論」緊緊貼著「性惡論」的觀點，看似先有性惡然後再有「禮」的出現。「禮」的出現需要在此來嘗試解釋一下。荀子說：「禮義者，聖人之所生也」〔註39〕，「禮」是聖人所制，可是這個說法要面臨一項很關鍵的質疑：若說人是「性惡」，而聖人之「性」又與眾人同的話，那「禮」是如何出現的？

〔註36〕　清　王先謙：《荀子集解》（北京：中華書局，2012年3月），〈禮論篇〉，頁347。
〔註37〕　清　王先謙：《荀子集解》（北京：中華書局，2012年3月），〈禮論篇〉，頁346。
〔註38〕　清　王先謙：《荀子集解》（北京：中華書局，2012年3月），〈大略篇〉，頁485。
〔註39〕　清　王先謙：《荀子集解》（北京：中華書局，2012年3月），〈性惡篇〉，頁421。

在「聖人」之前若沒有「禮」的話，那「聖人」又是從哪裡來的？荀子在文本裡並沒有為此給出解答，但是從上面有提到的「禮」之發端，再配合荀子理論一齊來推斷的話，荀子所謂的「聖人」可能不是一般儒家常說的「聖人」，最早能制禮的「聖人」很可能是具有過人智慧與豐富閱歷的人，這些「聖人」為了人類的群體生活而製作一些規範希望人們去遵守，也可能只是將團體裡早就存在的一些規定給重新定義或深度組織化，時間一久「禮」才逐漸成型。

　　接著繼續試著解釋下去，在「禮」出現以前，「聖人」是如何出現的？先不考慮現在對「聖人」的定義，最初被後代稱為「聖人」的人可能具有莫大的智慧，或者是有天賦異稟，就算是沒有「禮義」的幫助，他們也能夠成為最接近「聖人」的人。可是這麼說還是有些曖昧不清，或許可以這麼說：儒家所謂的「聖人」其實常常是一個至高理想的寄託與想像之替身，因為那些被視為「聖人」的古人是否真的存在都很難被確定。可能荀子，包括孔子孟子，他們之所以談「聖人」並不是著重於「聖人」的起源或來歷，僅僅是要對自身的理論內容賦予一個神聖莊嚴的源頭，所以對此鑽牛角尖也不是非常必要的事。話說回來，「禮」可能早在人類形成聚落之時就有一些雛形，接著出現了一些「聖人」，他們認定「禮」的重要性，於是就加以補強，給予推廣和應用，「禮」就這樣子出現在人類歷史和生活當中。

　　荀子筆下的「禮」幾乎是萬能的，包辦的範圍非常廣，縱貫上下，環攏四方，是作人處事的指導，也是「化性起偽」的具體條目。不僅如此，荀子對「樂」的認識也是相當豐富且深入。荀子說「樂」是「夫樂者、樂也，人情之所必不免也。故人不能無樂，樂則必發於聲音，形於動靜」〔註40〕，後面第二個的「樂」應該是「快樂」的「樂」，「樂」是「人情之所必不免也」，與人的性情息息相關。荀子說：「故人不能不樂，樂則不能無形。」人有了情緒波動就會發出相應的聲音，「樂」也因而出現，這說法和〈詩序〉裡「情發于聲，聲成文謂之音」的意思差不多，聲音經過組織後而變成「樂」。「樂」的存在「足以感動人之善心，使夫邪污之氣無由得接焉」，「樂」可以觸發已經受過教化的「心」，不讓不好的外部影響去動搖到自身的清明。通常「樂」是輔助典禮或儀式的重要角色，但放在教育上也可以協助人之性情的逐步完成，如「喜歡音樂的小孩不會變壞」這句話雖然不一定正確，但是從這句話裡可得知「樂」的一個正向功能。

〔註40〕清 王先謙：《荀子集解》（北京：中華書局，2012 年 3 月），〈樂論篇〉，頁 368。

放到社會政治的環境裡，「樂」的作用主要是：

> 樂者，聖王之所樂也，而可以善民心，其感人深，其移風易俗。故
> 先王導之以禮樂，而民和睦。夫民有好惡之情，而無喜怒之應則亂；
> 先王惡其亂也，故修其行，正其樂，而天下順焉。〔註41〕

「樂」足以影響情性，所以主要的作用是協助禮教的順利實施，自外向內來影響他人，這就是「夫聲樂之入人也深，其化人也速，故先王謹為之文。」〔註42〕可是音樂也具有迷惑、誤導性情的力量，即「不合道」之音樂則會產生：「凡姦聲感人而逆氣應之，逆氣成象而亂生焉」。〔註43〕「樂」的力量如同漣漪共振，會影響到人心的運作，進而在連環效應之下深入影響到一個團體的行動。這是有可能發生的，端看在演唱會時歌迷們的反應就能大略明白。

〈樂論〉裡頭又說：

> 君子以鐘鼓道志，以琴瑟樂心；動以干戚，飾以羽旄……故樂行而
> 志清，禮脩而行成，耳目聰明，血氣和平，移風易俗，天下皆寧，
> 美善相樂。故曰：樂者、樂也。君子樂得其道，小人樂得其欲；以
> 道制欲，則樂而不亂；以欲忘道，則惑而不樂。故樂者，所以道樂
> 也，金石絲竹，所以道德也；樂行而民鄉方矣。故樂也者，治人之
> 盛者也，而墨子非之。〔註44〕

荀子一方面強調「樂」的功效，一方面也反對墨子的「非樂」說，他認為墨子不理解「樂」的作用，只把「樂」當成無用又浪費的娛樂。這邊需要注意的是，「樂」需要經過篩選，因為不同類型與表現方法的「樂」會引發不同的效果。昔季扎觀樂，曾評斷過不同地區的音樂給人的影響，靡靡之樂使人頹廢，莊嚴之樂則使人心振，慎選而聽之才有助於性情的變化。

荀子頻頻表示「禮樂」對一個人，一個家庭，與一個社會的重要性，「禮」等於是終極的指導原則，「樂」則是一個強力的輔助者。「禮樂」的角色非常吃重，可是儒家本來就是看重「禮」的，因為「禮」是由具備深遠眼光與大智慧的一些人慢慢集結創造出來的，經過長時間的淘選之後，「禮」就越趨成熟完善。人的一切行為或思考大多都要依循某種機制或原則，但因為彼此的

〔註41〕清 王先謙：《荀子集解》（北京：中華書局，2012 年 3 月），〈樂論篇〉，頁 370。
〔註42〕清 王先謙：《荀子集解》（北京：中華書局，2012 年 3 月），〈樂論篇〉，頁 369。
〔註43〕清 王先謙：《荀子集解》（北京：中華書局，2012 年 3 月），〈樂論篇〉，頁 370。
〔註44〕清 王先謙：《荀子集解》（北京：中華書局，2012 年 3 月），〈樂論篇〉，頁 368。

個體差異，所以「多且雜」是很正常的現象，然而對於一個講求穩定秩序的社會而言，這種「多而雜」反而不太有利，容易造成混亂，所以儒家把「禮」視為一個最理想的全體標準，因為「禮」的本身就包羅極廣，大小深淺處幾乎都能面面俱到，即使「禮」不能很凸顯個人的特色，但「禮」的完整性與穩定性可以彌補很多部分，對國家社會的發展也很有幫助。「樂」能夠紓緩人心，調節混亂，幫助安定，讓「禮」能完成人類和社會之間的合作關係，「禮」與「樂」的絕佳合拍，使各自的作用可以發揮到最大化。

肆、學習與師法的重要性

「環境」和「禮樂」會對人產生影響，對人來說這是不可見又算是「被動」的部份，而能「主動」去引起影響的則是「學習」與「教育」。關於如何形塑一個人，儒家的基本信條是靠教育跟學習。「教育」與「學習」乍看是一個施，一個受的分別，但兩者是能夠互通交流的。「教育」兩字包涵「教導」與「養育」兩種意義，「教育」乃是培養一個人的知識技能，使其身心茁壯的過程。談到「教育」我們通常會直接聯想到「老師」或「學校」，但其實能夠進行「教育」的地方很多，可以出現在很多人事物上。

「教育」是國家級的大事，維繫國家未來之發展與生存，不分中外都是一樣。而關於「教育」，先秦諸子各有不同看法，「儒家」很重視教育，「道家」是沒怎麼談教育，或許他們認為教育也是一個人為去改變天性的活動。「墨家」文本裡也有「教」、「學」等字眼，但談得比較零散，主要是在傳達「兼愛」、「尚賢」、「尚同」等思想。「法家」特重國家的規劃與發展，自然也會談及教育，只有少數其他家沒有談到教育，這也是各家思想所重視的地方不同的緣故。

儒家論「教育」相當專業，頗有心得。孔子收三千弟子，不僅僅是為了將知識、技能傳授給學生，也想藉由自己的弟子來傳遞、宣揚自己的理念。他的教育方法是因人而異，看《論語》記載他的教法是多樣且靈活的，即為「因材施教」，而且孔子的教育雖然很重視內在的道德教育，但也沒有忽略外在該有的知識傳授，孔子「誨之不倦」，想讓學生們成為「文質彬彬」的君子，成為國家未來的棟梁，作為一個優良教師，孔子乃實至名歸。

後來孟子提出「四端說」，看似比較重視內在的建設，可是他並沒有忽視「教育」，孟子說：

設為庠序學校以教之：庠者，養也；校者，教也；序者，射也。

夏日校，殷曰序，周曰庠，學則三代共之，皆所以明人倫也。人
倫明於上，小民親於下。有王者起，必來取法，是爲王者師也。《詩》
云『周雖舊邦，其命惟新』，文王之謂也。子力行之，亦以新子之
國。〔註45〕

孟子認爲教育不是單純地在做知識上的塡鴨活動，培養良好人格，灌輸正確
的倫理價值觀比創造另一個兩腳書櫥更加重要，「明人倫」應該擺在最顯眼的
位置。因爲知識與技能使人具有可以完成或是支配某物的能力，可是思想與
價值觀卻主導著一個人的行動模式，一項技能或是一個器具本身並不具有自
主的可動性，但是一個人如何實行操作，通常是決定事情好壞的關鍵。孟子
說的「教育」是要先「明人倫」，這是「教育」當中的「德育」，申明倫理之
價值與必要性，從一人推廣至百人，倫理秩序若明，才能使社會秩序獲得和
諧與安寧。

和孟子一比，荀子更加重視「教育」。一方面固然是儒家的基本理念，另
一方面是他的思想能不能被實踐，必須要借重「教育」的力量。荀子相信凡
聖之性皆同，於是後天的發展才是一大關鍵，「教育」就是其中之一。「今人
之性惡，必將待師法然後正」，「師法」是指「老師」和「禮法」，若要框正人
的性情，光有禮義法度還不夠，還需要有專業的人士以專業的方法，把倫理
價值觀給「放」到一個受教者身上。因爲人的資質和接受度各有高下，光只
是看一看，聽一聽可能還是不夠，所以要透過「教育」使知識、倫理能夠深
入到人心深處，即「以矯飾人之情性而正之，以擾化人之情性而導之也」，能
夠做到「感動深入」方是一個成功的「教育」。

「學習」不是以獲取知識爲唯一目標，荀子說人要懂得「止之」。「止之」
的意思是「停止、休止於某物（處）」，也就是「止諸於……」，然後荀子又說
要「止諸於至足」，那到什麼程度才算至足，荀子說是止於「聖人」。教育與
學習的最終目標是要讓一個人從士人成爲聖人，即「其義則始乎爲士，終乎
爲聖人」〔註46〕。從「士」最後到達「聖人」，路途是既遙遠又艱難的，但實
際上「教育」的目的並不是只要培育出聖人而已，這世界上也不需要一大批
聖人，可是總要有一個在各方面很出眾，道德上更是趨近完美的人來帶頭引

〔註45〕 宋　朱熹：《四書集注》（台北：藝文印書館，1978 年 4 月），〈孟子五‧滕文公
　　　　 上〉，頁 6。
〔註46〕 清　王先謙：《荀子集解》（北京：中華書局，2012 年 3 月），〈勸學篇〉，頁 11。

領。聖人是精神的領袖，聖人之心能感動他人，其光輝的魅力兼具感化之力道，才可能將道德精神給散佈出去，風行草偃，德澤廣被。

「化性起偽」跟「師法」有很大的關係，「法」在前面就討論過，而「師」在教育與學習中則扮演一個核心角色。「師」的意義一般來說是指教導授業的人，但廣義的是說能夠給予啟示與幫助的任何人事物。「師」的重要地位能從這邊得知：「禮有三本：天地者，生之本也；先祖者，類之本也；君師者，治之本也。……是禮之三本也。」〔註47〕在此只有要說第三個「本」，「君師」為「禮」的三本之一，是治之本。基本理解是君與師各為一國之統治者與知識倫理的傳授者，兩者也是被人所學習效法的模範，在上行下效之後國家百姓於是易治，故謂君師同為「治」之本。「禮」與「師」的關係是：

> 禮者、所以正身也，師者、所以正禮也。無禮何以正身？無師吾安
> 知禮之為是也？……不是師法，而好自用，譬之是猶以盲辨色，以
> 聾辨聲也，舍亂妄無為也。故學也者，禮法也。夫師、以身為正儀，
> 而貴自安者也。〔註48〕

荀子說：「無師吾安知禮之為是也？」也就是說「禮」必須要在能使用它的人手中才能發揮效果，才會有無限變化的活性，不至於變成歷史中的陳舊規章。而且荀子認為「師」是：「國將興，必貴師而重傅，貴師而重傅，則法度存。國將衰，必賤師而輕傅；賤師而輕傅，則人有快；人有快則法度壞。」〔註49〕他放大「師」的存在價值，國家之興亡居然和「師」如此息息相關，因為荀子將「禮」之完存與傳播和「師」作出聯繫，「聖人」制禮而教萬民，於是「聖人」為師，可是「師」本身不必然是聖人，如果能夠傳授「禮」的內容與作用，也能夠恭敬地行禮，對荀子而言應該就是一個合格的「師」了。

「師」的作用有很多，本文僅提出一項和「化性起偽」有關的，即「師」可以幫助修身養性，荀子說：

> 治氣養心之術：血氣剛強，則柔之以調和；知慮漸深，則一之以易
> 良；勇膽猛戾，則輔之以道順；……愚款端愨，則合之以禮樂，通
> 之以思索。凡治氣養心之術，莫徑由禮，莫要得師，莫神一好。夫
> 是之謂治氣養心之術也。〔註50〕

〔註47〕清 王先謙：《荀子集解》（北京：中華書局，2012年3月），〈禮論篇〉，頁340。
〔註48〕清 王先謙：《荀子集解》（北京：中華書局，2012年3月），〈修身篇〉，頁34。
〔註49〕清 王先謙：《荀子集解》（北京：中華書局，2012年3月），〈大略篇〉，頁494。
〔註50〕清 王先謙：《荀子集解》（北京：中華書局，2012年3月），〈修身篇〉，頁27。

人性本無禮義，禮義本身又複雜，治心養性也不是很簡單的事，所以荀子的修養法算是很難有普遍性的。可是第一則當中說到「莫徑由禮」，表示「治氣養心」的功夫內也有「禮」的存在，我認為治氣養心經常是在安靜穩定的狀態下進行，而「禮」這個傾向於莊重嚴肅的規範性儀節，可以協助人進入一個安定的狀態，同時「師」能夠助人去習禮以養心，如前面提及的「勇膽猛戾」、「齊給便利」、「庸眾駑散」、「怠慢僄棄」等都是人類性情的各種呈現，幾乎都超出「中」的程度，若能依禮從師，讓人去節制、改變過份的性情表現，然後就可以達到「莫神一好」的程度〔註51〕。專心致力於修養之路，是為「一好」，之後再琢磨至不偏不倚，從容自適的境界，屆時即「神明自得」，何懼不能入聖人之境？

　　韓愈說：「師者，所以傳道、受業、解惑也。人非生而知之者，孰能無惑？惑而不從師，其為惑也，終不解矣。」〔註52〕「教育」的基本目的跟韓愈說的差不多，一個老師除了要解惑，還要「傳道」，試著引導與規劃正確的方向讓學生去走。老師不是要逼學生去成為什麼，而是將「未來」的各種可能藍圖呈現在受教者的面前，供他們去比劃思索，而相對的受教者經由「學習」來獲得知識技能，也藉由學習來改變氣質，提昇自身的規模和質量，進而也能夠影響他人，這樣才能夠教學相長，生生不息。「教育」是百年樹人的超級大任務，替後代子嗣賦予開拓未來的資格與能力，荀子之如此重視教育和道德的教化，不惟證明了他也是儒家的一份子，而且他對教育的看法也對後來的教育思想有不小的影響。

第三節　完成「化性起偽」的要素

　　荀子「化性起偽」的內容，前面已提及「禮樂」、「師法」等各種有助於變化氣質，助人成善的外部力量，這些是幫助修養完成的重要成分。但完成修養的要素還不只那些，荀子也很注重內部機能的運作，因為外在力量各有好壞，好的固然可喜，可以多加吸收，而壞的就會影響到個人修行，可是人

〔註51〕「莫神一好」的「一好」，王先謙解為：「謂好　善不怒惡也」，然王念孫舉〈儒效篇〉、〈成相篇〉為例證，認為「一好」的意思應該是「所好不二也」。作者認為依荀子的修身養性理論，應當取王念孫的說法比較適合。

〔註52〕唐　韓愈撰，清　馬其昶校注，馬茂元編次：《韓昌黎文集校注》（台北：鼎淵文化事業有限公司，2005 年 11 月）。

的感官對於好壞之物容易會照單全收，除非是不聽不看又不理，不然就要加強自身内部對外部的把關與選擇。

壹、「心」的重要作用

（一）心與「蔽」

孟荀一致認爲人的感官是容易被牽著鼻子走的，因爲「目好之五色，耳好之五聲，口好之五味，心利之有天下」，感官各有所長，各有所好，每個人的感官所接受的種類、強度等都不相同，相同的是「夫人之情，目欲綦色，耳欲綦聲，口欲綦味，鼻欲綦臭，心欲綦佚」，接受的感覺對了就很容易耽溺其中，頻頻舔嗜而不歇。若要使人遠離有害的、不正確的外在誘因，荀子認爲「心」是最重要的把關者。

荀子之重智，重理性思辨的特色，其根源在於「心」，荀子的「心」是：

> 心者，形之君也，而神明之主也，出令而無所受令。自禁也，自使也，自奪也，自取也，自行也，自止也。故口可劫而使墨云，形可劫而使詘申，心不可劫而使易意，是之則受，非之則辭。〔註53〕

「心」是形軀的主宰，是智識與精神的來源。「心」身爲天君，能自行產生指令讓身軀產生反應與活動，而且心也可以「自禁也，自使也，自奪也，自取也，自行也，自止也。」徐復觀認爲「心」介乎於形而上與形而下之中，因爲「心」也是器官之一，但是卻又有超越現象面的地方，兩者並存，而且這個「心」與五官同樣也有所「好」，荀子說：「心好利，而穀祿莫厚焉」〔註54〕，這個天君也具有天官的習性，也容易耽溺於外在事物。

「心」本來就不完美，它沒有無限的信用點能夠一直揮霍，會因爲被誘惑而漠視了思慮，也會因爲搞錯或誤判而產生「蔽」。「蔽」的來源有分内外，内部的是因爲「心」本身的缺陷與限制所造成的後果。「蔽」的意思是遮住，掩蓋，如把光遮住便會產生影子，把眼遮住就會看不到東西，而把「心」的「理智面」給遮住的話，心就會搞不清事物。荀子列出一些心生「蔽」的情形：

> 故爲蔽：欲爲蔽，惡爲蔽，始爲蔽，終爲蔽，遠爲蔽，近爲蔽，博爲蔽，淺爲蔽，古爲蔽，今爲蔽。凡萬物異則莫不相爲蔽，此心術

〔註53〕清 王先謙：《荀子集解》（北京：中華書局，2012 年 3 月），〈解蔽篇〉，頁 385。
〔註54〕清 王先謙：《荀子集解》（北京：中華書局，2012 年 3 月），〈王霸篇〉，頁 213。

之公患也。〔註55〕

冥冥而行者，見寢石以爲伏虎也，見植林以爲後人也：冥冥蔽其明
也。醉者越百步之溝，以爲蹞步之澮也；俯而出城門，以爲小之閨
也：酒亂其神也。厭目而視者，視一爲兩；掩耳而聽者，聽漠漠而
以爲哅哅：埶亂其官也。故從山上望牛者若羊，而求羊者不下牽也：
遠蔽其大也。從山下望木者，十仞之木若箸，而求箸者不上折也：
高蔽其長也。水動而景搖，人不以定美惡：水埶玄也。瞽者仰視而
不見星，人不以定有無：用精惑也。有人焉以此時定物，則世之愚
者也。彼愚者之定物，以疑決疑，決必不當。夫苟不當，安能無過
乎？〔註56〕

　　第一個引句裡，他採兩兩一組對立的概念列出「蔽」的種類，取「欲惡、
始終、遠近、博淺、古今」這五組以少代多。然而仔細觀察這幾個「蔽」，不
禁令人懷疑像「始終」、「古今」爲何會被列在其中。我認爲荀子是採時間發
展的前後與可能性來看這兩組「蔽」，「古今」之蔽像是「貴古賤今」或「貴
今賤古」都是觀察力太過短淺的蔽；「始終」這裡要分兩個部分，「始」之蔽
可用「小時了了，大未必佳」這句話來思考；而「終」之蔽，如見他人有一
番偉大成就，卻漠視、忘記他們在一開始時所付出的努力和代價。「終始」的
發展不是單純直線的一條路，前後都可能發生變化，此乃判斷下得太急的蔽。

　　第二個引句是一些情境的比喻，如夜裡行路視線不佳，看見暗處裡的東
西容易以爲是什麼動物；從山下看上去以爲是一根根小木棒，其實那些是一
株株高聳參天的大木。扣除掉其他不可抗拒與不可預測的變化，通常「蔽」
也是人自己導致的，因爲「凡觀物有疑，中心不定，則外物不清。吾慮不清，
未可定然否也。」〔註57〕心判斷與辨識事物的能力受到一些因素的干擾，無
法做出正確的判定而發生誤會。我們早知道人相當倚賴感官來過活，藉此去
理解周遭的一切，但「心」如果無法發揮正常作用，除非是自己刻意騙自己，
那麼人就很容易處在混沌不明的情況中。況且「心」若是有蔽，「化性起偽」
就可能會事倍功半，所以荀子才會說要解蔽。

　　「解蔽」即解開遮蔽，如撥雲見日或茅塞頓開。養心之術也有分內與外，

〔註55〕清　王先謙：《荀子集解》（北京：中華書局，2012 年 3 月），〈解蔽篇〉，頁 376。
〔註56〕清　王先謙：《荀子集解》（北京：中華書局，2012 年 3 月），〈解蔽篇〉，頁 392。
〔註57〕清　王先謙：《荀子集解》（北京：中華書局，2012 年 3 月），〈解蔽篇〉，頁 392。

外部的方法之一是靠「禮樂」跟「師」：

> 故樂行而志清，禮脩而行成，耳目聰明，血氣和平，移風易俗，天下皆寧，美善相樂。〔註58〕

> 凡治氣養心之術，莫徑由禮，莫要得師，莫神一好。夫是之謂治氣養心之術也。〔註59〕

藉由「禮」的規範特性來匡正之，援以「樂」來調律舒張之，此外還要靠「師」來協助指導的工作，心若正，身也就能正。治心的另一個方法是「知道」，以此建立良好的「知性」活動。荀子說：

> 何謂衡？曰：道。故心不可以不知道；心不知道，則不可道，而可非道。人孰欲得恣，而守其所不可，以禁其所可？以其不可道之心取人，則必合於不道人，而不合於道人。以其不可道之心與不道人論道人，亂之本也。夫何以知？曰：心知道，然後可道；可道然後守道以禁非道。以其可道之心取人，則合於道人，而不合於不道之人矣。以其可道之心與道人論非道，治之要也。何患不知？故治之要在於知道。〔註60〕

荀子說的「衡」是「道」，「衡」是一種度量用的器具，類似秤砣或天秤，用來比較估量物體的份量。那「道」是什麼？「道」的意義一向很難直說，若是按照荀子的理論通常應該是指「禮義」，不是指天道或是影響萬物生成發展那種神祕的規律。荀子說：「禮者，人道之極也。」〔註61〕「禮」就是「道」的具體濃縮版本。「心」不可以不知「道」，因為「心」若不知道，不從禮，就容易被「不合道」之物給蒙蔽。

　　「心」必需知道且合道，依道行事，有一段話似乎能與之相應：「故相形不如論心，論心不如擇術；形不勝心，心不勝術；術正而心順之，則形相雖惡而心術善，無害為君子也。形相雖善而心術惡，無害為小人也。」〔註62〕荀子提出「心術」二字，「術」者「道術也」，按荀子之意是指合乎「道」的方法，而「心術」就是指讓「心」能夠做出正確認知與判斷的方法。「形不勝心，心不勝術；術正而心順之」，荀子不同意看「面相」，認為知面不如知心，

〔註58〕清　王先謙：《荀子集解》（北京：中華書局，2012年3月），〈樂論篇〉，頁370。
〔註59〕清　王先謙：《荀子集解》（北京：中華書局，2012年3月），〈修身篇〉，頁27。
〔註60〕清　王先謙：《荀子集解》（北京：中華書局，2012年3月），〈解蔽篇〉，頁382。
〔註61〕清　王先謙：《荀子集解》（北京：中華書局，2012年3月），〈禮論篇〉，頁347。
〔註62〕清　王先謙：《荀子集解》（北京：中華書局，2012年3月），〈非相篇〉，頁73。

而知其心還要知其所採之術，這一小段話反映了「心」要知道才能發揮正常作用，「心術」若不正，那人也就難以從「善」如流。所以「聖人知心術之患，見蔽塞之禍，故無欲、無惡、無始、無終、無近、無遠、無博、無淺、無古、無今，兼陳萬物而中縣衡焉。是故眾異不得相蔽以亂其倫也。〔註63〕」若要使「心」能夠得到良好的成長就要選擇好的術，「心」如果發展運作得好，那人也會有很好的性情，彼此相輔相乘。

　　心有「心術」作引導而知「道」，這是第一步的「知」，然後荀子很樂觀地認爲人既然「知道」，自然就會「可道」。但是「心」爲何必然會認可道呢？首先教育雖然可以用強迫的方式進行灌輸，但是效果不一定好，加上人本無禮義，心又能夠自行抉擇，於是人不必然會認可道。再者，學習「道」之後就算是認同「道」的一些重要性，也不一定就能好好理解「道」，則進一步「知」的效果依舊是未知數。可是若我們以單純的角度來看，「心」在認可道又能眞的理解道之後，那麼「心」應該會比較不會太過順從本性的誘惑和受到蒙蔽，知道「道」的好處，而用比較理性正確的角度來思索事情，所以「心知道，然後可道；可道然後守道以禁非道」是一個理想性的順勢邏輯推演，荀子相信「道」對「心」的修養過程若是能夠完滿完成，不僅能治心，也能夠治人治國。

（二）「心」的修養方法和作用

　　關於「心」爲何會可道，而且人爲何必須要去向善這個問題，本文想留到後面的章節裡再談，這一節還是優先處理「心」如何修養自己這個問題。心要有「道」的指導才能正確地去品論自身與其他事物，如同孔子所說：「惟仁者，能好人。」〔註64〕能夠知「道」的「心」需要先得到修養，修養的方法有兩種，第一個是「心」的自我調整：

> 人何以知道？曰：心。心何以知？曰：虛壹而靜。心未嘗不臧也，然而有所謂虛；心未嘗不兩也，然而有所謂壹；心未嘗不動也，然而有所謂靜。人生而有知，知而有志；志也者，臧也；然而有所謂虛；不以所已臧害所將受謂之虛。心生而有知，知而有異；異也者，同時兼知之；同時兼知之，兩也；然而有所謂一；不以夫一害此一

〔註63〕 清　王先謙：《荀子集解》（北京：中華書局，2012 年 3 月），〈解蔽篇〉，頁 382。
〔註64〕 宋　朱熹：《四書集注》（台北：藝文印書館，1978 年 4 月），〈論語二·里仁〉，頁 10。

謂之壹。心臥則夢，偷則自行，使之則謀；故心未嘗不動也；然而
有所謂靜；不以夢劇亂知謂之靜。未得道而求道者，謂之虛壹而靜。
作之：則將須道者之虛則入，將事道者之壹則盡，盡將思道者靜則
察。知道察，知道行，體道者也。虛壹而靜，謂之大清明。萬物莫
形而不見，莫見而不論，莫論而失位。〔註65〕

「知道」的意思是指深入明白地理解、體會「道」的意義，也意味著使「知
性」活動發揮正常作用。

　　荀子說心要知道就必須先「虛壹而靜」，「虛壹而靜」乍看下是一種功夫，
其實也是一種境界的表現。「虛壹而靜」的意義有三個部分，首先「虛」是「不
以所已臧害所將受」，「臧」是「藏」，即記錄、儲藏。「心」可以接納、記錄、
處理大量的內外訊息，此惟「心未嘗不臧也」。現代醫學理論認為現在人類腦
部功能上的開發還不到一成，若是能開發更多，就可能連電腦都比不上人腦。
不管是不是真的如此，人腦能夠記憶的容量無疑是非常大的，但就是因為能
積藏的東西太多太雜，難免會有鞭長莫及的時候，加上儲存量依舊有限，若
沒有放掉一些就可能會影響到「心」的容納能力，於是「心」必須要考慮哪
些要留，哪些要棄，好空出更多位子以接納其他的事物，就像箱子必須要「虛」
才能容物。不會因已經儲存的部分，讓「心」接受外物的能力受到干擾，這
就是「虛」。另一種解釋是：不使本來積累以久的成見，讓自身無法客觀地去
接納別的事物。〔註66〕這兩種解法其實都可以，只是後者和「壹」的解釋比
較類似而已。

　　接下來是「壹」，「不以夫一害此一」這個定義裡有兩個「一」，意思各自
不同。心在吸收資訊後才能判斷事物，可是心容易因為一些成見或習慣而作出
誤判，所以「不以夫一害此一」可以這麼來分解：不會因為過深的成見或立場
（此為前面的「一」）而妨害到對事物的理解和接受（此為後面的「一」）。因
為一些既有成見而導致誤解，例如孔子覺得澹台滅明長得醜，以為他資質不好
而不收為學生，但後來澹台滅明刻苦力學而成了南方的大學者，孔子知道後感
嘆：「以貌取人，失之子羽。」〔註67〕「壹」還有另一種解釋，「心未嘗不兩也」
的「兩」是指「心生而有知，知而有異；異也者，同時兼知之」，心可以在一

〔註65〕　清　王先謙：《荀子集解》（北京：中華書局，2012 年 3 月），〈解蔽篇〉，頁 383。
〔註66〕　楊倞注之為「見善則遷，不滯於積習也。」
〔註67〕　漢　司馬遷著，日　瀧川龜太郎校注：《史記會注考證》（台北：大安出版社，
　　　　　1998 年 9 月），〈仲尼弟子列傳第七〉，頁 862。

個時間內接納許多不同的訊息，這是「兼知之」的能力。絕大多數的情況是人一旦分心就容易把事情搞砸，因為「心」很難在同一個時間內專注於複數的事情上，如同當你在認真打電玩的時候，你可能連你媽正在叫你吃飯都沒聽到，這便是「充耳不聞」的情況，也證實人的注意力之分配額度有限，「壹」也有專一，專注的意思，故「壹」的另一種解釋是：一個人不會因為別的事而妨害專注於一件事上的處理，而我認為這兩種解法都可以被採納。

最後一個是「靜」，荀子曰：「心未嘗不動也」，心經常保持一個「動」的狀態，因為心會持續做出思考與反應，就像「心臟」也是不會休止一樣，而且人會做夢也是因為「心」還在默默運作的緣故，即為「心臥則夢」，加上「偷則自行，使之則謀」，心的持續運作會產生很多思緒和想像，幾近沒有一刻是空閒的。「不以夢劇亂知」就是說不會因為太多的想像或感覺來干擾心的運作，這就是「靜」。「虛壹而靜」是一個對「心」的訓練課程，借功夫來發起狀態，以狀態來磨練功夫，兩者是相互搭配成長的。至於順序先後的部分，「心」在進行思考與接受的時候，應該是先進入「虛」、「壹」這兩個狀態，讓「心」可以無窒礙、無先見的情況下，盡可能專注在讀取訊息、接納外物的活動上，之後就在「靜」的狀態下——對訊息作出處理與統合。可是我認為在討論「虛壹靜」時不需太過拘泥於順序，「虛壹靜」三者在「心」的活動當中應當是隨時隨地，幾乎同步地連接進行，當然在這時候已經是處在修養相當精熟的階段，不會總是勉強為之。

當心能很好地完成「虛壹而靜」後，心就能夠「作之：則將須道者之虛則人，將事道者之壹則盡，盡將思道者靜則察。知道察，知道行，體道者也」〔註68〕，心之「虛」能讓求道者好好地接受「道」，心之「壹」能讓學道者可以專注於道的實踐，最後心之「靜」讓學道之人能毫無雜念地來思索與體會「道」，能夠完成這三者就是完成了「體道之路」，成為一名體道者。當追求、學習，進而體道的同時，「心」也一塊進入「大清明」的狀態，而荀子說的「大清明」不是道家「與物同化」，自然與人彼此冥合消融的境界，也不是在強調「靜」的狀態，「大清明」意味著「心」完成一套自我修持，被精鍊強化之後所呈現的一個狀態，這時候人可以「萬物莫形而不見，莫見而不論，莫論而

〔註68〕這一小段楊注是改成「須道者，虛則將；事道者，壹則盡；思道者。靜則察」，「將」，行也。王念孫認為不對，應該把「作之」去掉，讀成「則將須道者之須虛，虛則入；將事道者之壹，壹則靜；將思道者之靜，靜則察」，「人」是錯字，當為「入」，但是基本來說解讀都是差不多的。

失位」。這個描述好像有一點神祕，渡邊秀方稱在這個狀態時的「心」具備一種「直覺力」〔註69〕，我覺得這個說法大概可以贊成「大清明」境界的敘述，此時的「心」具有一種超強大的穿透力，於是萬物的特性無不可見，沒有一絲遮蔽，沒有一個東西不是清楚明瞭的，並且理解與評判也沒有一個不到位的。人的思維運作沒有蔽害，沒有猶豫，沒有阻塞，對「道」的理解與吸收更是毫無困難，於是能夠實行無礙，體之全盡。

荀子以「大清明」狀態來說明修養後的「心」的境界，但還有一個也是能夠用來治心，那就是「誠」：「君子養心莫善於誠，致誠則無它事矣。」〔註70〕「誠」在荀子文本中是很特別的，像牟宗三、魏元珪等學者就注意到荀子說的「誠」頗類似孟子和中庸。可是孟子和中庸的「誠」應該是說以清明之心彰顯本心之道德，以誠明作為修心的功夫，「誠」非外於心者，能誠之者方能顯豁天地之德，有助於天人之共存和融貫。但是荀子的「誠」該如何解釋？依魏元珪的看法，「誠」是取其「真實義」，不含什麼形上義，人需要專心致志，毫無虛矯地去踐履仁義，便是「致誠則無它事矣。惟仁之為守，惟義之為行」。誠心誠意地來遵行道德，以仁義作為實踐的目標，如此為荀子「致誠」的真面貌。

荀子提出治氣養心的各種方法，是希望能加強「心」的自我知道、明道、及行道的能力。但是人必須要真實且勤奮為之，直到做到「濟而材盡，長遷而不反其初，則化矣」為止。此外，「誠」也是「化性起偽」的過程裡，堅定信心與耐性的力量所在，配合「虛壹而靜」功夫的加持，時常維持之，「莫忘初衷」，人性才更有被轉化向善的可能。

貳、「積靡」之功

荀子式的修養法，就像是用磨刀石來磨利刀片，或是捏陶坯時不停拉捏塑型，憑藉正確的外力來完成自己。上一節提到「禮」、「教育」、「學習」等都是外在能促使身心變化的因子，憑藉內在「大清明之心」的接納和檢選，讓這些形塑之力能好好地塑造出第二人性〔註71〕。但荀子同時也不斷在強調

〔註69〕日本 渡邊秀方著，劉侃元譯：《中國哲學史概論》（台北：台灣商務印書館，1979年7月），頁93。

〔註70〕清 王先謙：《荀子集解》（北京：中華書局，2012年3月），〈不苟篇〉，頁45～46。

〔註71〕「第二人性」一詞出自曾暐傑的論文，意思是指被塑造過的性，更符合社會

一件更至關重要的事。以化學變化為例，石灰水碰上二氧化碳就會從透明變成灰白色。可是光只有兩三口呼氣很難讓整瓶水都變成灰白色，而同樣短暫的，些微的外力介入也不容易改變人的性情，於是荀子非常強調需要時間和精力的「積」。

「積」，或者也可以說「積靡」。「積靡」的意思是「順其積習」〔註72〕，即長期累積一種習慣之後便會順之而行。就時間的活動來說，「積靡」是持續性的，無論多還是少，只要不是中間空了一大段時間；以效果的呈現來講是後期看漲型的，通常不能立即驗證成果，譬如滴水穿石，非旦夕之間可為之。「積」這個行為或動作是中性的，可以好也可以壞，好的累積就像是麵團或美酒的發酵，而壞的累積則像久年未清的水溝，會逐漸推滿垃圾雜物而發臭。《易經》說：「積善之家，必有餘慶；積不善之家，必有餘殃。」〔註73〕放到人身上也是同樣道理，壞事做太多還是有可能會踢到鐵板，而且太晚發現也難以根除，不好的「積」並不只限於一身，還會連帶影響到他人，不可不提高警覺。

荀子說的「積」自然是針對修身養性有益的「積」，最基本的方法是靠自身持續不斷地努力，荀子說：

> 積土成山，風雨興焉；積水成淵，蛟龍生焉；積善成德，而神明自
> 得，聖心備焉。故不積蹞步，無以致千里；不積小流，無以成江海。
> 騏驥一躍，不能十步；駑馬十駕，功在不舍。鍥而舍之，朽木不折；
> 鍥而不舍，金石可鏤。〔註74〕

「積」是用時間和耐性來磨練、體會技能與知識，新學到的東西不一定能立刻上手，但時間與耐心是你無薪的教練，無論犯錯或失誤都是走向完成的「積」，於是「故不積蹞步，無以致千里；不積小流，無以成江海」，即使是天生資質就比較差的人，如果能下定決心去完成一件事，那他離成功就沒那麼遠；千里馬一跳也無法直接越過大江，但是笨馬能夠走上遠途，是因為沒有放棄，一步一腳印地去「累積」，「積」的力量是難以估量的。

關於「積」的意思有兩種，第一種是本文中一直反覆敘述的「累積」，從少到多，自無到有；第二個是「累加」，是「一加一等於二」型態的「積」。

　　　文化需求，較理智化的性。
〔註72〕楊倞注：「靡」，順也。
〔註73〕宋 朱熹：《周易本義》（台北：大安出版社，2006年8月），頁44。
〔註74〕清 王先謙：《荀子集解》（北京：中華書局，2012年3月），〈勸學篇〉，頁7。

日本戰國時代早期，原本的地方小大名毛利家，到了毛利元就掌權之後才開始茁壯，甚至還統一了中國地區。在他年老的時候，為了要兒子們能夠團結一致，而不是彼此勾心鬥角，就拿出三根箭要他們試著去折斷，這是日本有名的「三箭之誓」的故事。一支箭可以輕易折斷，但是換成三支箭就比較難折斷，毛利元就希望兒子們能知道團結合作，齊心經營家業，而我們也可以從中了解到單獨的力量仍是不足，如果能把各自單獨的力量累積起來，這股力量也會變得很巨大。

　　無論是採那種定義，「積」就是一個「厚存」、「儲蓄」的過程。技能、知識可以一點一滴地累積起來，人的道德也可以如此。荀子相信「積」可以實現很多事情：

> 故積土而為山，積水而為海，旦暮積謂之歲，至高謂之天，至下謂之地，宇中六指謂之極，涂之人百姓，積善而全盡，謂之聖人。彼求之而後得，為之而後成，積之而後高，盡之而後聖，故聖人也者，人之所積也。人積耨耕而為農夫，積斲削而為工匠，積反貨而為商賈，積禮義而為君子。工匠之子，莫不繼事，而都國之民安習其服，居楚而楚，居越而越，居夏而夏，是非天性也，積靡使然也。故人知謹注錯，慎習俗，大積靡，則為君子矣。〔註75〕

「涂之人百姓，積善而全盡，謂之聖人」，積善即為積德，善盡道德倫理者便是聖人。很多東西一累積起來後你就是個專家，如「人積耨耕而為農夫，積斲削而為工匠，積反貨而為商賈」，對一件事情能夠專精到連閉著眼睛都能做的時候，你就成為那方面的高手，而修養道德到一個境界後就能成為君子，更甚者即為聖人。德性之累積雖然不是很具體的東西，可是若能長期經營治氣養心之事業，能「故人知謹注錯，慎習俗，大積靡」，謹慎於行為上的對錯，戒慎乎習慣上的建立，然後努力地做到「大積靡」，能完成這些便離君子之路不遠了。

　　因為前頭有提到「慎習俗」這三個字，接下來就要來討論人的「習慣」。「習慣」和「習俗」不同，但是這裡說的「習俗」便是指習慣〔註76〕，「習慣」通常是後天才有的，也類似一種「癮」。習慣也是要經過「積」才能建立起來，習慣養成後會逐漸變成個人的特色。習慣的好壞會產生不同的影響，荀子對

〔註75〕清 王先謙：《荀子集解》（北京：中華書局，2012年3月），〈儒效篇〉，頁143。
〔註76〕楊倞說「所習風俗」，王念孫則認為「俗」即是「習」。

此認為：

> 凡人有所一同：飢而欲食，寒而欲煖，勞而欲息，好利而惡害，是
> 人之所生而有也，是無待而然者也，是禹桀之所同也。目辨黑白美
> 惡，耳辨音聲清濁，口辨酸鹹甘苦，鼻辨芬芳腥臊，骨體膚理辨寒
> 暑疾養，是又人之所常生而有也，是無待而然者也，是禹桀之所同
> 也。可以為堯禹，可以為桀跖，可以為工匠，可以為農賈，在埶注
> 錯習俗之所積耳。〔註77〕

每個人的「性」基本都是相同的，但為何之後的差異會有如此天壤之別呢？
這是因為「可以為堯禹，可以為桀跖，可以為工匠，可以為農賈，在埶注錯
習俗之所積耳」，其重點在於「注錯習俗」上的「積」，藉由「注錯習俗，所
以化性也；並一而不二，所以成積也。習俗移志，安久移質」，積善則成堯舜，
積不善則成桀紂，性之成善成惡要看所積累之物的好壞。

　　學問也要靠「積」才能日有所成，大凡專家學者窮年累月鑽研學問，不
僅是為了增廣學識，也是為了要將一份學問給完全掌握，而荀子之重視「學」，
認為「學」是使人成為君子的重要條件，於是「真積力久則入。學至乎沒而
後止也。故學數有終，若其義則不可須臾舍也。其為人也，舍之禽獸也。」
人藉由「學」來改變自己，「今使塗之人伏術為學，專心一志，思索孰察，加
日縣久，積善而不息」，最後達到「通於神明，參於天地矣」，而「聖人者，
人之所積而致矣」，〔註78〕通往聖人的道路就只是一個「積」字。人去學習道
德禮義，能夠從德行道而不被本性所制，「若其義則不可須臾舍也。其為人也，
舍之禽獸也。」守義而不捨，積德而為之，後天的道德性是被慢慢建立起來
的，「為之，貫之，積重之，致好之者」，便是「君子之始也」〔註79〕。因修
行之路遙，「積」的功夫仍然要須臾不離，「達則兼善天下，窮則獨善其身」，
就算是一時不被重用，但還是不會放棄自我的道德修養，此為「故君子務脩
其內，而讓之於外；務積德於身，而處之以遵道。如是，則貴名起如日月，
天下應之如雷霆。故曰：君子隱而顯，微而明，辭讓而勝。」〔註80〕君子積

〔註77〕　清　王先謙：《荀子集解》（北京：中華書局，2012 年 3 月），〈榮辱篇〉，頁 63。
〔註78〕　清　王先謙：《荀子集解》（北京：中華書局，2012 年 3 月），〈性惡篇〉，頁 429。
　　　　　原文：「今使塗之人伏術為學，專心一志，思索孰察，加日縣久，積善而不息，
　　　　　則通於神明，參於天地矣。故聖人者，人之所積而致矣。」
〔註79〕　清　王先謙：《荀子集解》（北京：中華書局，2012 年 3 月），〈王制篇〉，頁 161。
〔註80〕　清　王先謙：《荀子集解》（北京：中華書局，2012 年 3 月），〈儒效篇〉，頁 127。

德而明，因德顯彰，「玉在山而草木潤，淵生珠而崖不枯」，像隱士許行被堯以天下讓之，以其德而顯其名。因為積久不捨，所以才能常固，放到道德和學問上都是一樣的道理。

　　「積」在很多場合裡都有存在，例如積財富、積名聲、積人脈、積健康、積學問，積熟練度等，在荀子這邊主要是「積」道德與教化。孟荀的功夫論雖然不太相同，但是都認同「積」的重要性，夜氣之不積便可能放失，禮義之不積就難以化性，積累的過程也就是功夫施展的過程，慢慢地逐步達成改善性情的目的，如此培育出的君子聖人是堅實的，可以受到挑戰而屹立不搖的。

參、完成修養的大關鍵──「意志」

　　從前面探討「化性起偽」的功夫開始，方法、意義、形式與關連性等大致上都解說過，對於講究客觀實作的荀子而言，積久累日的不停修養與改善自身，使自身不歸復原本之質性，是邁向聖道的唯一途徑。「心」、「積靡」皆是「化性起偽」功夫的重要環節之一，而之所以把「積」擺到這一章很後面才談，是因為我認為「積」可能和本文想要探索的重點最有關連性。因為聖人之路是一個艱辛無比的過程，朝向目標的每一步都是在挑戰個人的才智與毅力，而「積」所展現出來的內容裡有本文最想要談的，一個能夠完成修養與目標的關鍵。

　　「積」的內容本身有決心、耐心、堅強和毅力，再深入核心區一點的話，還有「意志」。「意志」是一種無形的，內在的驅動力，其存在的時間跟人類出現的時間一樣久，遠古時代的人類並不像現代一樣便捷安全，在工具與智力尚未高度發展的那段漫長時期，古代人類要與外在環境相抗衡，除了要用盡腦力與體能外，還要有努力生存的意志力。「生」乃是有生命之物最基本的屬性和欲望，即使只是為了繁衍，「生」還是被列於最優先的要務，鮭魚洄游或是海龜登上沙灘，在完成繁衍後代的任務以前，牠們會先不顧一切地努力活下去，這是一種本能，一種「生」的意志力之展現，純粹但是強大。

　　人類與動物不太一樣，因為人類還創造了僅有人類才有的文明社會，於是才大大地與動物有所區別。人自身不僅有先天動物性的特質，還附加上後天文化的膜衣，與遠古的祖先有很大的差異，然而這些依舊只是環境和生活型態上的複雜化與改變，還是有很多東西是從沒變過的，例如過往為了活下

去這件事放到現代社會也是一樣，不論是爲了個人開銷或養家活口，大多數的人依舊要咬緊牙關，努力打拼，或者面對自身性格或生理上的缺陷而思有所改變，同樣也是要勤奮不倦，竭盡心力地去完成。不管是外在或內在，隨著時空一塊變化的人類，仍然要面對許多抉擇，遭遇到許多大大小小的關卡。其實人類沒有因爲生活環境變得更便利，更多樣化而變得更輕鬆，新舊之生滅增減帶來更複雜的變化，不變的是人類還是要以自身的「意志」來面對一切。

　　到了十八、十九世紀，康德、尼采等人爲「意志」做出哲學上的定義，但是中國這邊並沒有相關的文獻存在。在東方思想體系裡很早也有談及「意志」，但是數量極少。關於道德建設，儒家重視的不只是理論，還有功夫實作的部分，道德心性上的修養不是光靠嘴巴就能完成，跟孔孟比起來，荀子在「實作」的部分說得很多，在「化性起偽」處荀子也多次強調持續不懈的積累。本文將「積」放到這一章後面才說，就是爲了要開啓下一章的討論，因爲「積」貫穿了治性養心的整體過程，沒有積累之功便難以成事。

　　積累的前提在於「意志」的運作，「意志」的開端通常是出自於一個決定，一個自己給定發起的開端。荀子之修養功夫兼具內外，外在的如環境，所接觸的周遭人物等，內部有個人心性的修養，對自我的提升和調節，內外一齊對治人之性情。然而只做到一半的事並不等於真的完成，外力之協助還有現實環境上的無奈逼迫，成長背景上的無形涵養，師友的反覆叮嚀等這些會促使人去改變自身，但是內在修養的部分，絕大多數時間是只能靠自身去進行和維持，這是好的「自私」行爲，外人是難以介入的。鄭玄解「愼獨」是說在「獨自一人」的情況下，人對性情的修養都要從一而終，不可以須臾放失，[註81] 此刻能維繫不墜的力量是「意志」。張匀翔說荀子認爲自然生命必須要經過「意志」上的修練，才能節制情慾，不被外物所牽引，這自然也包含在「化性起偽」的過程當中。

　　「文明」本身包括人的思想及探索的歷程，人類會探索外界，也會探索自己，有些比較敏感的人會對「生命」、「存在」產生疑問：自身的「存在」是爲了什麼？爲什麼會存在？人類會變成如今這個模樣，是有原因的嗎？……等這些形形色色的問題。「生」這個大哉問還是相當深奧，西方思想

〔註81〕 鄭玄的解法，後代學者各有不同意見。他的解釋自然是不夠完善，但是也不能說「閒居」的說法就不能存在。

對根源性問題的探索非常投入，而東方思想則是比較關注於人類與天地萬物的定位與關係，將原始的對「生」的意志昇華為對「道」的意志，如孟子說：「捨生而取義」即是在描述「生」與「道」的意志拉拒戰。光只有對「生」的執著還不足以凸顯「人」的特殊性，因為人有「義」才有資格自稱為「萬物之靈」，不單只是人比其他生物聰明而已。對儒家而言，人與天地萬物之間的關係不是只有單一的「存在」問題，還有如何相處、定位、和理解等問題，「道德」上的修養不只讓人類「獨一無二」，還讓人類擁有可以處理自身與天地關係的能力，畢竟人與萬物都是一塊生長在天地的懷抱當中，不可能隨便彼此脫節。

可是要具備這些能耐是所費不貲，需要付出相應的能力與意志才能獲得。能力與意志，不同的人有不同程度的額度，再加上「道德」的建立也不是簡單的事，若只有單薄的能力與意志是無法使之茁壯、堅強的，所以「積」的功夫就相當必要，時常要念茲在茲。荀子要人「長遷而不返其初」，所需要的意志就非常可觀，智力與體力依舊有時空上，度量上的限制，可「意志」卻是幾乎沒有底限，並且在很多場合，很多情境下都需要「意志」來助拳，「積」沒有「意志」幫助的話很容易功虧一簣，所以維繫著荀子修身養性理論的關鍵物，我認為除了理性、知識、環境、師友這些之外，還要加上「意志」才算是個完全體，在後面的章節裡將會繼續在「意志」的議題上做更深入的彙整與探討。

第四節　小　結

荀子說的「積」自然是正向的那種，只是要如何挑選，讓「積」有個好的開始，則需要靠「禮」的規範，良師益友的指引，以及「心」能作出清楚正確的判斷。「積」就像是爬山、爬階梯，下坡的路當然比上坡輕鬆，但是一旦肯付出努力與汗水，累積步伐，最終就有可能看到山頂上的風光。

「積」的過程要與時間競賽，要與自己的意志力挑戰，荀子要人去「化性起偽」，藉由外力來改善情性，可是要養成「第二人性」並不是一件容易的事，所以荀子不停地提出需要「積」的功夫，自始至終都以持續的「積」為鵠的。曾子曾說：「戰戰兢兢，如臨深淵，如履薄冰。」〔註82〕「積」的過程沒

〔註82〕宋　朱熹：《四書集注》（台北：藝文印書館，1978 年 4 月），〈論語‧泰伯第八〉，

有想像中的堅強，因爲人很容易被誘惑，也容易放棄很多事，荀子因爲相當明白，所以才頻頻強調「積」的重要，有志之士若能夠理解、體會，並且實踐之，如此也才會更珍惜每一個、每一段「積」的過程，戮力爲之而不懈。

第四章　強力的修養驅動源：「意志」

　　「意志」一詞在西方是「WILL」，也有決心、意圖等意思。在西方「意志」和意識、思想很早就一塊出現，在東方「意志」的出現也很早，例如《商君書》：「夫微妙意志之言，上智之所難也。」〔註1〕，後來的文獻經典裡也有「意志」出現。然而「意志」在現代哲學或心裡學領域裡被賦予很多含意，不好直接與先秦時代的思想內容搭上關係，在這一章中是暫時用「意志」這一詞作代表，說明在先秦經典文獻裡所發現到的，與之有相關意義的詞彙和段落組句，盡量給予詳細的考察與分析後，最後再做一個總結。

第一節　對先秦文獻中「意志」的考察

　　參閱早期的經典文獻時，會發現跟「意志」有關連的字大多都是「志」或「意」。「志」者「意也」，而「意」者「志也」〔註2〕，「志」與「意」兩字彼此恰好是轉注互訓的關係。「志」之古文是「識」，即「記錄」的意思，「意」為「心所識也」，輾轉可知「志」、「意」與「心」是同源同出，人之「意志」亦存乎其中。既然「意志」可能存在於「志」、「意」當中，那早期經典裡就可能有相關的記錄，例如在《尚書》中發現關於「意志」的部分不多，大多以「志」這個字來表現：

〔註 1〕　賀凌虛註譯：《商君書今註今譯》（台北：台灣商務印書館，1987 年 3 月），〈定分〉，頁 198。文本的內容據推測最早出自戰國時的《韓非子》。
〔註 2〕　漢　許慎著，清　段玉裁注：《說文解字注》（浙江：新華書局，2006 年 1 月），頁 502。

予告汝于難，若射之有志。汝無侮老成人，無弱孤有幼。各長于厥居。勉出乃力，聽予一人之作猷。〔註3〕

人不易物，惟德其物！德盛不狎侮。狎侮君子，罔以盡人心；狎侮小人，罔以盡其力。……玩人喪德，玩物喪志。志以道寧，言以道接。〔註4〕

第一則引句中的「志」是指目標，即「標誌」也，而前兩句的意思是：被告知事情的完成有難度，還是要如箭矢射出就要擊中目標一樣，表示重要的事即使在實行上有困難，仍舊要勇往直前地努力去完成，於是這個「志」就有面向目標，努力挺進的意味。第二個「玩物喪志」的「志」可以解為志向或是目標，也可以指稱「意志」，一個人若耽溺於遊戲之中，可能會忘記原本的目標，也可能會因為沉浸於輕鬆暢快，自我得意的遊戲裡，消磨掉面對真實苦難的「意志」。《易經》裡也有對「意志」的相關記載，如「遯」卦說：「六二：執之用黃牛之革，莫之勝說。《象》曰：執用黃牛，固志也。」〔註5〕嚴格來說，《易經》裡只有這一則的「志」比較接近「意志」，黃牛之革為控制牛馬行動的器具，六二為陰爻，表示黃牛革的柔韌，束縛牛馬之器具比喻人必須堅定其志，所以才會說「固其志」，「志」的意思可以指心志或是意志。

對「意志」的描述方法若不是直接的，也有間接的敘述方式，像是《詩經》中的幾篇：

我心匪石，不可轉也；我心匪席，不可卷也。威儀棣棣，不可選也。
〔註6〕

鳲鳩在桑，其子七兮。淑人君子，其儀一兮。其儀一兮，心如結兮。
〔註7〕

在《詩經》中僅僅發現一段談及「意」，但仍然與「意志」無關，至於「志」的部份就闕如了，可是間接表現「意志」的部分還是存在著，第一則出於〈柏舟〉，章節大意是說一個人雖然身心都受到煎熬，但心意依舊是不改不屈。其

〔註3〕漢 孔安國傳，唐 孔穎達正義：《尚書正義》（上海：上海古籍出版社，2007年12月），〈盤庚上第九〉，頁347。

〔註4〕清 王先謙：《荀子集解》（北京：中華書局，2012年3月）注，〈旅獒第七〉，頁489。

〔註5〕宋 朱熹：《周易本義》（台北：大安出版社，1999年7月），頁138。

〔註6〕裴普賢：《詩經評註讀本》（台北：三民書局，2006年6月），頁59。

〔註7〕清 王先謙：《荀子集解》（北京：中華書局，2012年3月），〈禮論篇〉，頁340。

心志宛如大石，作者以「不可轉」、「不可卷」與「不可選」這三句表現這個人的固執已經到了沒有轉圜的餘地，也意味著此人意志之堅定如大石之難移。第二個〈鳲鳩〉篇在說一隻鳲鳩餵養七子，即使有七子但是鳲鳩的餵養之心是公平如一的，始終不變，借此來勉勵賢人君子要有齊一專注的心，還要有堅定不移的意志力。

　　取《詩經》、《尚書》等先秦經典所做出的簡單考察並非齊全，但從上述幾個例證裡可以得知，「意志」的相關內涵早就出現在先秦的典籍當中，不是以「志」的形式出現，就是以間接的方式表示，所以必須要去思索整組句式的內在意義才能夠心領神會。「意志」兩字相互註解，「意志」的基本意義是心對外物的記錄，如心的「記憶」、「對照」、「辨識」等意識活動，心的趨向與意志的呈現，無一不是圍繞著人的許多心理活動展開，「意志」自然是「心」的作用之一，意志力則是「心」的無形力量之展現，古人不光從神話與傳說中來展現與體會意志的力量和重要性，同時也從歷史的紀錄與生活的經歷當中，看到「意志」的每一個沈靜卻堅實的腳步。

　　春秋戰國時期，因應這個特殊的時空背景而出現的諸子百家也有談到和「意志」相關的說法，在此並沒有想每家都談，說太多反而偏離重點，所以只談其中的儒道墨這三家。儒家的孔夫子說：

　　　　子曰：「士志於道，而恥惡衣惡食者，未足與議也。」〔註8〕

　　　　子曰：「三軍可奪帥也，匹夫不可奪志也。」〔註9〕

　　第一則的「志」是動詞的「立志」，「志於道」是說以「道」作為自己的志向，為了得道就必須要依靠行動跟意志去獲得，不被其他瑣事所羈絆。第二則的「志」可以指「思想」或是「意志」，人的心志必須要堅定，不可輕易被匹夫所奪。子夏說：「博學而篤志，切問而近思，仁在其中矣」〔註10〕，「篤志」即是篤於志向，「篤志」的作為能夠引發意志使人去努力為之。戰國時期孟子的「志」也有「意志」的內涵在，如〈告子上〉說：

　　　　孟子曰：「無或乎王之不智也，雖有天下易生之物也，一日暴之、十

〔註8〕宋　朱熹：《四書集注》（台北：藝文印書館，1978 年 4 月），〈論語二・里仁〉，頁 12。

〔註9〕宋　朱熹：《四書集注》（台北：藝文印書館，1978 年 4 月），〈論語五・子罕〉，頁 7。

〔註10〕宋　朱熹：《四書集注》（台北：藝文印書館，1978 年 4 月），〈論語十・子張〉，頁 2。

日寒之，未有能生者也。吾見亦罕矣，吾退而寒之者至矣，吾如有
萌焉何哉？今夫弈之爲數，小數也；不專心致志，則不得也。弈秋，
通國之善弈者也。使弈秋誨二人弈，其一人專心致志，惟弈秋之爲
聽。……」〔註11〕

「專心致志」的「志」有志向、目標之義，「意志」的意義間接隱藏於其中，
一個人若專心於一個目標，「意志」也會隨之出現，對目標做出持續的追尋，
以及專注努力地完成目標。與儒家並立的墨家，墨子曰：「志不彊者智不達，
言不信者行不果。」〔註12〕墨子評論如何觀察一個人的方法，他認爲一個人
若意志不夠堅強，那此人之心智就不夠通達；而一個人說話若沒有信用，那
要做的事就很難完成。道家的莊子有說「承蜩者」如何抓蟬的故事，承蜩者
專注於手中的竹竿與樹上的蟬，此「用志不分，乃凝於神」〔註13〕在絕對的
「心無旁鶩」時正是「意志」在強力運作的時候，直對著目標物，連接成「蟬
—目標—意志—目標—蟬」的往返穩固關係。

　　先秦以前的經典中有涉及到「意志」涵意的通常是「志」這個字，而「意」
字就沒有，此外《詩經》裡也有採別種敘述形式來表達「意志」的含意，可
知無論是用直接還是間接的方式，「意志」的意義在先秦文本裡早已經存在
著。而且在做相關詞彙的蒐集與分析時，還有發現在道、墨、法這三家的經
書中都有提到「志意」這個有點特別的詞，可能是「意志」詞彙的特殊型態，
雖然很難說跟「意志」的意義有很直接的關連，但或許可以推測原本各自獨
立成義的「志」與「意」，在時代的發展下逐漸合體，構成新的詞彙，只是還
不一定跟「意志」的意涵全然搭上線。

第二節　對荀子文本中「意志」的考察

　　「意志」在先秦文本裡是有點隱晦的，可是其重要性已經露出一些端倪。
承繼前人思想，在荀子的文本裡論及「意志」的地方較諸前輩們爲多，可是

〔註11〕宋　朱熹：《四書集注》（台北：藝文印書館，1978 年 4 月），〈孟子十一・告子
　　　　下〉，頁 10～11。

〔註12〕清　孫詒讓：《墨子閒詁》（北京：中華書局，2007 年 11 月），〈修身第二〉，頁
　　　　10。

〔註13〕清　郭慶藩編：《莊子集釋》（台北：萬卷樓圖書股份有限公司，2007 年 7 月），
　　　　〈達生篇〉，頁 703。

很多部分也不是很明確地點出來，需要仔細來分析整理。在這一節擬用幾個分類來呈現，主要先分成「志」、「意」、「志意」這三個項目來做第一批的檢核，第二批則是對間接敘述「意志」，或是與「意志」比較有關連的段落部份進行搜索。

壹、荀子文本中的「意」

　　第一批在荀子文本中經過大致估算後，「意」的出現次數有二十二次，「志」有三十四次，而「志意」只有十九次，剩下的部份則是屬於別種的呈現手法。不消說，上述的統計項目裡光在字面意義上就很豐富，例如「意」就有「心意」、「美意」、「感應」、與「舞之意」等意思，而「志」也有「心所嚮往的某物」、「理想」、「紀錄」等涵意。若換作動詞用法的話，「意」可以作「猜測」，而「志」亦有「記住」、「記載」、和「以……爲志向」等。在這一節裡本文會盡力把「意」跟「意志」最爲相關的部分列出並且進行辨析。

　　第一批裡首先登場的是「意」字，這邊大致列出三項，因爲嚴格來說這幾個引句中的「意」比較接近「意志」的意思。首先是前兩個引句：

> 齊給便敏而無類，雜能旁魄而無用，析速粹孰而不急，不恤是非，
> 不論曲直，以期勝人爲意，是役夫之知也。〔註14〕

> 故口可劫而使墨云，形可劫而使詘申，心不可劫而使易意，是之則
> 受，非之則辭。〔註15〕

　　第一個例句裡荀子談「知」的等級之分，同時這也是「意志」程度上的分別。荀子區分成「聖人之知」、「士君子之知」、「小人之知」與「役夫之知」，這邊所節錄的是「役夫之知」。「齊給便敏而無類」是說這種人雖然腦袋動得很快，但眼光短淺且說法凌亂，「雜能旁魄而無用」是指這種人會的技能很多，卻不合於實用，「析速粹孰而不急」則是在說其人口鋒快又犀利，然而也無益於用，「不恤是非，不論曲直」都是指黑白與對錯不分，單單只以「勝過他人」爲主要意圖，這種程度的「知」只是「役人之知」。這裡的「意」是指「意圖」，看似跟「意志」無關，但推想這種思慮淺薄的人，其心態意志應該也是不夠堅強的。第二個引句是論「心」與「感官」的關係，有形的身軀和感官會被外物所影響，但「心」本身算是可以獨立的，不會隨意被外物所操弄，而且

〔註14〕　清　王先謙：《荀子集解》（北京：中華書局，2013年3月），〈性惡篇〉，頁430。
〔註15〕　清　王先謙：《荀子集解》（北京：中華書局，2012年3月），〈解蔽篇〉，頁385。

經過修養後的「心」更可以做到「是之則受，非之則辭」，於是就能「不可劫而使易意」。「意」在這一句子裡是指個人意願或想法，也有暗示著「意志」的獨立堅定，不會被輕易動搖。下面第三個例子是在討論君子要如何來自處：

> 且夫芷蘭生於深林，非以無人而不芳。君子之學，非爲通也，爲窮
> 而不困，憂而意不衰也，知禍福終始而心不惑也。〔註16〕

仁人君子在面對時局不好的時候，應該要「爲窮而不困，憂而意不衰也，知禍福終始而心不惑也」，也就是窮苦時不因此而困己，憂傷時意志依然不減，努力學習也不是只爲了榮華富貴，若能明白人生際遇上的好壞只是自然而然的變化，這樣就不會感到迷惑。仁人志士在面對困境時，會特別凸顯的也許不是才智，也不是外貌，而是自身的意志力。即便禍福有時，但意志不會隨之起伏搖擺，能夠堅定方向與意志的人方能挺過生命中的許多難關。

貳、荀子文本中的「志」

把「意」給條列並且解說完後，接著就要輪到荀子文本中的「志」。「志」的引句比較多，現在把比較高度相關的條目茲列於下：

> 是故無冥冥之志者，無昭昭之明；無惛惛之事者，無赫赫之功。行
> 衢道者不至，事兩君者不容。目不能兩視而明，耳不能兩聽而聰。
> 〔註17〕

此段出自「勸學篇」，強調專心致志與持續累積的重要，「志」是指心志或是決心，而「冥冥」和「惛惛」有專注集中的意思，在精神聚焦於一個目標時，意志會隨著來鞏固決心。因爲人的意識無法兩路同行，容易顧此失彼，所以要保持專注上的專注一心，「意志」是人類意識的能動聚合體，在極度專心時便是意志最堅強難破的時候。

> 自知者不怨人，知命者不怨天；怨人者窮，怨天者無志。失之己，
> 反之人，豈不迂乎哉！〔註18〕

> 公行子之之燕，遇曾元於塗，曰：「燕君何如？」曾元曰：「志卑。
> 志卑者輕物，輕物者不求助；苟不求助，何能舉？……」〔註19〕

〔註16〕清 王先謙：《荀子集解》（北京：中華書局，2013 年 3 月），〈宥坐篇〉，頁 508。
〔註17〕清 王先謙：《荀子集解》（北京：中華書局，2012 年 3 月），〈勸學篇〉，頁 8
～9。
〔註18〕清 王先謙：《荀子集解》（北京：中華書局，2013 年 3 月），〈榮辱篇〉，頁 58。
〔註19〕清 王先謙：《荀子集解》（北京：中華書局，2012 年 3 月），〈大略篇〉，頁 484。

　　君子立志如窮，雖天子三公問，正以是非對〔註20〕

這三個例句是在談人的志向目標問題，第一個是在論「知己知彼」的觀照意識，能夠「自知」者通常也能明白自身的優缺點，而能夠「知命」者則比較有辦法看得開，不爲所困。命運與運勢是幾乎難以預測、難以躲避，又不具實體的存在，人爲生滅無常的皮囊，因身處其中而感到被擺弄，因覺得被擺弄而感到憤慨或哀傷是很正常的。但換個心態來想或許就有不同，儒家採取積極的心態去面對命運，鼓勵人們努力去掌握可以知道，可以預測的東西，無法預知的部分自然無能爲力，但是靠著自己或團體的力量試著去多撈回一點該屬於自身應得的部份，不啻是證實人還是能有所作爲，並非就是全然束手無策。除此之外，荀子心中的「天」是「自然天」，那人爲何要去怨恨一個無知覺的「天」呢？「怨人者窮」不是說經濟面上的「貧窮」，而是指自身能力的「貧弱」，只知道找個對象抱怨；「怨天者無志」的「志」是指「志氣」，也可能也暗指「意志」。人需有堅定的志氣與意志，若只知道怨懟而不知精進，倒頭來卻連試著扳回一城的能耐都沒有。

　　第二個在論「志」的高下程度，平心而論人的志向或目標是不分尊卑高下的，可是從不同價值的眼光來看還是有高下好壞之分。「自卑」與「志卑」兩者並不同，「自卑」是指一個人不看好自己，不喜歡自己，無法將自身建立在一個較好較高的位置上，容易從低劣的角度來對待自己與周遭的一切。而「志卑」是指「志向」或「企圖」不夠遠大，不一定就是自卑，可能只是容易滿足或是眼光不夠遠。「自卑」的人「意志」不強可以理解，而「志卑者」容易「輕物」，「輕物」是說不看重或不重視某事物，這有呼應到「自卑」之意，因「意願、志氣」上的貧弱短淺而缺乏看清事物特質的能耐，或是不願好好在意一些事物的重要性。「目標」、「志向」上的高低與否也常常與一個人的「意志」相關，因爲目標、志向的實現困難度會連帶影響「意志」的強度需求，於是「志卑者」的「意志」可能也不會很強。最後「立志如窮」是說一個人立下志向就有如窮困無物，只剩下「志」可以立一樣，不是在說其人之志向窮短，而是在表達其人立志之堅定不變，也可知這樣的意志和志向一樣牢不可破。

　　天子者埶至重而形至佚，心至愉而志無所詘，而形不爲勞，尊無上矣。〔註21〕

<hr />

〔註20〕　清　王先謙：《荀子集解》（北京：中華書局，2012年3月），〈大略篇〉，頁488。
〔註21〕　清　王先謙：《荀子集解》（北京：中華書局，2013年3月），〈正論篇〉，頁324。

這一則是在談堯舜「禪讓」的事蹟，荀子不認爲聖王之所以「禪讓」是因「老」而禪，而且聖王之治國有術，不需要太過操心勞力，所以能夠時常保持心態上的愉悅，身體上的平順。「志」可能是指思想或志向，若是自身志向之發揮能夠順遂無阻，那「意志」面上的表現也可以比較堅定長久。

> 今使塗之人伏術爲學，專心一志，思索孰察，加日縣久，積善而不息，則通於神明，參於天地矣。故聖人者，人之所積而致矣〔註22〕

> 好法而行，士也；篤志而體，君子也；齊明而不竭，聖人也〔註23〕

> 時世不同，譽何由生？不得爲政，功安能成？志修德厚，孰謂不賢乎？〔註24〕

> 習俗移志，安久移質〔註25〕

> 恭敬而遜，聽從而敏，不敢有以私決擇也，不敢有以私取與也，以順上爲志，是事聖君之義也〔註26〕

這一部分比較多，有六個引句。第一個「專心一志」的「志」是指所朝向的目標，或是指一個想法，這句是在敘述努力積德爲學以成就聖道的事情。第二個是在分辨「德行修養」的等級，從士到聖人，位在中間的君子能夠專注於道德修養上，又能夠體察展現，「篤志」之意是指能專注堅守於一個目標或想法，前兩個引句裡都有表現一種以堅定的「意志」來維持鞏固對一項目標的專一不忒。

　　第三個是在討論荀子是否爲聖人，這一段可能不是荀子自撰的，很可能是後來的弟子所作。「志修德厚」中的「志」應該是指心志或意志，而且由那一小段的敘述，可能是在表達修養完熟後的狀態，已經具備賢人之格局，同時也必有很強的「意志」。第四個在說明「環境」對人的影響力，一個行之已久的習俗或習慣能夠改變個人的思想，自然也能夠影響「意志」的強弱。最後是荀子論做爲一個「臣」要如何與上司相處的方法，荀子認爲若是事奉聖君，就不可以用私人的意見來扭曲或違逆君王的看法，應該是要好好順從君意，這裡的「志」應該作「目標」解，即以「順上之意」爲主要目的。以聖

〔註22〕清 王先謙：《荀子集解》（北京：中華書局，2012年3月），〈性惡篇〉，頁429。
〔註23〕清 王先謙：《荀子集解》（北京：中華書局，2012年3月），〈修身篇〉，頁33。
〔註24〕清 王先謙：《荀子集解》（北京：中華書局，2013年3月），〈堯問篇〉，頁536。
〔註25〕清 王先謙：《荀子集解》（北京：中華書局，2012年3月），〈儒效篇〉，頁143。
〔註26〕清 王先謙：《荀子集解》（北京：中華書局，2012年3月），〈臣道篇〉，頁247。

王之意爲準，相信聖王的作爲與想法，這個想法就會產生「去相信」的「意志」，讓大臣不會隨意去懷疑上司的想法。

> 志忍私，然後能公；行忍情性，然後能修。知而好問，然後能才；
> 公脩而才，可謂小儒矣。志安公，行安脩，知通統類：如是則可謂
> 大儒矣。〔註27〕

> 志行修，臨官治，上則能順上，下則能保其職，是士大夫之所以取
> 田邑也。〔註28〕

> 孔子對曰：「生今之世，志古之道：居今之俗，服古之服；舍此而爲
> 非者，不亦鮮乎！」〔註29〕

這三則引句裡的「志」正好都作動詞用，前兩個的「志」擺在句首，意思是「有志於⋯⋯」或「以⋯⋯爲志、目標」，如「志行修」就能夠拆解爲「以施行修養自身爲志」，後面的「志安公」與「志行修」也是一樣。第一個是在講儒者的等級區別，小儒和大儒的區別在於「知通統類」的有無，學問和德行上的修養是基本功夫，但最後能夠進階到大儒，還得必須有眞的掌握住大道的精髓，一以貫之，多而不亂，雜而不惑。第二個是在論身爲士大夫應該有的作爲，而第三個引句中的「志古之道」是說「有志於古人之道」，三個例句裡都有以某個目標爲志的意思，「意志」因爲目標之確立而發起，剩下的便是如何持續保持的問題。

> 孔子觀於東流之水。子貢問於孔子曰：「君子之所以見大水必觀焉
> 者，是何？」孔子曰：「夫水遍與諸生而無爲也，似德。其流也埤下，
> 裾拘必循其理，似義，其洸洸乎不淈盡，似道。⋯⋯以出以入以就
> 鮮絜，似善化。其萬折也必東，似志。是故見大水必觀焉。」〔註30〕

最後這一則以孔子觀流水之事，表達一連串德行倫理的概念，把抽象化的概念借由「水」的各種自然形態與活動，具體又精微地表示出來。孔子說的最後一個「其萬折也必東，似志」，一如成語「百折不撓」，在水的移動過程中，就算是遇到什麼樣的阻礙，水流還是不會改變主要的移動方向，這種精神就類似同樣萬折而不改的意志，荀子取之以勉勵君子在求道之路上必須要保持

〔註27〕　清　王先謙：《荀子集解》（北京：中華書局，2012年3月），〈儒效篇〉，頁144。
〔註28〕　清　王先謙：《荀子集解》（北京：中華書局，2013年3月），〈榮辱篇〉，頁59。
〔註29〕　清　王先謙：《荀子集解》（北京：中華書局，2012年3月），〈哀公篇〉，頁520。
〔註30〕　清　王先謙：《荀子集解》（北京：中華書局，2012年3月），〈宥坐篇〉，頁507。

堅定的意志。

參、荀子文本中的「志意」

（一）對「志意」的考察

第一批的最後一項是出現次數最少的「志意」。千年以來，中國流傳至今的各種典籍文獻裡，率先出現「志意」這個詞的是荀子，但是「志意」是否為本文所要談的「意志」就需要好好地來分析與檢查。「志意」出現的次數不多，但與「意志」涵意非常相關的部分卻不少，現在分別列出：

> 若夫志意修則驕富貴，道義重則輕王公；內省而外物輕矣。傳曰：「君子役物，小人役於物。」此之謂矣。〔註31〕

> 是有兩端矣。有義榮者，有執榮者；有義辱者，有執辱者。志意脩，德行厚，知慮明，是榮之由中出者也，夫是之謂義榮。〔註32〕

> 若夫志意脩，德行厚，知慮明，生於今而志乎古，則是其在我者也。〔註33〕

> 志意致修，德行致厚，智慮致明，是天子之所以取天下也。〔註34〕

為了說明上的方便，在這邊將用「志意修」來代表「志意修，德行厚，知慮明」這一組三字句式。「志意修」之句式算是主動詞的順序調換，即可以作「修志意」來理解，但也可以視為「名詞加形容詞」的句式，如果是前者，所表達的是一個修養的動態活動過程；若是後者，「修」則有良好的、遠的、大的等意思，那「志意修」便是在形容經過長期修養之後的，屬於「靜態」的高度成熟的心理狀態，要判斷是哪種句式，就還要看上下的文意才比較好決定。第一個引句在說人的修養有得，面對外在誘惑或脅迫都能夠保持一貫的堅定意志，就像孟子說的「富貴不能淫、貧賤不能移，威武不能屈」的態度，「志意修」在這邊是作為一個「名詞＋形容詞」的句式表現，後面的「驕富貴」則是結果。第二個引句裡荀子在討論什麼叫「榮辱」，主要分法在於「義」與「勢」的差異。「義」是指德行上的修養，不違禮義且有所堅持，屬於內在因

〔註31〕 清 王先謙：《荀子集解》（北京：中華書局，2013 年 3 月），〈修身篇〉，頁 27。
〔註32〕 清 王先謙：《荀子集解》（北京：中華書局，2012 年 3 月），〈正論篇〉，頁 333。
〔註33〕 清 王先謙：《荀子集解》（北京：中華書局，2012 年 3 月），〈天論篇〉，頁 305。
〔註34〕 清 王先謙：《荀子集解》（北京：中華書局，2012 年 3 月），《榮辱篇》，頁 59。
楊倞注「致」為「極也」。

子；「勢」則是指一個背景環境，是附加性質的外在因子。由「是榮之所由中出者也」這一句可知需要先建立起自身的良好修養，所以「志意修」在這一句裡也是屬於「名詞＋形容詞」的句式。想當然爾，荀子認同的是建立在「義」上的「榮」，「志意修」包括心智與意志上的修養，「要刮他人鬍子之前，先把自己的鬍子給刮乾淨」，自身的優良條件若能夠先建立起來，那又何愁不會有人注意？即便儒者也明白人之遇合是很難說的。

第三個引句是在強調人的自立自強。儒者常常會談「古之道」，期許能「上友古人」，因為他們相信遠古的過去是個聖王治世的輝煌時代，那時候的一切應該都非常美好，若能夠效法、學習過去優良的部分，對於個人操守的修養，包含意志力方面應該會有所裨益。這第三個引句的「志意修」部份，應該是兩種句式的解法都可以使用。最後一個引句是在論君王要有什麼表現或程度才能得到天下，「志意致修」是「志意修」的增字版本，是天子能夠取天下的重要條件，同樣也有在表達個人「意志」的修養。

> 孫卿曰：「其為人上也，廣大矣！志意定乎內，禮節脩乎朝，法則度量正乎官，忠信愛利形乎下。行一不義，殺一無罪，而得天下，不為也。……」〔註35〕

這一則出於〈儒效〉，荀子強調「儒者」的重要，因為儒者可以調和，整頓整個朝政，和諧朝綱上下的秩序。「志意」在內可以是指個人思想，也包括「意志」部分，若一名儒者的心智能夠很安穩堅定的話，就能夠穩固朝綱，內部運作也可以很順利。

> 仁人之用國，將脩志意，正身行，伉隆高，致忠信，期文理。〔註36〕

> 言政治之求，不下於安存；言志意之求，不下於士；言道德之求，不二後王。

第一個引句荀子在論治國之道，一位仁君若要好好治國，必須先從自身的修養開始做起。「修志意」應該是指修養志向和心意，其中應該也包含著「意志」方面。先堅實內在，樹立榜樣，這是治國的開端。第二個在談論「君子」，君子對「志意」的要求，不下於士人，即在修養方面要超過士人，「意志」方面也是如此。

荀子也有談到「血氣」，「血氣」相當於人的生理現象或可視的外部表現，

〔註35〕清 王先謙：《荀子集解》（北京：中華書局，2013年3月），〈儒效篇〉，頁120。
〔註36〕清 王先謙：《荀子集解》（北京：中華書局，2013年3月），〈富國篇〉，頁192。

《論語》裡就有「血氣方剛」一詞。「血氣」是一個顯露於外能被感受到的生理活動，在下面兩個引句裡就有出現：

> 凡用血氣、志意、知慮，由禮則治通，不由禮則勃亂提僈。

> 是故窮則必有名，達則必有功，仁厚兼覆天下而不閔，明達用天地理萬變而不疑，血氣和平，志意廣大，行義塞於天地之間，仁智之極也。夫是之謂聖人；審之禮也。〔註37〕

第一個引句在論「禮」治身的重要功用，「志意」夾在「血氣」和「知慮」之間，三者彼此相關。可是在這一段裡看不太出來有何「意志」之存在，所以這一句要暫時等到後面再來詳談。第二個是荀子描述聖人的規模和氣象，「志意廣大」可以解釋為聖人在「知性」面或「精神」面上的宏大，也暗示聖人在個人「意志」方面的程度也是相當強大堅實。

> 仲尼無置錐之地，誠義乎志意，加義乎身行，箸之言語，濟之日，不隱乎天下，名垂乎後世。案申重之以貴賤殺生，使襲然終始猶一也。

聖賢即使不能被重用，也不會因此消沈不振，遺棄自身該負責的本份。「誠義乎志意，加義乎身行」是聖人始終孜孜不倦於修身成己的證據，「志意」包括個人的志向與意志，在鍛鍊心性的同時「意志」也會一起成長茁壯。

> 故聽其雅、頌之聲，而志意得廣也。執其干戚，習其俯仰屈伸，而容貌得莊焉；行其綴兆，要其節奏，而行列得正焉，進退得齊焉。〔註38〕

最後一個引句出自〈樂論〉，荀子相信音樂可以陶冶人的性情，像是聽雅、頌這類氣勢恢弘且莊重的音樂，可以擴大「志意」的廣度。「志意」能夠藉由音樂所傳遞的訊息和氛圍引發刺激與想像，連帶增益思想面的廣度，也同時加強其「意志」面的強度。

（二）「志意」和「意志」的辯證

從上述對三種組句群集的彙整與考察當中，可以發現到「意志」的意義很難直接置入荀子的文本中，即使像是「志意」這個看起來高度相近的詞也是。在荀子文本中的「意」、「志」、「志意」等詞本身的意義就很豐富，可是

〔註37〕 清 王先謙：《荀子集解》（北京：中華書局，2012 年 3 月），〈君道篇〉，頁 229。
〔註38〕 清 王先謙：《荀子集解》（北京：中華書局，2013 年 3 月），〈樂論篇〉，頁 369。

與「意志」有直接關連的就不多，也不能強迫和「意志」連上線，這樣做太魯莽。在這一個章節裡所採用的方法，是用類似「萃取」的方式來提取詞義當中，或者上下段落的意義接駁當中，潛在的「意志」內涵。基本來說，「志」與「意」這兩個與「意志」相當有關聯，如不談其他的意涵，「意」和「志」在文本裡若是擁有目標性質，或者是有目的性內容的話，「方向」、「目標」、「想法」等的出現就會產生相互呼應的「意志」，人會依照「志」之所嚮，懷抱期待跟意志去實踐、完成確定的目標。

但是「志意」的話就比較複雜，即便倒過來看和「意志」一樣，但是「志意」也可以解釋爲人的「意識活動」的「意志」，再來用拆字的方法來看「志意」也難以理解爲何會跟「意志」相關，所以「志意」這個詞不能用拆字析義的方式來理解，必須要進行特別處理。在文本中荀子會用一組特殊的句式，也就是在這一節當中「志意」這一批相關組句裡，剛開始的那幾個引句，不管是「志意致修，德行致厚，智慮致明」或是「志意修，德行厚，知慮明」，「志意、德行、知慮」這三個詞一塊成捆出現，表達了在修養至深之後，屬於聖人君子的一種外顯表現。前面在談這三字組句時，有說過「志意修」這一種句式有分動作性與狀態性兩種敘述方式，然後從上述僅有的幾個「志意修」組句來瞧都是在指稱有德之人，這「志意修」組句的敘述型態皆是在敘述君子或聖王之本身表現，從外顯的表象中看見內在的「意志」潛流，並無須要拘泥於哪種敘述模式。

「志意修」一詞其實是能夠在君子的一言一行中見到的。君子自然是「德行厚」的，而且君子一身豐富深厚的經歷與修養，讓他能夠以清明透澈的理性來處理事情，這是「知慮明」的表現。另外，光是能修養至「君子」的境界，就可以大膽推論君子是很有「意志」的，畢竟修德之路上並不容易。對「志意修」的理解應該可以從「志意修則驕富貴」的內在意義上來看，「驕富貴」的意思有兩個，一是君子不以求取富貴爲意，君子認爲還有其他的事情更值得重視和驕傲。二是指君子不屑於不義的，不合道理的富貴。不管是取哪一種解釋，會使君子「驕富貴」的背後理由，通常是因爲君子擁有比「富貴」還要更高，更重要的目標要去達成。孟子雖然說「貧賤不能移」，但是脫離貧賤或是追求富貴是很正常的事，只是君子明白用不合道義的方式來追求富貴絕不是他所期盼的，君子自然有不能隨意退讓妥協的地方，更何況君子的目標通常是想修養到更高段的聖人境界，在這個更崇高，更重要的目標前，

貧賤或者富貴都無法超越之，君子必然要去完成。無論是什麼處境或困難都無法撼動君子邁向更高境界與理想的決心，比較不重要的，更瑣碎的都只能排到隊伍後面，於是可以知道「志意修」一詞正表達著君子有著強烈的，堅定的良好決心，想要達成一個極端重要的目標，而這份決心會引發「意志」之力，「意志」就存在君子的行為與思想當中。

「志意」與「意志」的關係，還可以從荀子所說的「血氣、志意、知慮」三者之關係來看。「血氣、志意、知慮」，這三者經常是一塊出現，各分為構成一個人的三個大部份，其中亦有層次之分，「志意」夾在「血氣」和「知慮」當中，簡單的推論應該是屬於「心理層面」。別的證據還有「祭者，志意思慕之情也」〔註39〕、「則其于志意之情者惆然不嗛」〔註40〕、「桀紂者，其志慮至險也，其志意至闇也」〔註41〕這些段落，前兩個都有和「情」字做連接，很明顯地「志意」具有「情感」的心理成份在，而最後一個裡有提到「志意至闇也」，其中「闇」有黑暗以及看不見、看不清之意，也帶有不安、不快的負面心理成份，不啻意味著桀紂的思想相當危險，心理方面既是昏暗又捉摸不定，這三個例子亦證明了「志意」屬於「心理層面」。

若是見伍振勳的說法，「志意」卻是屬於意識層面。伍振勳說：「『志意』滿足欲求化為行動。」要滿足欲望並且付諸實現的是一個「想法」，必須要有個基本想法將血氣之欲膛上實質內容，才能引起知慮方面的活動。〔註42〕然而這樣會和上一段說的「志意」之定義有衝突。也許我們不應該將「血氣、志意、知慮」這三者給分開來想，應該要考慮到這三個部份是可以變化相通的。人接觸「道」的一個活動過程，可以被看作一個彼此連動的狀態，連帶著血氣、志意和知慮也是一塊運作與轉換，從「知慮」之「知道」，然後到「志意」之「可道」，這個「可」有認同、認可的意思，屬於理智層，但也帶有一部份屬於心理方面的「喜歡」、「熱愛」等成份。從接受「血氣」層發出的訊息，化作實際行為的「動機」；或者是在真的明白和理解「道」的意義與功用之後，進而產生認同，以及想去體悟、實踐的「想法」，「志意」是一個「行為」發動前的出現點，一個原初的思想，所以算是隸屬於意識層面。

〔註39〕清 王先謙：《荀子集解》（北京：中華書局，2013年3月），〈禮論篇〉，頁365。

〔註40〕清 王先謙：《荀子集解》（北京：中華書局，2012年3月），〈禮論篇〉，頁365。

〔註41〕清 王先謙：《荀子集解》（北京：中華書局，2012年3月），〈正論篇〉，頁316。

〔註42〕伍振勳：〈語言、社會與歷史意識——荀子思想探義〉（新竹：國立清華大學出版，2006年），頁74。

　　緊接在「可道」之後是「血氣」之「好道」。人藉由不斷地修養與實踐後，身體之活動表現慢慢地與「道」相融合，也就是「血氣」產生了「精神化」。其原因是人之「好道」，於是身心上無時無刻都會與「道」同行同在〔註43〕，這是一種長期持續的狀態。「志意」這個意識的作用時間會逐漸被拉長，過程當中就會慢慢誕生出一個常駐的，「好道」的滿足感或愉悅感，屆時原本屬於「意識」面的「志意」會慢慢融入身心的內層，加上「好道」的「好」本身便是一種會長期作用的心理狀態，這個喜歡並且樂道不疲的「好」將「道」視爲最高目的，而目的的出現也就會引發「意志」的出現。「志意」就在「血氣」和「知慮」之間變成了訊號（想法、意識）遞移的差使，在不斷的「遞移」當中「志意」發生一些性質上的轉變，也擁有心理狀態的成份，如此才能夠與「好道」互相結合。總結上述的推論，「志意」的定義會因爲時空的不同而有所差異，在荀子文本中也有不同用法，「志意」擁有「意識思想面」與「心理情感面」這兩種內在意涵，但在作用的過程中都會產生意志之力，可以說「志意」經常在呼喚「意志」的出現。

　　另外還有別的證據與方法，可以幫助理解荀子文本中的「意志」，譬如「意志」可能和「情志」一詞有關。「情志」最早出自《詩經》，〈毛詩序〉說：「詩者，志之所之也，在心爲志，發言爲詩。情動于中而形於言……」〔註44〕原本情與志是分開的，但到了唐代則是：「在己爲情，情動爲志，情、志一也。」〔註45〕「情志」兩字已經被合併在一塊。「情志」之意主要有「情感」與「思想志趣」這兩種，後來的發展是「情」與「志」在文學思想上彼此拉鋸之後逐漸合併，然後在意義上主要以「情感」爲主，此外在中醫系統裡「情志」也是指人的情感，「志」的意義被消解，這可能是「情志」長期發展之後的結果。「情志」出於心，是「心」的一種表現，然後見這一段「衡常思圖身之事，以爲吉凶倚伏，幽微難明，乃作思玄賦，以宣寄情志」〔註46〕，張衡常懷有對未來發展的疑惑和憂慮，於是發乎成文，宣洩情緒，表達志趣，其中「志

〔註43〕請參見伍振勳的論文：〈語言、社會與歷史意識——荀子思想探義〉，第74、75頁。
〔註44〕日　竹添光鴻：《毛詩會箋》（台北：大通書局，1975年4月），頁31。
〔註45〕李學勤：《春秋左傳正義》（台北：台灣古籍出版有限公司，2002年1月），〈卷五十一‧昭公二十五年〉，頁1675。
〔註46〕東漢　張衡著，張震澤校注：《張衡詩文集校注》（上海：上海古籍出版社，1986年6月），頁195。

趣」之表現是要有一個目標，一個對象，「趣」有「趨向」之意，而在抒發當中也會包括情感上的表達，張衡想發抒他的志向、想法和情感，並且用書寫的方式來做，這些爲文的目的都會帶起「意志」的出現，讓張衡著手去寫〈思玄賦〉。

「情志」也會引起「意志」的發生，在文學作品中作者或多或少在字裡行間會指向某種事物，情感面有一個指定聚焦的對象。如《詩經》中的「興」是指因爲某樣事物或是處在某種情境下，會產生一種思緒或情感，所感觸之物成爲對象而引發興懷，也會引發「意志」出現。尹文差不多和荀子同時〔註47〕，尹文說：「樂者，所以和情志」，〔註48〕他所說的「情志」應該是在說人的「情感」部份，音樂可以調和人的情感。前面說過情感之抒發也有「意志」的存在，而荀子之修身養性也要對人的情感面做出調節跟引導，加上「志意」本身也會在修養過程裡帶起行動，並且產生轉化，就算荀子沒說過「情志」，但是情感的觸發與「情志」相關，又和「志意」的作用轉換上有所連接，那麼「意志」也會在一個人針對其行動與情感上的修正跟調整的同時亦隨之誕生，然後協助進行對自我的道德修養。

這一節企圖解釋如何將「志意」轉換成「意志」的過程，不是指「字面」上的轉換過程，而是在做「意義」上的發掘與傳遞之過程。在反覆觀察與思索後，也應該能夠理會到，在「志意」當中也有「意志」的精神活動跡象之存在。這邊還要特別注意一件事，在伍振勳對「志意」的定義裡就有「意志」生成的根源存在，因爲要滿足慾望就會有一個目標，目標就會引起人的意志力，伍振勳一開始就埋藏一個「意志」的出生點在其中。放到這邊的最後才說是因爲前面正在反覆地進行推論當中，放到那邊會使人感到突兀，並且可能會打斷一個推演過程的節奏與運行。

不管是「修志意」或是「志意修」，都是涵融在修道者的修養過程當中。聖人或君子的內在世界可以藉由外在活動投射而出，進而感化周遭，這種魅力或氛圍不只是因爲外表，財富、或名聲，能深入到心靈深處，眞正作到感召與洗滌作用的是聖人君子那高遠至善的人格表現，他們道德與理想的極致發揮，其中的「意志」也可以被他人所擷取或感受到，如燈火一亮，四周就會跟著明亮起來，而理想或目標若越遠越大，「意志」之光便能更亮更強。

〔註47〕 尹文、宋牼和荀子都曾經待過稷下學宮。
〔註48〕 《諸子集成》（上海：上海書局，1986 年 7 月），《尹文子‧大道下》，頁 8。

肆、與「意志」相關的段落之考察

第二批是在荀子文本中，有「間接地」牽涉到「意志」的部分，這一批特殊表現之句式爲數不少，而且有少數在之前的章節裡就已經被引用過。因爲這類型的句子數量很多，所以打算作分批條列，也稍作解說和分析，只是分批的類組中彼此不一定有相關。第一批條列於下：

> 君子曰：學不可以已。
>
> 君子博學而日參省乎己，則知明而行無過矣
>
> 積土成山，風雨興焉；積水成淵，蛟龍生焉。積善成德，而神明自得，聖心備焉
>
> 故不積蹞步，無以至千里；不積小流，無以成江海
>
> 騏驥一躍，不能十步；駑馬十駕，功在不舍
>
> 鍥而舍之，朽木不折；鍥而不舍，金石可鏤
>
> 螾無爪牙之利，筋骨之強，上食埃土，下飲黃泉，用心一也。蟹六跪而二螯，非蛇蟺之穴無可寄託者，用心躁也。

這一部分剛好都出自〈勸學〉，在荀子的理論裡「學」的作用非常重要，學習知識經驗，培養人格都需要溫故知新，一點一滴地累積，如積蹞步，如注湖海。而〈勸學〉篇裡談「積」的部分相當頻繁，荀子多以比較具體的事物來比喻以強調之，如騏驥與駑馬，金石與朽木是在某個性質上互相矛盾的對比；或是蚯蚓（螾）和蟹在生物習性上的對照，可知目標的完成要靠專一與積累的合作，而「意志」可以在這個合作當中被發現。接著是第二批引句：

> 玉在山而草木潤，淵生珠而崖不枯。爲善不積邪，安有不聞者乎？
>
> 眞積力久則入，學至乎沒而後止也。故學數有終，若其義則不可須臾舍也。爲之，人也；舍之，禽獸也。
>
> 學也者，故學一也。……全之盡之，然後學也。君子知夫不全不粹之不足以爲美也，故誦數以貫之。〔註49〕
>
> 是故權利不能傾也，群眾不能移也，天下不能蕩也。生乎由是，死乎由是，夫是之謂德操。〔註50〕

〔註49〕　清　王先謙：《荀子集解》（北京：中華書局，2013年3月），〈勸學篇〉，頁18。
〔註50〕　清　王先謙：《荀子集解》（北京：中華書局，2012年3月），〈勸學篇〉，頁19。

善在身，介然必以自好也；不善在身，菑然必以自惡也。〔註51〕

故良農不爲水旱不耕，良賈不爲折閱不市，士君子不爲貧窮怠乎道
〔註52〕

故學曰……胡爲乎其不可以同至也。故蹞步而不休，跛鱉千里；累
土而不輟，丘山崇成

堯問於舜曰：「我欲致天下，爲之奈何？」對曰：「執一無失，行微
無怠，忠信無倦，而天下自來。」〔註53〕

第二批引句的重點應該是強調修養的累積。從一般人升級到聖人君子的過程
裡，有志者必須先累積學習之功，同時也要進行對內在的涵養，經由內外修
養功夫上的積累，「眞積力久則入」而轉變思想和行爲。中間第四個引句裡的
「德操」是指德性操守，自那一段的前三句裡就可以感受到「德操者」懷抱
著一股堅定無比的「意志」，面臨生死也不動搖。最後一個引句裡「執一無失，
行微無怠，忠信無倦」的意思是君王要稟持大道而不放失，行精微之事而不
怠慢，以忠信待人而不倦煩，這三項的結尾分別是「無失」、「無怠」與「無
倦」，在在深切地表達專注、謹愼、以及堅定的意志。再來下面第三組引句：

積善而不息，則通于神明，參于天地矣。故聖人者，人之所積而致
矣〔註54〕

天地者，生之始也……君子者，禮義之始也。爲之，貫之，積重之，
致好之者，君子之始也。〔註55〕

修道而不貳，則天不能禍〔註56〕

君子不爲小人匈匈而輟行。天有常道矣，地有常數矣，君子有常體
矣。君子道其常而小人計其功〔註57〕

若夫君臣之義，父子之親，夫婦之別，則日切磋而不舍也〔註58〕

〔註51〕 清 王先謙：《荀子集解》（北京：中華書局，2013 年 3 月），〈修身篇〉，頁 21。
〔註52〕 清 王先謙：《荀子集解》（北京：中華書局，2012 年 3 月），〈修身篇〉，頁 28。
〔註53〕 清 王先謙：《荀子集解》（北京：中華書局，2012 年 3 月），〈堯問篇〉，頁 530。
〔註54〕 清 王先謙：《荀子集解》（北京：中華書局，2012 年 3 月），〈性惡篇〉，頁 429。
〔註55〕 清 王先謙：《荀子集解》（北京：中華書局，2013 年 3 月），〈王制篇〉，頁 161。
〔註56〕 清 王先謙：《荀子集解》（北京：中華書局，2012 年 3 月），〈天論篇〉，頁 300。
〔註57〕 清 王先謙：《荀子集解》（北京：中華書局，2012 年 3 月），〈天論篇〉，頁 304
～305。
〔註58〕 清 王先謙：《荀子集解》（北京：中華書局，2012 年 3 月），〈天論篇〉，頁 309。

這一組主要也是在談修道治身的勤奮不懈，其中「習俗移志，安久移質」和「濟而材盡，長遷而不反其初則化矣」的意思是差不多的，藉由一股精神力助以推動一個人修養的累積功夫，並且效法天地之常道，以此養君子之常體，「積重之，致好之」，不爲小人而改變自身的目標與想法，成爲聖人君子乃指日可待。還有在「倫理」上的操持也需要堅持不已的意志，「日切磋而不舍也」便是在表達一個人在人際關係當中，不斷進行思考與磨練的修養過程。最後一組的引句如下：

> 傾筐易滿也，卷耳易得也，然而不可以貳周行。故曰：心枝則無知，傾則不精，貳則疑惑。……類不可兩也，故知者擇一而壹焉。〔註59〕

> 孟子惡敗而出妻……有子惡臥而焠掌〔註60〕

> 忠者，敦慎此者也〔註61〕

> 淑人君子，其儀不忒〔註62〕

> 治復一，修之吉，君子執之心如結〔註63〕

> 君子壹教，弟子壹學，亟成〔註64〕

最後一組裡的「壹」可以拿來談，在前面第三章裡討論「虛壹而靜」的功夫時有論及「壹」的意涵，「壹」的意思和專注、專一、專心差不多，也就是屏除其他雜念或妄想而去努力達成一個目標。由於「心枝則無知，傾則不精，貳則疑惑」，太過三心兩意或不夠專注容易使事情難以完成。曾子說：「是其庭可以搏鼠，惡能與我歌矣！」〔註65〕「搏鼠」和「謳歌」只能好好做其中一樣，很難兩邊兼顧。那處於「壹」的時候有沒有「意志」的存在呢？自然有的！當要專注於一項目標時，所出現的「意志」會幫助鎖定方向，也避免其他外物的干擾和侵犯，才能夠「擇一而壹焉」。而「孟子惡敗而出妻……有子惡臥而焠掌」的作法很類似於越王句踐的「臥薪嚐膽」，藉由比較激烈的手段使自己能專心努力於實行一項目標上，雖然荀子不太贊同，然而這也是「壹」的一種展現方式。

〔註59〕　清　王先謙：《荀子集解》（北京：中華書局，2013年3月），〈解蔽篇〉，頁386。
〔註60〕　清　王先謙：《荀子集解》（北京：中華書局，2012年3月），〈解蔽篇〉，頁390。
〔註61〕　清　王先謙：《荀子集解》（北京：中華書局，2012年3月），〈君子篇〉，頁438。
〔註62〕　清　王先謙：《荀子集解》（北京：中華書局，2013年3月），〈富國篇〉，頁196。
〔註63〕　清　王先謙：《荀子集解》（北京：中華書局，2012年3月），〈成相篇〉，頁445。
〔註64〕　清　王先謙：《荀子集解》（北京：中華書局，2012年3月），〈大略篇〉，頁492。
〔註65〕　清　王先謙：《荀子集解》（北京：中華書局，2013年3月），〈大略篇〉，頁492。

這一節裡處理兩批提供「意志」考核的資料組,在成果上算是豐碩的。經由對文本段落的解釋跟分析,一個個潛在於修養理論中的「意志」慢慢地被描出更清晰的身影,雖不能夠很直接指出其存在,但是荀子的的確確有在表達「意志」的存在感與重要性。

第三節 「誠」、「獨」與「意志」的關係

與「意志」相關的部分在上一小節裡已經大致說過,現在要來處理不太好理解,也和「意志」有關連的字,也就是「誠」與「獨」。「誠」和「獨」是歷年來學者們經常會討論的重要話題,加上近代如郭店楚簡、上博簡等古文物的發掘出土,文物的內容裡也有論及,所以不能輕忽這兩個字與個人的「意志」、「化性起偽」的可能關係。

壹、「誠」與「意志」

「誠」者「信也」,「信」者「誠也」〔註66〕,兩字互訓,後來「誠信」兩字常合在一塊來說。「誠」字是會意和形聲的合體字,「言成」而人信之,有真實不虛,實在不假的意涵。「誠」的其他延伸意涵,譬如「確實是……」、「真地……」、「誠信的……」等,其中「真實無妄」之核心特性能有助於人在思想與言行上的修養。孟子有一段提到「誠」:

> 居下位而不獲於上,民不可得而治也。獲於上有道:不信於友,弗獲於上矣;信於友有道:事親弗悅,弗信於友矣;悅親有道:反身不誠,不悅於親矣;誠身有道:不明乎善,不誠其身矣。是故誠者,天之道也;思誠者,人之道也。至誠而不動者,未之有也;不誠,未有能動者也。〔註67〕

這一段的「誠」應該有真實不虛的意思,至於後面「是故誠者,天之道也」這一句看似有點玄妙,但是若從天地四時,萬物生成之運行有其規律可見,又真實存在的性質來理解的話,「誠」的一個自然實在的特性便是先秦哲人非常看重的地方。另一句「萬物皆備於我矣。反身而誠,樂莫大焉」〔註68〕表

〔註66〕 漢 許慎著,清 段玉裁注:《說文解字注》(浙江:新華書局,2006年1月),頁92。

〔註67〕 宋 朱熹:《四書集註》(台北:藝文印書館,1978年4月),〈孟子七‧離婁上〉,頁10。

〔註68〕 宋 朱熹:《四書集註》(台北:藝文印書館,1978年4月),〈孟子十三‧盡心

現出人性中的道德與事理之自給自足。孟子相信天道與人道是能相互貫通的，所以事事物物流轉變化的道理亦存乎人性之中，無須外求，所以「思誠者，人之道也」，援以天道之「誠」並且躬身踐行，下遵禮義，上合天道，這是求道者的責任和理念。

荀子說到「誠」的章節很多，扣去助詞和一般含意，主要還是針對「化性起偽」的功夫而言。相關的章節如〈王霸〉篇裡：

> 仲尼無置錐之地，誠義乎志意，加義乎身行，著之言語，濟之日，不隱乎天下，名垂乎後世。今亦以天下之顯諸侯，誠義乎志意，加義乎法則度量，著之以政事，案申重之以貴賤殺生，使襲然終始猶一也。如是，則夫名聲之部發於天地之間也，豈不如日月雷霆然矣哉！〔註69〕

這一段在討論「志意」時就有提過，這邊對「誠義乎志意，加義乎身行」的分析是：誠其「義」於志意，加其「義」於身行。「義」的意思若從「人主者，天下之利勢也。得道以持之，則大安也，大榮也，積美之源也」和「故用國者，義立而王，信立而霸，權謀立而亡」〔註70〕這兩段來推敲應該是指仁義之道，而整句的意思在說孔子以真實誠意取「仁義」作為自身的思想與行為之規範，不使離於道義之路，即一名仁人君子就算只能夠做到「獨善其身」，也要堅定「意志」，持續以「誠」來鍛鍊己身，始終自強不息。

> 故君子恥不修，不恥見汙：恥不信，不恥不見信：恥不能，不恥不見用。是以不誘於譽，不恐於誹，率道而行，端然正己，不為物傾側：夫是之謂誠君子。〔註71〕

修身養性是一個獨立作業的工程，不怕做了沒人知道，就怕不肯好好去做。「率道而行，端然正己，不為物傾側」便是在表達君子能夠自立自強，如「誠君子」中的「誠」便是在形容君子能不懼於虛名或誹謗，其精神意志之強烈，堅定而不移，真實專注於自身修養和格局的提升。

> 如是，則臣下百吏至於庶人，莫不修己而後敢安止，誠能而後敢受職：百姓易俗，小人變心，姦怪之屬莫不反愨：夫是之謂政教

上〉，頁2～3。

〔註69〕清 王先謙：《荀子集解》（北京：中華書局，2013年3月），〈王霸篇〉，頁201。

〔註70〕清 王先謙：《荀子集解》（北京：中華書局，2012年3月），〈王霸篇〉，頁199。

〔註71〕清 王先謙：《荀子集解》（北京：中華書局，2012年3月），〈非十二子篇〉，頁101。

之極。〔註72〕

知者明於事，達於數，不可以不誠事也。故曰：「君子難說，說之不
以道，不說也。」〔註73〕

第一個引句裡「誠能」的「誠」當作動詞用，「誠能」是指有心的官員努力修習治理國家之法，有學會才敢去接受職位，這是一種對人及對事的負責和誠意，而且若每個人都能夠以「誠」來對待彼此，就可能做到民風大化，「百姓易俗，小人變心，姦怪之屬莫不反愨」之效。第二則「誠於事」亦是同樣的道理，而這兩則引句都有表達用「誠」去積極實踐的態度，蘊含著深久的意志力。

總括上述歸納整理的地方，荀子說的「誠」主要著眼在人事，不只有真實無妄之意，還有「意志」層面上的要求，如此才能夠維持「誠」的態度來面對許多事情，這跟《孟子》、《中庸》裡含有比較濃厚形上意涵的「誠」不太一樣。

貳、「慎其獨」與「意志」

討論「獨」就容易聯想到「慎獨」，「獨」和「慎獨」是很多人研究的熱門議題，尤其在近代出土文物被發現後更是助長這個議題的相關研究。荀子談「獨」的段落很少，但和「意志」的關係卻不小，茲列相關例句於下：

故好書者眾矣，而倉頡獨傳者，壹也；好稼者眾矣，而后稷獨傳者，壹也。好樂者眾矣，而夔獨傳者，壹也；好義者眾矣，而舜獨傳者，壹也。倕作弓，浮游作矢，而羿精於射；奚仲作車，乘杜作乘馬，而造父精於御：自古及今，未嘗有兩而能精者也。曾子曰：「是其庭可以搏鼠，惡能與我歌矣！」〔註74〕

這一段是講專注於一件事上的重要性。世上有很多能力跟技藝是很多人都可以學到的，可是能夠從中脫穎而出，被稱作大師或專家的人只有少數。荀子之意不是論才能資質之高低，而是在提醒人們學習和做事時的專注不二才是磨練自身的重要門路，因為三心兩意或是專注力不夠會導致效果減弱，就像孟子說的「一心以為有鴻鵠將至，思援弓繳而射之」的情形，而要保持專注

〔註72〕 清 王先謙：《荀子集解》（北京：中華書局，2013年3月），〈君道篇〉，頁235。
〔註73〕 清 王先謙：《荀子集解》（北京：中華書局，2012年3月），〈大略篇〉，頁498。
〔註74〕 清 王先謙：《荀子集解》（北京：中華書局，2013年3月），〈解蔽篇〉，頁389。

也要有足夠的意志才能挺住，意志力不夠強就會影響到一個人的專注程度。

> 天下知之，則欲與天下同苦樂之；天下不知之，則傀然獨立天地之
> 間而不畏：是上勇也。〔註75〕

荀子認為眞正的「勇」是在能夠發揮能力時，就努力為天下盡心盡力；若是沒辦法有機會來施展能力，就算是獨自一人也不會自我放棄，傲然挺立於人間。這種不會輕易被外物所影響牽絆的心志，除了要具備充沛的自信，能夠淡然處之的廣大胸襟外，還要有相當強大的意志力才行。儒家的「勇」不是單指突然奮發的意氣用事，而是有相當認知與堅定意志的展現，不為物傾側，不任性使氣，碰到任何遭遇都不會隨意改變自身的想法與信念，這樣才是眞正的「上勇」。還有在〈修身篇〉中也有一段：

> 行而供冀，非漬淖也；行而俯項，非擊戾也；偶視而先俯，非恐懼
> 也。然夫士欲獨修其身，不以得罪於比俗之人也。〔註76〕

士君子以「禮」行事，為了使一切合於事理跟秩序，也為了端正自身，但是「獨修其身」並不是一件易事，需要有足夠的意志和魄力去執行，才能不懼於流俗的眼光跟話語。

　　荀子文本的一個特別的點是他有說到「慎其獨」，而且也出現在《禮記》中的〈大學〉、〈中庸〉裡，只是被名詞化變成「慎獨」。學界一般認為〈大學〉與荀子有關，而〈中庸〉這篇雖然被推斷和子思比較有關係，但是也有和前兩個文本很類似的話。荀子文本其中一段裡「誠」與「獨」都有出現，兩者明顯很有關聯，而且那一段比較難說明，可是荀子的「慎其獨」好像也具有「意志」的內涵表現，不能錯放。後面也會稍稍提到〈大學〉與〈中庸〉，這裡先將各自的原文給列在下方。《禮記》中的〈大學〉：

> 所謂誠其意者，毋自欺也，如惡惡臭，如好好色，此之謂自謙，
> 故君子必慎其獨也！小人閒居為不善，無所不至，見君子而後厭
> 然，掩其不善，而著其善。人之視己，如見其肺肝然，則何益矣！
> 此謂誠於中，形於外，故君子必慎其獨也。曾子曰：「十目所視，
> 十手所指，其嚴乎！」富潤屋，德潤身，心廣體胖，故君子必誠
> 其意。〔註77〕

〔註75〕 清　王先謙：《荀子集解》（北京：中華書局，2012年3月），〈性惡篇〉，頁432。
〔註76〕 清　王先謙：《荀子集解》（北京：中華書局，2012年3月），〈修身篇〉，頁30。
〔註77〕 宋　朱熹：《四書集註》（台北：藝文印書館，1978年4月），〈大學〉，頁6。

〈中庸〉：

> 天命之謂性，率性之謂道，修道之謂教。道也者，不可須臾離也，
> 可離非道也。是故君子戒慎乎其所不睹，恐懼乎其所不聞。莫見乎
> 隱，莫顯乎微。故君子慎其獨也。〔註78〕

最後是荀子〈不苟〉：

> 君子養心莫善於誠，致誠則無它事矣。惟仁之為守，惟義之為行。
> 誠心守仁則形，形則神，神則能化矣。誠心行義則理，理則明，明
> 則能變矣。變化代興，謂之天德。天不言而人推高焉，地不言而人
> 推厚焉，四時不言而百姓期焉。夫此有常，以至其誠者也。君子至
> 德，嘿然而喻，未施而親，不怒而威：夫此順命，以慎其獨者也。
> 善之為道者，不誠則不獨，不獨則不形，不形則雖作於心，見於色，
> 出於言，民猶若未從也；雖從必疑。天地為大矣，不誠則不能化萬
> 物；聖人為知矣，不誠則不能化萬民；父子為親矣，不誠則疏；君
> 上為尊矣，不誠則卑。夫誠者，君子之所守也，而政事之本也，唯
> 所居以其類至。操之則得之，舍之則失之。操而得之則輕，輕則獨
> 行，獨行而不舍，則濟矣。濟而材盡，長遷而不反其初，則化矣。
> 〔註79〕

這三個引句的共同字眼是「誠」和「慎其獨」，「誠」字在前面有說過，這裡
便直接看「慎其獨」。「慎」的一般解釋是「戒慎」、「謹慎」，可是在文本裡就
可能不是原先的意義，要判斷「慎其獨」就要先看整段文句。〈不苟篇〉那段
可分為三個部分，這邊是看第一個部分。荀子認為「養心莫善於誠，致誠則
無它事矣」，即治心養性之法，靠「誠」就足夠擔當大任。「唯仁之為守，唯
義之為行」表達修身或行事的「專注不亂」，「誠」於仁義而行之。「天不言而
人推高焉，地不言而人推厚焉，四時不言而百姓期焉」，荀子借天地四時的超
然獨運來比喻「誠」的無形感召力，以「常」來表示「誠」的持續不斷。「嘿
然而喻，未施而親，不怒而威」是君子致其「誠」後的外發狀態，最後歸結
為君子之所以能「順命」，是因為君子能「慎其獨」也。

　　從上面來推斷「致誠」與「慎其獨」有關，都是指一種面對內心的修養功
夫。但「慎其獨」本身要如何來解釋呢？有一些學者對「慎」這個字還提出「順

〔註78〕宋　朱熹：《四書集註》（台北：藝文印書館，1978年4月），〈中庸〉，頁1～2。
〔註79〕清　王先謙：《荀子集解》（北京：中華書局，2013年3月），〈不苟篇〉，頁46。

也」、「重也」等不同看法，如戴君仁認爲「愼」應該訓爲「誠」，而從戴君仁的說法，那「愼其獨」就是「誠其獨」〔註80〕，之所以會這樣推論是因爲〈不苟〉篇的第二部分裡說「不誠則不獨，不獨則不形」和「夫誠者，君子之所守也……操之則得之，舍之則失之。操而得之則輕，輕則獨行，獨行而不舍，則濟矣。」這兩段，「誠」與「獨」彼此正好有順序上的關係，一開始君子要先致誠，最後在愼其獨，合起來看兩者在修身養性上的關係是一貫的，所以解「愼」爲「誠」應當可行。另外像「戒愼」、「順之」、「珍重之」的解法〔註81〕，也是不錯的參考，加上這些說法也有堅實可靠的出土文獻爲佐證，於是不好直接判斷「愼」的意義，所以還得知道「獨」是如何被解釋的。

《說文》裡「獨」的意思是兩犬容易互鬥而難合群，然後延伸爲獨自、單一、獨特等意義。「獨」字出現哲學性的意義要歸功於荀子和《禮記》，還有爲「三禮」作註的東漢大儒鄭玄。〈大學〉、〈中庸〉裡的「獨」最早被鄭玄解作「閒居」〔註82〕，即獨自一個人居處，看起來這是針對人的外部行爲來解釋。但是換到〈中庸〉或〈禮器〉篇裡卻不太合適〔註83〕，以此發現這個解釋還不夠完美，因爲「愼其獨」不僅在談行爲上的修養，也在談心性上的修養。從文意上看來「獨」應該和「心」有關，因爲開頭便說「養心莫善於誠」，所「誠」之者在「心」，那「愼」之所指應當也是「心」。有學者提出其他看法，例如劉貢南認爲「獨」應該訓作「德」〔註84〕，雖然是基於出土文獻與「學庸」的內容推導出來的，對應到荀子這邊還是說得通，因爲以誠修心也是修養道德，「心」不離道德，道德是修身養心之則，「誠」於「德」亦等同是取道德禮義來修心。廖名春推崇陽明學派的說法，認爲「獨」是指「良知」，可是荀子並不談「良知」，這樣會和「性善」思想有所牽連。另外還有張丰乾認爲「獨」是指「個性」，是獨一無二的個人特質〔註85〕，可是「個性」

〔註80〕梁濤、斯雲龍編：《出土文獻與君子愼獨——愼獨問題討論集》（廣西：漓江出版社，2012 年 1 月），頁 4～5。郝懿行與王念孫也是解作「誠」。

〔註81〕請查見《出土文獻與君子愼獨——愼獨問題討論集》，那三個是其他學者對「愼」的看法，於此做簡單的摘錄。

〔註82〕清　郝懿行著，安作璋主編：《郝懿行集》（齊魯書社），〈中庸第三十一〉，頁 1540。

〔註83〕鄭玄解〈禮器〉裡的「獨」是「少其牲物，致誠慤」。

〔註84〕梁濤、斯雲龍編：《出土文獻與君子愼獨——愼獨問題討論集》（廣西：漓江出版社，2012 年 1 月），〈愼獨即愼德〉，頁 129。

〔註85〕梁濤、斯雲龍編：《出土文獻與君子愼獨——愼獨問題討論集》（廣西：漓江

這個說法太過籠統，放到文章裡也難以確定是指什麼東西，所以基本來說「獨」的解釋還是採「心」或「德」比較妥貼。

　　合併前面的一些說法，「慎其獨」的意思應該是「誠其心（德）」或是「珍重其心（德）」，也就是專注敬慎於個人心志上的修養。荀子治心的用意，第一是為了解蔽，能不被虛妄不實給迷惑的明智之心，才能真正地了解道理。第二是要以「不蔽之心」來幫助修養心性，使人「長遷而不返其性」，朝向聖賢之路。只是荀子這段話容易被誤以為與「性善」有所關連，如〈大學〉、〈中庸〉對宋明理學影響很深，「慎獨」的概念發展到晚明劉宗周的時候，他更將「獨」給放大到極致，「獨」變成了道德善端之本源，在意念未發之時更往前講求「獨」體的完存與涵養，也就是思想或意念的更往前一步的極深層修養。善端良知或「獨體」的操持和完成同樣也需要「意志」，可是回到荀子自身的理論，君子以「誠」來治心，是跟著「化性起偽」同步進行的，「慎其獨」並非在說專誠於內心的良知或「獨體」，而是說在努力變化心性的過程裡，必須要認真謹慎地進行修養。由於人對道德良善的獲得是從後天得來，荀子之「致誠」就明白地表達了人要轉變性情就需要專心致志，此「致誠」亦包含了「至誠」之意，以「極致」的「誠」來達成目標。

　　不僅如此，人在透過理解和認同道德禮義之後，還需要決心和毅力，因「長遷而不返其初」比起維持本善還來得困難許多，譬如逆水行舟，先天的本能與欲望可以很輕易地讓修道者屈服或放棄，更加上還有其他誘因，所以說朝向聖賢的道路上除了要真誠無妄地專注直往之外，「意志」亦是不容被忽視的戰力。「慎其獨」被解作即便閒居時也不做背離道德的事，就算知道沒人會注意也不會隨意輕忽，如此也是有「意志」在幫助通過獨處卻不貳作的任務，所以「慎其獨」應該也有包括「閒居」的一部分，但主要還是放在個人修養上，無拘於時間和地點，修養身心是個隨時隨地都在進行的事。在〈不苟〉篇裡看不到「意志」，卻還是能推斷出有「意志」的存在，這是因為「誠」本身就是一心專注的「意志」表現，就如「不誠則不獨，不獨則不形，不形則雖作於心，見於色，出於言，民猶若未從也」，沒有強大的專誠態度就無法展現能使人民信服的意志，「操之則得之，舍之則失之。操而得之則輕，輕則獨行，獨行而不舍」，從「不舍」之中能感受到「意志」的堅忍性，助之以誠，讓人能行道修心而不舍。

出版社，2012 年 1 月），〈「慎獨」之說再考察——以訓詁哲學的方法〉，頁 151。

第四節　荀子文本裡「意志」的型態與作用

在上一節中條列完荀子文本中所有與「意志」有關的部份後，接下來就要試著來說明，對這些詞彙段落的考察中所呈現出的「意志」到底是什麼？「意志」在文本內是如何存在，又發揮什麼了作用？在荀子文本裡可以發現有相當接近於「意志」含意的字句與段落存在，而且也可以間接推測出「意志」應該是藏於「心」（天君）中，「心」不僅支配感覺與知覺，也是「意志」的生發處，「心」在經過刺激與徵知的處理後才會出現感受，也才會產生出「思想」跟「意志」。人有了思想與意志後，才會與整個宇宙、世界產生無數的聯結。

壹、從荀子文本中見何謂「意志」

文本裡的「志」、「意」與「志意」是研究「意志」有無存在於荀子思想中，最靠近核心的部份。意志存乎心，發乎心，它活在人的思想和行為中，即使在先秦的經典裡看不到「意志」的詞，可是與之高度相關或類似的意涵卻是無處不在。本文對於「意志」的敘述和解釋不是想穿鑿附會地，勉強把「意志」與文本中的字詞牽連在一起，在上一節裡頭所做的是可能存在面上的發掘，以及推理性的理解，因為「意志」本來就難以被看見，「意志」就躲在語言當中。

現代世界認為「意志」屬於心理領域，這類學科是近現代才開始發展的領域，在古代中國的典籍裡自人是看不到。古人沒有用理論性的思維去鑽研有關人類的「心」（腦袋）的部份，至少類似現代心理學或精神分析等部份是找不太到的，可是也不能說中國人就沒有注意到那些，只是敘述方式和側重點不同。心理學領域非我的學識所及，所以在此不會去涉及多少心裡學的部分，只是單就一般性的理解，加上從文本裡所發現體會到的東西做一些整理與延伸思考。

常言道：「天下無難事，只怕有心人」，即使這句話說得有些誇張，但其重點是在鼓勵人們下定決心後就努力去做，不要輕易放棄。有些事情是打從一開始就是無法做到的，例如飛翔或是跑得比火箭還快，可是有更多事情是只要願意付出心力，還是可以做得到的。從古到今，人類克服許多困難而走到現在，不光是因為科技與知識上的進步，還有別的因素讓人類文明得以傳承千年。那會是什麼因素？我想先舉個跑馬拉松的例子當開頭。馬拉松選手

通常不會擔心路線有多遠，而是比較擔心遇到所謂的「撞牆」。「撞牆」指的是當選手跑到某個程度時，會忽然感到體力快速耗竭或是肢體的無力，呼吸極度不順等，那時選手會覺得要跑不下去，每一次都舉步維艱，就像是有道牆壁一直擋在你前面一樣。就算不是馬拉松選手，一般跑遠程的時候也可能會遇到類似的情況，在那時除了保持冷靜和努力調整呼吸與步伐外，剩下的就是靠自身的精神力，即「意志」來突破難關，而「意志」可能就是其中一個讓人類得以繼續生存，發展文明的重要因素。

從前面對「意志」的收集和考核，「意志」的基本含意應該是指當一個人有了動機，確立一個目標後，然後進行實踐活動時所產生的心理狀態。這個界定中有兩個很重要的點，第一個是「目標」的出現和確立，「意志」的產生必須要對應一個目標，如同箭頭要對著標的物，標的物可以是有形或無形，而在通常情況下自然是越具體可行的就越好，模糊不清的目標會讓人疲於尋找，不夠具體可行的目的則會使人不知從何著手，兩者所增加的麻煩程度反倒會消磨掉更多意志。人的「意志」無法被直接量化，卻好像可以被增加或消耗，也常常被說成「意志力」。之所以會加上一個「力」字，是因為「意志」的發揮會讓人感受到有種近乎「力」的存在，好比對人的壓迫感或者魄力等感受。「意志」有一定程度的「量」，只是因人而異，人們會說誰的意志比較強，誰的比較弱，「意志」的高低強弱在一生下來後就有一個固定虛數，而意志力和專注力一樣都會因為進行一些活動而逐漸消耗，所以越確定的，可能性越大且越明顯的目標，對此所產生的意志就越強越久。

最後「意志」乃是人的意識之集中展現，是想法與決意的集結體，對一個人的心理狀態和外在行為有發動、持續、制止和改變等作用。「意志」是個像一顆驅動核心般能持續供給能量的心理狀態，和肉體的能量供給不同，意志之力是幾乎可以隨時出現的。有人會質疑：「意志」可以左右事情的發展，但是「情緒」似乎也有類似的能耐，然而「意志」不類「情緒」的多變，如果「情緒」是多選題的話，那「意志」就比較像單選題。在前面章節裡有說過「情志」與「意志」的關係，即使「情志」後來的發展是偏向於「情」，可是「情感」與「志趣懷抱」是可以同時存在的，同樣發自肺腑深處，在「抒情」時也是在作「詠懷」，都有一個寄託和指向的目標，屆時「意志」也會跟著出現。

在此試著來作個小假設，假設一個人在一件事情上，可能有做不好或是

還達不到想要的程度，他可能會發愁或憤怒，接著下一步是要放棄呢？還是繼續做下去呢？由「情緒」來主導的話就有兩種可能出現：因為絕望失意而決定放棄，或者因為憤怒與不甘心而堅決完成，於是「情緒」這個心理狀態也會引發「意志」，因為也有一個指定對象。上述所言正表示兩種發展路線，一個是「意志」之消沈而決定放棄，另一個則是「意志」的堅定而繼續向前。無論如何，放棄與否都是必定會出現的選項之一，在事情開始發展或轉換的時候，「意志」和「情緒」都會出現，彼此交錯。

　　「意志」在一整個邁向完成目標的過程裡都會出現，所以「意志」可以說是一種連續的心理狀態串連下的「心理過程」。若是綜觀一件事的發展過程，大多數情況是先情緒，後意志。情緒容易先發，能使人努力去做事，這是情緒面上的驅動力。可是在從執行到完成的過程裡，雖不敢直斷那時候沒有情緒存在，但在過程之中，腦力的激盪或肢體動作上的同步進行會使人暫時忘卻掉先前的情緒，因為人的腦袋無法一次處理太多事情，這在科學上也有證實，一心兩用或多用是不常見的例子。一個人下定決心要「完成一件事到某個程度」，當立下一個確實的指令後，「意志」就會開始發動並且參與整個過程，所有資源的絕大多數是放在計畫的執行與目標的實現上，剩下的則是意志指令的不斷鞭策，不停地耳提面命，這股潛藏的無形力量會讓人持續做到突然發現事情已經完成，或是到達一個他想要的階段為止。當那個時候，意志又悄悄隱沒於幕後，情緒再度出現，換成是完成後的喜悅與滿足。做這個情境假設主要想表達「情緒」和「意志」可能都會一塊出現，可是「情緒」常常會忽然消弱或放大，或是到了某個時間點可能會消失，而「意志」則會在過程當中出現很久，不管是因為某個想法還是某種情感而引發出現。

　　以上分析一些「情緒」與「意志」的分別，目的是為了要界定「意志」與「情緒」的一些區隔。意志和情緒自然不同，可是在一件事情的始末上可能會有角色重疊的可能，因為兩者同樣出自人心。容許這邊再回到那個跑馬拉松的例子，當一個選手要起跑之前，他的情緒應該是充滿緊張或興奮，或者是看見其他選手而引起嫉妒心或競爭心，也可能有的人是早已靜下心來。縱然這位選手早已下定決心要跑完全程，要獲得勝利，但此刻他還是處在「情緒」當中。起跑以後，在跑步的過程當中原先的情緒會慢慢降溫、退散，進入到專注於肢體行動，要如何配速、呼吸調節等的階段，此刻「意志」便出來接棒，腦中不會去想太多其他的事，只知道要跑完全程，只知道要贏。途

中體力的消耗，痠痛的折磨會再度引起情緒，如可能跑不贏的氣憤或憂慮等，然而絕大多數時間還是由「意志」在撐起整個活動，此刻馬拉松選手們是在做充滿熱能的靜默爭鬥，包括彼此「意志」上的交火及對抗。直到最後的衝刺，突越終點線之後，「意志」會逐漸被「情緒」所取代，原本身體上的疲憊與疼痛會更加倍地突顯，可是在情緒上卻是極度歡愉的——這是在有取得勝利的情況時，反之則會感到傷心或失望。如同火與冰，「情緒」是出現得快，消失得也快，「意志」則顯得靜態而穩定，而「意志」和「情緒」的出現與消長可能是上述的情形，馬拉松競賽是個基本情況的模擬比喻，並非一定是這樣，其中的機制跟變化還是有些複雜的。

　　「意志」也和人的個性很有關連，大多數人會認為樂觀的人比較有意志力，因為樂觀的人容易傾向從好的一面來思考事情。但若深入理解「樂觀」或「悲觀」的差別，就會發現樂觀的人卻不一定比悲觀的人還要來得有意志。樂觀和堅強並不等同一回事，「樂觀」是指對事情的發展和結果都抱持著正向美好的看法，然而「堅強」則是指在任何情況下，始終能夠屹立不搖的態度，具備上面兩者的人應該要被稱為「樂觀積極」的人。光只有「樂觀」卻禁不住一些考驗，渡不了難關也不能說具有很強的「意志」，反倒看來「悲觀」的人卻可能比較有意志力，因為對事情的發展比較不會抱持樂觀的想法，常常會做最差的打算，所以「悲觀」的人就需要以更堅強的意志來克服難題。可是話又說回來，如果只是抱持著輕易放棄，比較虛無的，毀滅形式的悲觀想法的話，那這樣的人的意志力也不會有多強悍。

　　即使「意志」在先天上就有強弱差異，但可以藉由後天的鍛鍊而變強。「環境」的影響就是很好的鍛鍊工具，孟子說過：「生於憂患，死於安樂」，環境條件亦暗中左右著人的心志強度，例如像居住在環境條件比較艱困的人，如美洲北部的伊努特人或是俄羅斯人，為了生存而鍛鍊出來的意志力是很強大的。另外還有師長與朋友的鼓舞，人需要夥伴或朋友，所要的不一定是實質上的幫助，可能只是需要心靈上的依靠與激勵，意志力也能藉此得到疊加而穩固，但若是養成凡事依賴朋友反而不利於在意志上的磨練。以上說的這些，可以認為人能在參與社會的實踐過程中逐漸培養出更強韌的意志力。有人說：「秀才不出門，便知天下事」，但不出門的秀才是否有能抵擋現實風暴的能耐與意志還未知數，因為要面對挑戰的依舊是自己，不管有沒有人來幫手。但如果能努力地渡過層層難關，那麼「意志」也就能隨之挺立堅強。

顏淵可以「居陋巷而不改其樂」〔註86〕，除了他可能擁有淡泊開闊的性格與良好的儒術學習之外，「意志」一定也發揮不小的作用，總之，「意志」不是突發性，神經脈衝式的迸發閃裂，是人將一個想法，一個決定的意識給集中壓縮，然後維持一個類似壓抑緊繃的狀態。此外，「意識」與「意志」也不同，「意志」並不是繁複的思維活動，而是追求一項目標時的固定「意識」〔註87〕。一般來說對「意志」的都帶有「持續」、「穩固」等屬性，「意志」若是不夠持長，也就只是瞬間的意識。「意志」雖然無形無狀，其累積亦難以覺察，是一個動態卻又相當安靜的潛在力量，是一個「willpower」，假以時日就會有所成效，擁有強大又堅韌的意志，才更有可能去完成更多的事情。

貳、「意志」與內在修養

荀子的修養理論在前面幾個章節中已經說了非常多，除了一些難以疏通的矛盾處，基本來說這套「化性起偽」的功夫是可行的，只是還缺少了某樣東西使理論變得更完善。張勻翔認為「意志」應當是個關鍵，那麼「意志」在荀子的整體思想體系裡究竟是如何運作的呢？

《大學》「八德目」裡，「誠意、正心、修身」這三項是就個體的修養來說的，儒家修養的順序是以個人為中心，再向外發散，因為人性不容易控制好本能和慾望，所以要借外力來協助，配合修養使自身對於本性的調節更加有能耐。若有注意到的話，很湊巧地「意志」和「抑制」都是同聲同韻的，中國文字的聲義常常彼此有所關連，譬如「生」與「性」，這是造字者的奇妙智慧。前面說過「抑制」藉由某種力量去控制一個東西，一件事情的發展，通常「抑制」帶有一點反面的意義，有強力控制、壓迫的意涵，但「抑制」也有正向積極的意思，譬如抑制食慾或情感衝動讓事情能順利完成等，而「抑制」之行使，除了外部的力量，內部的理性考量，還要加上個人的「意志」。「節制」、「調節」其實和「抑制」的意義是很類似的，而「節制」比起「調節」更靠近「抑制」的意思，「調節」則是指有限度，有計劃地做出「抑制」與「開放」。在本文裡對於「意志」與身心修養的關係之定義是比較接近「調節」的含意。

〔註86〕 宋 朱熹：《四書集注》（台北：藝文印書館，1978 年 4 月），〈論語三・雍也〉，頁 14。
〔註87〕 張春興：《張氏心理學辭典》（台北：台灣東華書局，1991 年 11 月），頁 705。

要助長氣燄或乘勝追擊也許不難，可是要壓抑、阻擋一些事情的進行相較下卻不太容易，因為「壓抑」、「控制」或是「阻止」是相反的力量，靜態的如門窗遮擋了風，水壩攔住了河水；動態的如兩人在互相比拚腕力，或是日本相撲力士在彼此推打，簡單來說就是一個力無法持續、順利地施展而出。用來節制阻礙的「意志」也很重要，世間萬物的生發變化和規律幾無不是一正一反，一順一逆相互出現的情形，在很多事情進行的過程中同樣有「意志」的順逆之力在作用著，包括一個人的修養過程，荀子說：「志忍私，然後能公；行忍情性，然後能修」〔註88〕，在修養心性時，一方面要靠意志力來推動修養活動，一方面還要靠意志力去壓制慾望，壓下其他會有礙修養的東西，「意志」所進行的是雙向的「調節」工作，既不簡單也不輕鬆。

一開始，「意志」在情感的作用當中不會立即出現。慾望和意志不同的點在於慾望和情緒一樣，若是沒有一個實在的目標與意志力的持續促成，慾望也會很快地如煙消散，只是兩者的差別處是慾望通常比情緒還更有清楚的目標。情緒與慾望的變動性都很大，來得快去得也快，「意志」則比較持久。當一個人下定決心要「化性起偽」時，「意志」便安靜地走進這個計劃當中，在這計劃裡必須還要做到的是：使思考的運作能夠清明無礙，以及「意志」方面的穩固。針對「思考」這一塊，荀子提出「虛壹而靜」，試圖讓智性活動可以順利進行，同一時間「意志」並不是無事可做，由於會讓人分心的因素很多，心的活動會消耗許多能量，一旦久了就會逐漸鬆弛乏力，加上「虛壹靜」的修養也不容易，荀子說：

> 空石之中有人焉，其名曰觙。其為人也，善射以好思。耳目之欲接，則敗其思……而遠蚊虻之聲，閒居靜思則通。思仁若是，可謂微乎？孟子惡敗而出妻，可謂能自彊矣；有子惡臥而焠掌，可謂能自忍矣。〔註89〕

觙、孟子，與有若他們，為了讓「心」能夠保持「虛壹靜」的狀態，無不是各出其招。孟子曾回答弟子說：「是不難，告子先我不動心。」〔註90〕「不動心」之法在於見識之廣大，判斷之正確，以及堅強的意志。心在進行「虛壹靜」活動的時候，「意志」從旁協助過程的持續，針對一整個「心」的活動狀

〔註88〕 清 王先謙：《荀子集解》（北京：中華書局，2013 年 3 月），〈儒效篇〉，頁 144。

〔註89〕 清 王先謙：《荀子集解》（北京：中華書局，2013 年 3 月），〈勸學篇〉。

〔註90〕 宋 朱熹：《四書集注》（台北：藝文印書館，1978 年 4 月），〈孟子十一·公孫丑上〉，頁 3。

態，保持理性思考活動的進行。「意志」限制雜慮、雜感其他不必要的擴張與分散，維持一個極致清明的狀態，這是「意志」所帶來的「專心一志」，人才可以好好地去理解、記憶重要的事，進行學習與思索，了解習禮爲善的重要性。

　　此外，學習如何「虛壹而靜」也需要意志。前面有提過「學」是個很重要的過程，柏拉圖認爲「學」不是要獲得原本沒有的知識或技能，「學」其實是一個「召喚過程」，人本來就已經會這些，只是因爲遺忘或忽略才以爲自己本來就不會，學習的過程便是「喚回記憶」的過程。〔註91〕在此不討論柏拉圖這種帶有「前世印記」的觀念是否正確，我們知道即使只是要找回過去的經驗與技巧並不是一件很輕易的工作，又何況是學習本來就不會的事。學習當中有時簡單有時困難，尤其在面對困難時，「意志」的存在是幫助人突破困境，獲得學習成效的重要功臣，「讀萬卷書，行萬里路」是要學習者去實際行動，獲取眞知，也期盼學習者能發揮毅力，奮鬥不懈。「意志」總是在成功的背後搖曳著不可抹滅的身影。

　　處於「虛壹靜」的狀態時，理性思考使人深入地明白習禮積善的必要性，同時也在同步持續進行「解蔽」。毋須懷疑，人很難避免「蔽」的影響，蔽害會使眞實的知識與清楚的思路無法發揮完全作用，有時候發生錯誤不是因爲刻意做錯，而是因爲不小心或搞錯所得到的資料，或者是資訊上的模糊不清，就像是後人常以爲尼采說「超人哲學」，便意味著尼采是個權力至上主義者。其實不然，尼采個人很厭惡過分與腐敗的權力，也沒在崇拜偶像，「超人」不是指電影裡會飛又刀槍不入、水火不侵的人，而是指擁有強大意志與旺盛生命力量的人，是一種強健的，有創造力的精神化身。〔註92〕在解除蔽害時，除了要依靠相當明白的判斷與分析之外，「意志」也擔任一個「確固」的位置。不是說有「意志」就能避免誤判，當人對某件事物或某個觀念能夠理解清楚後，人就會相信自己所得到的是對的，是眞實的，接下來這個定案的完結就是靠「相信」，相信所得到是很難（或不能）被動搖或被推翻的，是對自身或團體的發展和進步有所裨益的，「相信」讓一項決定成爲最後的眞實。

　　無論是有形或無形，因爲懷抱「相信」，所以讓相信者與被相信者之間產

〔註91〕柏拉圖著，徐學庸譯注：《〈米諾篇〉〈費多篇〉譯注》（台北：台灣商務印書館，2013年10月），頁027。

〔註92〕陳鼓應：《尼采新論 修訂版》（台北：台灣商務印書館，2005年12月），頁49。

生某種程度上的聯繫，而維持這個「相信」的便是「意志」。「相信」的對立面是「背信」、「背叛」，不管是任何一方若在某個溝通面與目的節點上出現錯落與失衡，就可能會造成「相信」的破產，例如誤會、訛傳、資訊不對稱等。「蔽」的存在會使原本寄予的信任感逐漸削弱，甚至會慢慢轉移所「相信」的目標。假如一開始相信的事物變得無法被相信，然後決定再也不去相信時，「意志」會幫忙做出完全脫離；倘若是碰見了會動搖「相信」的事情，「意志」卻是一個助之回穩的鎮定劑。建立起「相信」的機制很難解釋，一般情況是要經過一個事實的判斷與認定的過程，少數情況就是直接相信。當「相信」變得脆弱與徬徨時，「意志」會說服人不可以輕易動搖信心，要人努力回想，重新來判斷。而當「相信」面臨毀損的臨界點時，「意志」至少能讓「信任」得以苟活，讓人去緊捉最後一點信心，等到這份信任能重新證明自身，或者是真的難以挽回的時候。「大清明」狀態的「心」經過深思熟慮後，以毫無蔽害的狀態去寄託信任，「意志」則輔佐讓「相信」能持續運作，這便是「意志」的重要作用。

在了解、接受、相信積德循禮的重要性之後，就要開始進行實作，也就是放到生活上來實踐。這個就更需要「意志」之力，因為實作部分一直都是最難的，荀子認為人性容易被自身慾念或外在誘因所牽引，於是修身養性是實踐當中的重要功課。通常情況下獨自一人的修養是比較常見的，因為一個人的狀態下比較不會受到干擾，荀子舉「空石之中有人焉，其名曰觙」的例子，很明顯地在強調要避免外界的各種誘惑來妨礙修養。修身養性時會遇見的困難很多，內外因素一塊集結交逼而來，只有天生心性堅定的人才比較能抵抗，反之一般人則要努力降低被外在刺激的程度和次數，無論是要「臥薪嚐膽」或是效法關羽的「刮股療傷」時的冷靜，「想要努力作修養」的想法使人能夠把大多數的專注力放在一個點上，讓修身養性能持續進行。可是對前述的修身法，荀子是有意見的，他後面就說：

> 闔耳目之欲，可謂自彊矣，未及思也。蚊虻之聲聞則挫其精，可謂危矣；未可謂微也。夫微者，至人也。至人也，何彊？何忍？何危？故濁明外景，清明內景，聖人縱其欲，兼其情，而制焉者理矣。夫何彊？何忍？何危？故仁者之行道也，無為也；聖人之行道也，無彊也。仁者之思也恭，聖者之思也樂。此治心之道也。〔註93〕

〔註93〕 清 王先謙：《荀子集解》（北京：中華書局，2013 年 3 月），〈解蔽篇〉，頁 390

荀子並非全盤否認那些「個人式」的修身養性之法，但是方法也有好壞優劣之分，如般的作法算是基本款的「關耳目之欲」〔註94〕，即減低耳目感官上的刺激。「蚊虻之聲聞則挫其精」，意思是因蚊虻之聲而被干擾，反多消耗了其他心力，此爲「危殆」也。案郭嵩燾的說法，「未及思也」應該擺在「孟子惡敗而出妻，可謂能自強也」的後面，剛好與下一句「有子惡臥而淬掌，可謂能自忍也」形成對仗，而下一段裡「可謂能自強也」則是衍文。「關耳目之欲」和「蚊虻之聲聞則挫其精」這兩句是指感官部分，應該要合在一塊來讀，都是在說外部的因素會影響修身養性，應當盡量避免。對於孟子的方式，荀子評爲「自強」但「未及思也」，「自強」爲自我加強感官面上的控制，但只是勉強遠離或忽視一些誘惑，並不是自身內在的強固自立，所以孟子「出妻」這個方法還不夠好。另外有子藉由燒手掌以防止睡意的侵襲，荀子也認爲是「未及思」，只是靠著強制的外力，忍著痛苦來維持修養的過程，兩者都是沒有針對如何更好地培養性情來做出思考。

　　荀子雖然覺得「自彊」、「自忍」還未能算是上乘的修養方法，但並非不能做，而且這其中也存在著「意志」。「意志」之力讓一件事情，一個信念朝著一條路勇往直前，動機與目標的好壞當然會影響到結果，可是意志會迫使一條路的完成，孟子與有子採取的強制方法逼使自己專注於修身養性，方法是不夠高明，還會造成一些傷害，然而藉由「意志」的專一性與強固性採取快刀展亂麻的姿態，讓修養的步調可以在難關出現的時候先站穩陣腳，積極面對。最後「至人」則是更高階的修養境界，至人也「夫微者」，「微者」精妙也，「至人」的修養方法是「何彊，何忍，何危」，也就是自然而然，毫不勉強的修養方式，荀子認爲這才是「治心之道也」。「至人」一詞也有出現在道家裡，莊子說：「至人無己，神人無功，聖人無名。」〔註95〕道家的「至人」是與天地一氣，同流冥化的人，「無己」即忘我，忘卻自我固執且拘束的心靈，不受凡俗論調的限制，與天地萬物一心並存。然而儒家的「至人」概念是具

〜391。

〔註94〕 後來有人質疑這一段可能有問題，楊倞認爲「可謂能自強矣，未及思也」是衍句。郝懿行則說「錯亂不可讀」。郭嵩燾則以爲「可謂爲自強矣」六字衍，「未及思」句則應該在「可謂能自強」下面。王先謙於此是贊同郭嵩燾的看法。

〔註95〕 清 郭慶藩編：《莊子集釋》（台北：萬卷樓圖書股份有限公司，2007 年 7 月），〈逍遙遊〉，頁 19。

有道德性的，若是放到道家的修養等級表來看，「神人」與「至人」還高出「聖人」一兩層，因爲儒家的「聖人」猶有道德概念上的束縛存在。

「至人」是如何修養身心的？「意志」又是如何運作的？答案就必須要看到最後一段：

> 故濁明外景，清明內景。聖人縱其欲，兼其情，而制焉者理矣。夫何彊，何忍，何危？故仁者之行道也，無爲也；聖人之行道也，無彊也。仁人之思也恭，聖人之思也樂。此治心之道也。

荀子說的「至人」應該是指「聖人」，之所以會這麼推測是因爲後面這一段：「聖人縱其欲，兼其情，而制焉者理矣。夫何彊，何忍，何危？」至人和聖人在修道的敘述上都是「何彊，何忍，何危」，而且儒家修爲的最高境界就是「聖人」，互相比對下來「至人」應該就是指「聖人」。聖人之修心是「縱其欲，兼其情，而制焉者理矣」，縱其欲不是指放縱情慾，後面還有個擔當「制焉者」的「理」，「理」在荀子理論中是指「禮義」，在「禮義」的制衡下，聖人能夠依理（禮）適當地釋放情慾，即遵理行道時還能兼具情感的抒發。荀子的「聖人」不是單純的禁欲者，聖人也有感情，但聖人懂得循禮而動，在合理合情的範圍內兼顧情理的發揮，更重要的是聖人對「禮」已經相當熟稔，可以信手拈來，禮義就是他的身心或生活的一部分，於是從禮修心這件事對聖人而言，豈有「彊、忍、危」這些情況的出現？

簡言之，孟子和有子的修養方法還是過於勉強而不自然，未及聖人的境界，而「至人」的修養是自然而爲的。在「至人」境界裡「意志」也是存在著，就像是一股潛流，通常當我們下定一個決心時，我們會意識到「意志」的存在，並且去維持其存在，「意志」如同每天早晨的鬧鐘一樣，會時常提醒人應該要怎麼做，讓事情持續下去。一般來說，人意識著「意志」的存在，就像是緊緊遵守座右銘的叮嚀來做事，意志與思想合體且合作去追尋一項目標，例如「想要有錢」或是「想要減肥」。「意志」不是「意識」，但也會在活動的持續運行下，逐漸扎根在思想的背後，尤其是在情況接近一個相當緊張或非常後期的時候，「意志」與思想會彼此融合，最後只剩下極爲簡單的內容。請容許這裡再以馬拉松比賽爲例，在比賽的最後關頭，選手們除了殘餘的體力，剩餘的意識外，還有最純粹的意志，「跑到終點」是唯一的目標。意志與意識在跑兩人三腳，持續地往終點奔去，在事情發展的後期階段，意志幾乎是代替了思想，因爲那時候幾乎沒有思想的運作，意識趨向集中一點，或者

接近混沌，幾乎將能量都傳遞給身體與意志，集中剩下的能量持續運作，一直到目標完成後才肯罷休，才會消散。

「路遙知馬力，日久見人心」，意志力會在一個極端狀態下現出真實的樣貌，是強是弱，終見真章。一般人顯露「意志」時容易激動或過於冷靜，跟荀子的「至人」境界並不完全類似，「至人」的看起來就溫和很多，「至人」的意志顯發與持續不像是一個人進入緊戒狀態後，腎上腺素的極速大量分泌使身體呈現一個面對好一切突發狀況的亢奮與緊張，「意志」在「至人」身上因憑藉著長期修養的高度潛移默化，已經把開關扳到時常恆定的情況，是隨時隨地的修養與意志的齊行不息。修養身心常常需要在一個適當的情況下進行，但偶爾仍顯得被動，條件太多的修養方法反而不自然。禪宗會「當頭棒喝」，但這種方法可不能天天都這麼做，身心的修養所要達到的是一個面對任何情況下，都可以讓自我的內外保持和諧，不擾不亂。

人的情感如波浪，不會常常安份守己，然而修道者咸相信在修養既久之後，調節情緒就會像手足的自然運動一樣，可以很自然而然地發起。例如在騎腳踏車時，你知道要踩動踏板，知道要控制龍頭，知道要保持速度和平衡，這些都是騎腳踏車的基本要點。可是當你在騎車的時候，你並不會一邊踩踏一邊想著那些規定，但你就會自動地把上述那些騎車的技巧給施展出來，讓你可以好好地騎車，這種幾乎無意識的運作狀態也是近期學者們在討論的議題之一，不是「心」在掌控一切行為的調度和運行，而是身體自己在指揮著自己。先撇開個人在智慧與經驗上的累積，修養性情的最後並不是完全的波瀾不驚，沒有任何感動，而是在面對著人生各種複雜或突發的事情時，都能夠使自己可以很恰當地去應對，讓情緒能夠很正常地，不會很過分或病態地表現出來。孔子會因為聽到好音樂而流連忘返，既可以憂傷也可以喜樂，卻都不會讓人感到做作和超過，如無為般的自然自適便是如此。

葉子會因為一陣微風而晃動，水面會因為一點震動而泛波，人心通常也是如此，即便是已經涵養至深的心靈，也是會受到刺激而產生微動，只是很難察覺或被察覺。修養極高的人可以快速地做出微調，「意志」在其中也是擔任著維持穩定與平衡的角色。人心的起伏就像是心律圖，有的人起伏震盪很大，有的人則比較平緩。謝安在合淝之戰結束後，高興地想跳過門檻而弄斷了鞋跟；阮籍知道母親的事情後卻還是繼續下棋，但是在他下完棋，喝完酒後便大吼加上吐血數升。先壓抑後釋放，例如阮籍這類的人，也有些人是極

端壓抑的，可是絕大多數的人並不會特別去壓抑情感。修養身心不只是爲了使思想與行爲能夠合乎道理，還要讓「心」處在一個趨於平衡的狀態，「意志」是個節流閥，將各種強弱不同的情緒之流限制在一個定量當中，一如水壩會視雨量與用量來儲蓄或洩洪，情緒之抒發構成態度，態度的表現挑動著情緒，修道者以久練陳醇的修養，配合經驗和智慧來應對處理，「意志」則在後方「隱密地」配合情況來收束刺激與情緒，讓理智得以正常發揮功用，又不致於讓人感到虛矯或冷酷。

強健又穩固的「意志」乃正向的力量，在修養到達極致的聖人身上似乎看不到一點跡象，隱藏得特別好，可是一發卻足以驚人。修養身心的過程裡本來就會一塊修養「意志」，「意志」協助修養功夫的持續不懈，在心性的各項數值開始增長時，「意志」也會隨之成長，成爲在修養功夫茁壯獨立後給予支撐的內在力量。在危難時刻，「求生」、「保全」通常是首要任務，人很難去抵抗本能，要使意志如心臟一樣持續運作是很困難的事，因爲「意志」平常是感應不到的，常常好像是臨時登場，在大多數情況下也是情緒來擔任先鋒，但是聖人卻可以讓「意志」保持抖藪，隨時醒覺。孔子說他七十歲後就能夠「從心所欲而不逾矩」，意思是說他能夠隨意而行，卻不會超出範圍，動靜皆宜，由此展現出來的從容自在除了是靠清晰明辨的理智之外，還有如光環般常駐的「意志」之力在協助著人心發揮應有的效用。

參、「意志」與外在環境

上一小節談完「意志」與內在心性修養的關係後，接著輪到「意志」和外在條件的互動關係。由於「意志」算是一個「共法」，可以存在於很多種環境，不同的人也都會有，而兼具先天動物性和後天社會性的人類本身就相當複雜，光只有談內在還稍嫌不足，必須也把「意志」的操作與存在之範圍延伸到外在世界才能說得更圓滿。張勻翔取部份關鍵內文來證實「意志」在荀子思想中的重要性，但是他所謂的「意志」是指「向善的意志」，在前面章節裡就已經推斷出荀子思想中所謂「向善的意志」並不是很早就存在著。

說到這裡，本文似乎還沒有討論過「意志」和善惡的關係。意志力會有善惡的分別嗎？我認爲人的思想有好壞善惡之分，而一般來說人的想法也會左右著「意志」，因爲「意志」通常是有了某個決定或目標後才會跟著出現，假設懷著不好的動機或想法，那意志應該就屬於壞的，不是善的意志就可能

會導致壞的事情發生，反之亦然。思想與意志通常是連帶一致的，但是「意志」之本身不一定必分善惡，意志之力本身常常只是表現出一種推進或限制的力量，而這種力量與善惡無關，譬如有人伸手往前推一下推車，施予向前的力道在推車上，於是推車會向前移動，那這樣的力是善還是惡？是向善還是向惡？答案是：還不知道。不管是做好事或壞事，「意志」總是會跟著出現，可是「意志」這種看似中立或中性的東西，還是要從很多方面來檢視才能比較正確地做出判斷，例如觀察行為背後的動機、思想的內容，或是事後的結果才能比較好作出判斷，但是基本來說一個好的動機和想法而產生出的「意志」應該是善的。

　　話題回到「意志」與外在環境的關係，荀子定義的「人」是個需要「群」的動物，因群居而形成聚落，構成社會，然後人要在這個文明社會的環境裡不斷迎接挑戰和接受磨合。修身在己亦在外，若不是一名隱者就很難總是「潔身自愛」，所以當人與人互相接觸時，真正的修養考驗才正要開始。按照順序要先從「家」開始敘述起，在五倫當中「父子」、「兄弟」、與「夫婦」就佔了其中三個，意味著「血緣」關係在倫理的構成上極為重要，也顯示「家庭」的存在對國家的構成與維繫擔負重要的責任，如周代的「親親」、「尊尊」精神亦是奠基於宗族的血緣關係上。荀子說：

> 故人生不能無群，群而無分則爭，爭則亂，亂則離，離則弱，弱則不能勝物……能以事親謂之孝，能以事兄謂之弟，能以事上謂之順，能以使下謂之君。〔註96〕

> 今人飢，見長而不敢先食者，將有所讓也；勞而不敢求息者，將有所代也。夫子之讓乎父，弟之讓乎兄，子之代乎父，弟之代乎兄，此二行者，皆反於性而悖於情也；然而孝子之道，禮義之文理也。〔註97〕

男女的結合形成一個小型的「群」，然後經由繁衍而擴大「群」的規模和數量，「家」是最基礎的「群」之單位。「能以事親謂之孝，能以事兄謂之弟」，荀子定義基本的「孝悌」觀念，依從血脈而來的「愛」連繫著彼此的關係，「父慈子孝」、「兄友弟恭」便是如斯的表現。「夫婦」因為「愛」而選擇結合，因

〔註96〕清　王先謙：《荀子集解》（北京：中華書局，2013 年 3 月），〈王制篇〉，頁 163。
〔註97〕清　王先謙：《荀子集解》（北京：中華書局，2012 年 3 月），〈性惡篇〉，頁 422～423。

結合而使血脈之網絡產生重組和複雜化,「家庭」的構成亦憑藉著複雜的關係
而鞏固或瓦解。「孝」的概念到了漢代才被無限上綱,成為道德之首,而親子
之間的關係因為「愛」和「孝」的觀念變得更加緊密,可是 後來因為被無限
擴大和鼓吹,孝道逐漸被扭曲,淪為沽名釣譽的工具,如「舉孝廉而父別居」
這種假孝子的名不符實的情況亦不遑少見。

關於「孝」的問題,王陽明曾經說:

> 此心若無人欲,純是天理,是箇誠於孝親的心,冬時自然思量父母
> 的寒,便自要求箇溫的道理。夏時自然思量父母的熱,便自要求箇
> 清的道理。這都是那誠孝的心發出來的條件。卻是須有這誠孝的心,
> 然後有這條件發出來。〔註98〕

王陽明說的是存在心中的天理良知,跟孟子的四端差不多,但重點在於「孝」
的概念不是單純的規範。王陽明說「孝」也是「良知」的展現,「愛」是「良
知」的一種表現型態。由於出於真心的,無私的對家人和親族的「愛」,「孝」
的行為乃自然而然,不需要教導也會知道可以做些什麼,例如東漢時代黃香
替父親「涼蓆暖被」的故事應該很耳熟能詳,涼蓆暖被不一定要被教導,憑
著替父母著想的心就有可能做到,王陽明說的便是這個道理。

作者個人相信對自己和對事物的「愛」是存在的,可是「愛」、慾望本能
等讓人變得比較複雜,所以偏向孟子或是荀子的看法都不算完全合乎實情。
按照荀子的理論,他相信要借助後天禮義的教誨,使人獲得「倫理」的內容
以及明白其重要性。所以家庭倫理中的「孝悌慈愛」必須要由父母或長輩向
下對兒女做出指導,不管是言教或身教都行,要在未定型的「愛」沒被扭曲,
或是慾望尚未全盤掌握理性時。對於長輩而言,「為了小孩好」而產生的「意
志」讓他們努力專心地去教育小孩。孩童的可塑性高,模仿力強,卻也容易
自己弄巧成拙或是被誤導而走向惡,然而大人與小孩彼此的溝通平台並不平
行,常常是互相搞不懂眼前的人想說些什麼,加以當孩童進入「叛逆期」的
時候,他們會更容易誤入歧途,或是與家人漸行漸遠。「意志」能幫助父母長
輩們對自己的孩兒惇惇教誨,努力拉拔與導正,即便有溝通上的不良或是性
格上的對立產生,可是懷抱著對孩子的「愛」跟期許,因為這份思想挾帶著
意志而增強、堅定,讓「倫理」的落實變得更加可能與扎實,大大消弭彼此

〔註98〕 明 王守仁著,施邦曜輯評:《陽明先生集要》(北京:中華書局,2008 年 10
月),〈傳習錄一〉,頁 30。

的隔閡。

上下之間的倫理關係穩定了縱向的情感結構，而夫妻、兄弟之間的橫向關係也可以靠「意志」而更加縝密厚實。沒有血緣關係的男女結合成家，維繫關係的方法靠的不只是「愛」，還有彼此的信任、包容、和溝通。荀子說：

> 易之咸，見夫婦。夫婦之道，不可不正也，君臣父子之本也。咸、
> 感也，以高下下，以男下女，柔上而剛下。〔註99〕

先秦儒家的文本裡很容易看到「易經」的文句，因為《易經》內文大多言簡意賅，蘊含深意，可以概括或是暗示一些作者想要表達的意思。荀子提出「咸」卦，咸卦是上「兌」下「艮」的組合，分別代表少女和少男，一下一上正好代表男女之相處與和合，也可以延伸到夫妻的層面。

> 傳曰：「萬物之怪，書不說。」無用之辯，不急之察，棄而不治。若
> 夫君臣之義，父子之親，夫婦之別，則日切瑳而不舍也。〔註100〕

倫理的形成與維繫，除了要有決心，還需要努力、智慧跟意志力，「日切瑳而不舍也」這一句內就有「意志」的存在。子貢說：「如切如瑳，如琢如磨。」〔註101〕是在表達道德境界的不斷自我提升，可是切瑳琢磨需要精力和耐性，「意志」和耐性是很有默契的絕佳好友，耐性的背後常有意志的支撐。男女或是夫妻的相處總是會面臨許多考驗，但是一同發誓要一塊走完人生的男女，因為誓言或是「愛」的堅持而產生的意志，憑著這股意志而攜手同往，百折不撓。同樣的兄弟姊妹之間「悌」、「慈」亦是，「孔融讓梨」是一例，對血緣至親之友愛相善、互助相長的想法是維繫感情的樞紐，而意志力能鞏固這份親族的愛。

「倫理」本身包括有血緣以及無血緣的關係，後者的則是指「君臣」與「朋友」。「家庭」單位是撐起國家的支點，穿插在各個節點張羅出的空間中是無數的關係網絡，其中「朋友」是佔最大宗，也是最龐雜的一環。對「朋友」的定義很多，在基本定義上只要雙方互相允許或認同，這樣的關係就是「朋友」關係，其他的如「夥伴」、「戰友」等都是「朋友」意義上的延伸。春秋時代的鍾子期和俞伯牙，東漢的管寧與華歆等都是自古以來耳熟能詳的「朋友」，「朋友」之間沒有血緣關係，相處的方式自然有別，荀子說：

〔註99〕 清 王先謙：《荀子集解》（北京：中華書局，2013年3月），〈大略篇〉，頁479。
〔註100〕 清 王先謙：《荀子集解》（北京：中華書局，2013年3月），〈天論篇〉，頁309。
〔註101〕 宋 朱熹：《四書集注》（台北：藝文印書館，1978年4月），〈論語一‧學而〉，頁7。

> 遇君則修臣下之義，遇鄉則修長幼之義，遇長則修子弟之義，遇友
> 則修禮節辭讓之義，遇賤而少者，則修告導寬容之義。無不愛也，
> 無不敬也，無與人爭也，恢然如天地之苞萬物。〔註102〕

子弟之義是指「孝悌」之道，而與朋友的相處之道是「禮節辭讓之義」，這是一個個體以雙方平等，互相尊重的態度去對待另一個個體。引句的意思是一個人面對自家人，外面的朋友，朝廷的君臣等需用不同的態度與方式來對應，但這不是說要當個左右逢迎的牆頭草，儒家對待事物的基本態度是不卑不亢，中道而行，而「禮」便是秉持著儒家的基本精神，用各種規範來融洽、適應社會的每個結構層面，便如「天地之苞萬物」，處處和諧而不亂。

其實對待誰都要懂得進退辭讓，荀子所說的是針對個別差異的地方提出適當的方案，即便不見得會得到相等的反應或回報，可是出於真誠的心去對待他人總是沒錯的，而從這份心意所生出的「意志」能使友誼更加堅定無邪。結交朋友可以有很多好處，在這裡不必說太多，荀子說：

> 夫人雖有性質美而心辯知，必將求賢師而事之，擇良友而友之。得
> 賢師而事之，則所聞者堯舜禹湯之道也；得良友而友之，則所見者
> 忠信敬讓之行也。身日進於仁義而不自知也者，靡使然也。〔註103〕

結交朋友能使自己納入社會網絡之中，是進入社會的重要開端，廣泛的友誼網路能拓展人脈和視野，而與好的朋友結交對彼此都有裨益。何謂「好」的朋友要端看雙方的性格或需求，而儒家常說的「良友」是指能相互砥礪，讓雙方的能力與德性一塊增長的人，即荀子所說的「得良友而友之，則所見者忠信敬讓之行也」。然後維繫雙方的友誼也需要意志，就連在同一個環境下相處，互相學習、或者互相批判的過程裡，懷抱著對人友好，欣賞或是糾正他人的態度才是展現真誠相待的方式，另外「妻子具而孝衰於親，嗜欲得而信衰於友，爵祿盈而忠衰於君。」〔註104〕與朋友交很需要彼此的一份信任，只因為相同利益或嗜好的「酒肉朋友」很難形成堅固可靠的友誼，容易產生「嗜欲得而信衰於友」的結局，共同的利益一消失就形同陌路。所以擇友很重要，維持友誼也很重要，秉持著想要友好相長，互信互助的想法來經營一份友情，不姑息養奸，不同流合污，這樣激發出的「意志」會讓人更加珍惜友情。

〔註102〕清　王先謙：《荀子集解》（北京：中華書局，2013 年 3 月），〈非十二子篇〉，頁 99。

〔註103〕清　王先謙：《荀子集解》（北京：中華書局，2012 年 3 月），〈性惡篇〉，頁 434。

〔註104〕清　王先謙：《荀子集解》（北京：中華書局，2013 年 3 月），〈性惡篇〉，頁 429。

　　踏入社會環境後，經常要面對現實生活上的種種刺激和衝擊，有時得意，有時失意，許多的酸甜苦辣出現在人生的每個谷丘上，每個人嚐到的也不一定相同，程度與次數也是。在「家人」的保護屏外，「朋友」便是生活和心靈上的支柱，是毫無血緣關係的另一種「家人」。然而複雜的社會關係網路不只有平行的，還有上下的階級關係，在古代則是一樣重要的「君臣」關係。「君臣」關係問題是個千古議題，「君臣」與「意志」之間也有很大的關係，而在談這個問題時應該先分些小子題。由於懸殊的位階，體制上的職責和權力大小的差異，讓「君臣」這個階級變得很特別，身為一名君王或一名臣子要如何面對他們的身分也影響各自的意志表現。身為君王要面對一整個國家人民的思想、情緒等，必須要展現的是治國的智慧，冷靜自持的態度，以及堅定不移的「意志」。緊接著在面對常常堆積一籮筐，層出不窮的國家政策與問題時，所消磨掉的體力與心力絕對巨大——這是一個勵精圖治的君主必然會遇到的情況。然而荀子在談王道時，所描繪出來的聖王賢君則是一付輕鬆自在，頗類似黃老道家「無為而治」的模樣，似乎當個君王還挺輕鬆的。可惜在現實情況裡並沒有這麼美好，如明太祖在胡惟庸事件之後廢掉了宰相，爾後很多奏摺公文幾乎都是他親自批閱的，就算明太祖精力過人，經年累月下來也是很累人的，再加上荀子所說的君王治國之法，還得要在整個朝政機制上的編排和運作上下手才有可能，要完全垂拱無為是不太可能的，所以一個勤奮為國的明君也要有很強健的意志力以面對整個國家事務。

　　在君王努力安內，整頓國家的同時，那底下的「臣」應該要做什麼？建設國家在於先安定，後富庶，然後鞏固強化，使整個國家和人民成為一個強大堅實的生命共同體，而在進行國家整體規劃與建設的同時，光靠君主一人是非常吃力的，在手底下的大臣們就要跟著負起協同作戰的任務。但首先身為一個臣子，必須要先知道如何與你的上司相處，以及如何作好自己的角色。荀子論「臣道」：「事聖君者，有聽從無諫爭；事中君者，有諫爭無諂諛；事暴君者，有補削無撟拂。」〔註105〕針對不同性格的主子，臣子們應該採不同的態度和方法與之相處，這不是要人「見人說人話，見鬼說鬼話」，而是因為君王的權力甚高，遇到好的君王是福氣，若是遇到不好的君王，還可能要考慮怎樣好好地活著。明太祖雖然勤奮治國，但因為過分嚴厲與陰狠，所以當

〔註105〕清 王先謙：《荀子集解》（北京：中華書局，2013 年 3 月），〈臣道篇〉，頁 246。

時朝臣多有「朝不保夕」的憂慮，可能一上朝就再也回不來。這不是說明太祖是個昏君，但是手段之暴烈是有目共睹的，更何況是其他昏庸或殘暴的君王呢？侍奉中人以上的君主可以欣然聽從或是諍諫導正，可是若侍奉暴君就不適合當面批評或忤逆，這是基本的求存求長之道。官場複雜且險惡，作為「臣」不僅要有足夠的才智，也要有夠強悍的意志，方能在與不同的君王或同僚周旋時，不會迷失自我並且勇敢作為。

有堅定「意志」的臣子除了比較能待在官場裡比較久，比較不會經常鬱鬱不樂之外，也比較有機會發揮個人才幹，有所作為。試想，一個下屬要對上司提出批判或是勸誡就很需要勇氣和意志，像魏徵常常對唐太宗「直言不諱」，或許他有時是不太顧及上司的面子，但魏徵便是有這樣覺悟的「意志」才敢這麼做，而且這也是他的「忠」驅使他這麼做。「忠」這個字通常是用在「君臣」的關係上，而且荀子還有分不同的等級：「有大忠者，有次忠者，有下忠者，有國賊者：以德覆君而化之，大忠也；以德調君而輔之，次忠也；以是諫非而怒之，下忠也；不卹君之榮辱，不卹國之臧否，偷合苟容以持祿養交而已耳，國賊也。」〔註106〕「子事親以孝，臣事君以忠」，自古以來身為一個「臣」經常要面臨「孝」與「忠」之間的抉擇，「忠孝兩難全」的問題常常使許多英雄氣短，而選擇「移忠作孝」或是「移孝作忠」是最有可能的折衷方式。「意志」無法為此給出最正確的答案，「意志」不是答案的提供者。荀子相信「從道不從君」，臣子要做的是為國為民，不是只當被上司驅使的鷹犬而已，荀子同孟子以「民」為先的思想，並沒有強調「愚忠」，當然若所服侍者是個聖王明君的話，「愚忠」或許也無妨。身為一個「臣」憑著強大的意志力去選擇「忠」的路，勇於從公，為國家、君王奉獻犧牲也在所不辭，即便是換成「孝」，道理也是差不多的。

君臣相處應當是互相尊重，只是後來君權越發強勢，「臣」的地位就越發低微。理想上，「君臣」關係若能夠和諧，如師如友，對於治國是非常有幫助的，朝政內部的平穩或是積極奮發，除了靠君臣所展現的為國「意志」外，內部的細節運作也是個關鍵，但這邊沒有要深談內政問題，因為施政的內容太過龐雜，所以僅取其中幾項，主要著眼在汲取施政過程裡「意志」的存在意義和重要性。強國以民生經濟作開端，接著進行對人民素質的提升，荀子曰：「故不教而誅，則刑繁而邪不勝；教而不誅，則姦民不懲；誅而不賞，則

〔註106〕清 ：《荀子集解》（北京：中華書局，2012 年 3 月），〈臣道篇〉，頁 249。

勤屬之民不勸；誅賞而不類，則下疑俗險而百姓不一。」〔註107〕他提出四種
對人民比較不好的治理方式，而解決方案是：「故先王明禮義以壹之，致忠信
以愛之，尚賢使能以次之，爵服慶賞以申重之，時其事，輕其任，以調齊之，
潢然兼覆之，養長之，如保赤子。」〔註108〕東西方在施政治國上都強調要以
「民」爲本，基礎若有先打好，那向上的建設通常就不會太差。荀子曾經稱
讚過秦國的風俗民情，認爲秦國「民風純樸」，純樸之民易於教化，而剽悍頑
固之民就比較難管教，此刻也正是施政者展現「意志」的時候，如諸葛亮治
理南中，不因施教之難而退縮，也不因民風的難馴而放棄，爲國爲民者就應
該要有突破困難的意志力。

　　君臣同心，有良好教育的人民讓政策能夠完善地落實，接著從下到上，
由淺到深的擴張，讓大大小小的政策法規一一站定位置，發揮功效，國家之
富強便指日可待，其中有施政者爲人民與國家著想所展現的「意志」，促使智
慧、氣力與技巧相互交迸生輝。實行的過程中需要「意志」的激勵與鞭策，
不僅是在較靜態的國家施政方面，在軍事或外交方面，若是有交戰的話就更
能明顯看得出雙方的「意志」。〈議兵篇〉裡說：

> 將死鼓，御死轡，百吏死職，士大夫死行列。聞鼓聲而進，聞金
> 聲而退，順命爲上，有功次之；令不進而進，猶令不退而退也，
> 其罪惟均。不殺老弱，不獵禾稼，服者不禽，格者不舍，奔命者
> 不獲。……王者有誅而無戰，城守不攻，兵格不擊，上下相喜則
> 慶之，不屠城，不潛軍，不留眾，師不越時。故亂者樂其政，不
> 安其上，欲其至也。〔註109〕

這一段是荀子對於軍隊制度、行進、戰鬥機制的主張。儒家對「兵事」的看
法，通常都是偏向自我防衛性質，可是也不是絕對禁止戰鬥。荀子之談兵事，
主要著重在大戰略的建設上，不談比較細節，多變化的戰術部分。儒家談「仁
兵」，不談侵攻，率領作戰的將領和指導戰略的謀臣，其思考方式和性格會影
響國防和戰爭，堅強穩定的意志能使軍人以保家衛國爲職志，就算是爲此犧
牲也不會輕易畏縮退卻，在戰鬥時憑著意志而衝鋒陷陣，在氣勢上也有可能
壓倒對方。領導將領的意志亦影響著軍隊士氣，例如項羽在被劉邦的聯軍給

〔註107〕清　王先謙：《荀子集解》（北京：中華書局，2013 年 3 月），〈富國篇〉，頁 188。
〔註108〕清　王先謙：《荀子集解》（北京：中華書局，2012 年 3 月），〈富國篇〉，頁 188。
〔註109〕清　王先謙：《荀子集解》（北京：中華書局，2013 年 3 月），〈議兵篇〉，頁 272
　　　　～273。

包圍追趕時，項羽還可以冷靜且勇猛地僅以少數的兵力去爭取一些小戰果，這般的神勇無畏能夠激起群體的戰鬥意志力；狄青在出陣時，用一百個銅錢祈求勝利，靠一百枚銅錢的神聖跡象帶起了軍隊的士氣，高漲對勝利的渴求意志，後來他們真的獲得勝利，可知「意志」能夠左右戰爭局勢，也會影響將領與部下之間的關係。

「倫理」幾乎囊括了整體社會「親親」、「尊尊」的人際脈絡，是一張緊密結實的巨網，再張羅其他一些外緣部分，儒家思想就幾乎無處不在。儒家重人事，對道德禮義上的剖析和要求無不是在調節人與人之間，人與社會之間的關係，但儒家也沒有忽略「人和自然」之間的關係。女媧摶土造人，人立足於大地上有萬餘年，人與自然世界的關係，甚至與非現象界的關係都很緊密。荀子視自然造化為實在之物，但不是採取利用完即棄置的態度，而是採取「共存共榮」的模式。統治者治國不僅要管人管事，還要管理存在於國境內的一切，因為自然環境與人民息息相關。西漢陳平當宰相時，曾對宰相的作用做解釋：「宰相者，上佐天子理陰陽，順四時，下育萬物之宜，外鎮撫四夷諸侯，內親附百姓，使卿大夫各得任其職耳。」〔註110〕宰相管理天下國事，不是要事事躬親，而是要讓適合的人去做適合的事，並且調節朝政的運作。「上佐天子理陰陽，順四時，下育萬物之宜」的意思是說宰相除了協助君王管理天下外，還要管理自然萬物，就像是管理自然公園或是注意漁獲量的變化，同時注重物我兩方。荀子也說：

> 大天而思之，孰與物畜而制之！從天而頌之，孰與制天命而用之！望時而待之，孰與應時而使之！因物而多之，孰與騁能而化之！思物而物之，孰與理物而勿失之也！願於物之所以生，孰與有物之所以成！故錯人而思天，則失萬物之情。

荀子之「制天」即為制自然，人與自然之共存不能只是消耗與破壞而已，必須要以正確的態度來處理。無論是君臣這邊還是人民這邊，「永續發展」的思想是彼此都要有的，在國民教育裡自然不可忽略。荀子之「制天」思想帶有一點「人定勝天」的意思，因為人的意志不會輕易被天象變化所動搖，但主要想要表達的是人跟自然的相互作用，與自然和平共存的「意志」能使人不會去破壞與輕蔑自然，確保保護與開發自然的政策能正確施行，注重平日的

〔註110〕漢 司馬遷著，日 瀧川龜太郎校注：《史記會注考證》（台北：大安出版社，1998 年 9 月），〈陳丞相世家〉，頁 123。

作爲，積極去保護自然所賦予生靈的一切。

第五節　小　結

　　對先秦諸子和荀子文本進行「意志」的考察，主要目的有兩個，一是經由對先秦文本的搜索與探究，從中發現「意志」的可能出現時代，意義上的變化，了解「意志」在先秦時期的使用方式，畢竟中國一直到近現代才出現「意志」兩個字，就像是個外來種。二是點出「意志」在荀子文本裡的重要性，加強且提昇「意志」在荀子思想中的效用跟存在感。

　　「意志」在荀子思想中的存在價值，本文認爲經過前面的一番長篇敘述之後，大致應該有替「意志」抬高一些身價。其實「意志」在很多地方都有存在，如千江之水，千江映月。最後我想用這段來做這一章節的結尾：

> 子貢問於孔子曰：「賜倦於學矣，願息事君。」孔子曰：「《詩》云：『溫恭朝夕，執事有恪。』事君難，事君焉可息哉！」「然則，賜願息事親。」孔子曰：「《詩》云：『孝子不匱，永錫爾類。』事親難，事親焉可息哉！」「然則賜願息於妻子。」孔子曰：「《詩》云：『刑于寡妻，至于兄弟，以御於家邦。』妻子難，妻子焉可息哉！」「然則賜願息於朋友。」孔子曰：「《詩》云：『朋友攸攝，攝以威儀。』朋友難，朋友焉可息哉！」「然則賜願息耕。」孔子曰：「《詩》云：『晝爾于茅，宵爾索綯，亟其乘屋，其始播百穀。』耕難，耕焉可息哉！」「然則賜無息者乎？」孔子曰：「望其壙，皋如也，顛如也，鬲如也，此則知所息矣。」子貢曰：「大哉！死乎！君子息焉，小人休焉。」〔註111〕

子貢大概是在修道的中途忽然覺得累了，萬念難起而想要放棄一切，然而這也可能只是子貢另一種問問題的方式，可以引起老師的注意。孔子認爲人活在世界上就要面對現實的一切，若是隨意放棄了，也等於是放棄繼續賴以「活」著的方法、工具，還有「意志」，那麼人不就變成了只會活動的形軀？有理想的人是不允許這種事的，即使人沒有一定要「任重而道遠」，也要懷抱著意志去過每一天。

〔註111〕清　王先謙：《荀子集解》（北京：中華書局，2013 年 3 月），〈大略篇〉，頁 492
　　　　 ～493。

第五章　荀子思想與「意志」問題的延伸探討

　　自孔子之後，孟子與荀子各自承襲孔子的「性善」和「禮教」思想，分成兩種道路發展。後來的發展不必多提，到現在「性善」思想還是比較盛行，但是兩位大儒的活動時期沒有相隔太遠，為何荀子說的會和孟子不同？過去學人幾不識荀子說「性惡」的用意，對此也沒太多興趣跟好感，但累積前人經驗與見識的現代學人，站在前人的肩榜上，就應該要試著解開荀子理論裡的一些問題。

　　跟孟子的思想體系不太相同，孟子的思想以「心性之善」為主體，教化、制度等就如眾星拱月般圍繞著「善根」的不變恆星，形成自身富足的思想宇宙。而荀子的思想結構比較像行星本身，以「禮義」為星體的核心，然後向外鋪排薄厚不一的「化性起偽」功夫，一層一層地形成一顆行星。而讓這一層層小型功夫和思想的地殼緊密聯繫在一塊，不使之潰散崩解的牽引力，我以為應該是「意志」。可是在繼續深入「意志」的相關議題討論前，對於荀子思想的理解還有一些需要再談一下。

第一節　荀子思想的深入探討與詮釋

壹、「性惡說」的積極性理解

　　由於宋明學術的心性議題之複雜及派系分支很多，後人比較容易看得眼花撩亂，而荀子思想雖然「謹此一家，別無分號」，卻也不好解讀。對荀子思

想的解釋，若是只採以往的思路來研究的話，只不過是舊話重提。根深柢固的先見會削弱一個人玩「腦筋急轉彎」的能力，因為沒有破除先立的思維框架，容易被既有的思維模式給阻礙或蒙蔽，荀子很早就明白「成見」的弊病，所以在文章中努力地呼籲要先「解蔽」。

古人多不喜「性惡說」，後人又受到心性學的影響太深，故在處理荀子思想的時候不能輕易擺脫成見之「蔽」。既有之見解不等於錯誤，只是以中國人的傳統眼光，或者說從受到思孟思想浸淫很久的東亞人眼光來看便是這個結果。積傳千餘年的思想不是可以被隨手擊碎的。但荀子的思想要在現代慢慢站穩腳跟，不能只用過去的思維來看。首先，荀子之所以要提出「性惡說」，可能是時代的大環境所致。面對時代動盪的不安、失望、與無奈，對人性也不抱持太多的美麗幻想，但堅強的心志卻給荀子對抗時代風潮的信念，與孟子一樣欲成為這時代的「中流砥柱」，這是荀子（儒家積極份子）的意志。既然時代已經是「禮壞樂崩」，斯文不復的局面，光是倚賴人性是不足的，必須還要配合積極適當的作為才行，這是社會政治環境結構的變遷所引發的連環效應，生活在其中的人必須去適應，或者做出改變，否則就很可能被時代拋下。過去西周時期穩定的宗法制度到了春秋戰國時已經腐朽滿蛀，平民自基層崛起，卿大夫之僭越和篡奪表示政治結構的崩壞，而「井田制」的破壞，周宣王「料民籍田」也表示社會結構出現轉變，一切如巨浪般湧進而難以抵擋，仍希慕著三代遺風的儒家份子不可能視若無睹。

另一個可能是荀子與孟子一樣在努力捍衛著儒家思想，並且認為其他家的學說是有問題的，從他的〈非十二子〉的內容中可以明顯看得出。和莊子的看法相仿，荀子認為其他家思想都有不同程度上的偏頗與不足，而孟子的說法不切實際，又參雜異說，加上那時候墨家的聲勢非常大，相對的對儒家產生威脅，以儒學後繼者為己任的荀子不可能視而不見，所以他提出「性惡說」、「天論」等觀點，想要做出思想上的導正跟補充，並且主動宣示儒家思想的正確性和重要性。

荀子曾待在稷下學宮一段時間，「三度為祭酒」，面對他所處的大環境，荀子勢必有重新思考過儒家的發展，考慮著需不需要做出改變還是繼續保持原狀下去。荀子不怎麼相信孟子的樂觀，人性已經越軌到了難以挽回的地步，整個大時代已經不是靠相信「性善」就能夠改變的，因為一些弊病已經累積得太久太深，如陳年老垢，若不用上比較強烈的手段便難以改變，無怪乎荀

子的改造手段比起孟子是顯得比較激烈。另外「性惡說」也比較符合當時風氣所帶給荀子的感受，時代或環境的氣氛很容易影響人的價值觀，不管是賢是愚，荀子自然也是被時代所影響的其中一份子。「性惡說」在某方面或許是貶低了人性的價值，但荀子卻思從別的管道來提昇人的價值，這是荀子理論的積極面。

　　現代人有現代人的角度，以現代人的眼光來解譯古人思想不一定正確合適，但是可以嘗試。第一，荀子「性惡說」對人的「社會化」有一個重要功能，即「性惡說」可以加強人在「社會化」的過程中要具備的積極心與參與心。「性善說」的重點是「善」的維持與擴充，本根已具，需要的是自我修養，比較不太借重外在的協助，基本上乃無需外求。然而換成「性惡說」的話就比較需要外在的助力，或者說社會文化環境對人的影響就顯得非常重要，因為人無法光靠自身來進行轉變，協助轉變的助力來自家庭、學校，或是工作場所，這些都是文明社會的組成單位，於是接受文明社會的規範和教化便等於是接受文明社會所給與的能力與工具。這裡不是說「性善」是全然迴避社會的影響，只是從進入文化或是社會力量之介入這個前提上來看，「性惡說」與社會文化思想是比較合拍的。

　　接著第二，荀子之說「性惡」是根於「理想」上來談的，是對立面的提出與反省。唐君毅說：「唯人愈有理想，乃愈欲轉化現實，愈見現實之惰性之強，而若愈與理想成對較相對反；人遂愈本其理想，以判斷此未轉化之現實，為不合理想中之善，為不善之惡者。古荀子之性惡論，不能離其道德文化之理想主義而了解。」〔註 1〕唐先生認為要理解荀子「性惡說」，是不可以忘記理論背後的，荀子對一個道德理想世界的期許和想像。這一個可以和前一個社會學看法相互參照，前面說的社會學是根據現實社會所需求這方面來理解「性惡說」，而這裡則是從將一般的文明社會給再進化超脫後的「理想世界」上來談的。

　　孔子常常談文武周公，愛好宗周禮樂，那就是他所嚮往的「理想」；同樣地荀子也有他的「烏托邦」，他的理想世界。由於現實的情況對他而言已經相當混亂不堪，遠遠脫離他的理想世界，而就「理想」而言，現實便是屬於不好的，不善的，眼下的現實世界並不算是善的，那活在其中的人也等於不善，

〔註 1〕唐君毅：《中國哲學原論：原性篇》（台北：台灣學生書局，1989 年 11 月），第二章，頁 67。

所以荀子才會說人「性惡」。孔子孟子或許也是這麼認為，只是荀子從其「理想」的對立面來談，於是才會和孔孟相反。這個說法和先前論「性惡說」時，所認為的「性惡說」是為了鋪陳「化性起偽」理論的背景很像，但是唐先生的說法將這個陳述背景給更加以明朗化。

最後，在生物學的分類上「人」也是動物的一種，而人類一生下就比很多動物還來得脆弱，當嬰兒還不會跑跳爬，通常只知道替自己的需求或情緒做出直接反應時，沒有多少道德和律令能告訴嬰兒什麼是對的，什麼是可以做的，反正嬰兒也搞不懂那些。人一開始不明白道德與對錯，荀子的「性惡說」對應了這項事實，而孟子的「性善說」卻看似先替「人之初」架高了地基。長年研究人性的孔憲鐸認為：

> 性善論在中國文化中佔有主導地位，孟子的性善論指出，人之初就
> 具備了善的本質特點四端（惻隱、善惡、辭讓和是非之心）。不具備
> 這種善的本質特點，就不能稱之為人。這四端成了中國人「做人」
> 的起點和資格。孟子的性善論把人的標準定的太高了，也就是把「做
> 人」的起點定得太高了，很難做得到。相反，性惡論在西方文化中
> 佔有主導地位。在西方信奉人性本惡的文化中，「做人」的起點離人
> 性中的動物性很近，故而「做人」是一件順其自然的事情，因為在
> 西方你一生下來就是人，用不著「做」人。〔註2〕

孔憲鐸覺得孟子說人性中有「善端」的看法把一個「人」的原始數值給調高了！在西方人眼中的人類是很普通的生物，具備本能跟慾望，而孟子把人性看得太高，好像人一開始就頗具「聖人氣象」，而且孟子以善端之有無來區分人與動物，似乎也把「要作為一個人」的標準給訂得很高。但是孟子區分「人性」與「動物性」的看法，可以解釋為人之所以是人是因為具備「善端」，所以人才不只是個動物。此外孔先生說孟子把「做人」的標準立得太高，可是「性善說」裡只是認為人性中也有和情感慾望一樣，有根源於其中的「善」，若是把慾望看成「惡」，那麼孟荀的人性之「出發點」的差異在於人有沒有天生的「善」而已。

「性惡說」之提出，自過往看來是時代的環境使然，而從現代來看則是蠻符合社會學和生物學理論，兩相對照下對「性惡說」的解讀都比較實際客

〔註2〕孔憲鐸、王登峰：《基因與人性》（北京：北京人民出版社，2009 年 9 月），頁
62。

觀，不是採形上的觀點來理解。「性惡說」不全然是對人性的「先抑後揚」，應該是對本然性質的重塑與提昇。孔憲鐸認為「人」的完成是先天與後天相互揉合後的產物，所以他認為「性善說」跟「性惡說」都只對了一半，或者可以說兩者都只說了一半，只不過荀子的「性惡說」更符合他對人性的基本定義。「性惡說」將先天與後天條件的比例做出大幅度的對調，生物意義上的人容易隨著慾望本能而行，於是後天的作為更具有決定性的影響力。

貳、荀子「人性改造」思想的再理解

　　荀子很多看法和現代的社會文化學思想很靠近，那麼從「性惡說」延伸出來的人性改造方法—「化性起偽」應該也可以用相同的理論來作解釋。「化性起偽」是後天的改造運動，經由適當的外力來導正先天的缺陷，補彌其不足，規範人的行為心態之動向。

　　無論是儒家、道家、還是法家，對人性，思想行為的規範與改造都是先秦諸子思想體系裡必備的一環。因為各自都有對「善」，對「理想境界」的定義與嚮往，所以天生就不夠好的普通人就必須經由一些變化跟改造才能讓自己離那遠方的理想更靠近些。荀子的「化性起偽」思想也一樣，說實話也就是另一種改造方法，不是憑空冒出來的特別程序。一般人需要「教化」或「改造」，而這兩者可以被細分，「改造」是對原先的狀態，還包括對已經發展一段時間的狀態進行轉變；「教化」是指教導和變化，涵蓋了「改造」的意義。在社會環境把一個人給徹頭徹尾改變以前，經由教育、法令等方式進行合適的調整與規範——這是在對整體文明與社會有益的需求之下。

　　文明建立在人類與時間、空間的奮鬥當中，如堆千層糕一樣慢慢趨於穩定成熟〔註3〕，在群居生活擴張的同時，文明與文化也一塊扎根茁壯，物質與精神財產的累積、汰舊換新，在不同的時空背景下，人類社會便各自建立一套價值觀與行為標準。翻查人類的文明發展史，東西方對人性的看法不太相同，西方還有「原罪論」的思想，可是「道德」、「良善」卻幾乎是各個不同大小的地區文化都要求的。放到更大的價值框架裡，人性之好壞似乎就顯得微不足道，或者說就更容易被改變或隱藏。秩序與混亂，安定跟動盪等在歷史上經常是輪流出席，在動亂當中極可能會碰撞出新的火花，新的分子，可是文明的建設亟需要安定的溫床，如在打地基時總是地震是弄不出好地基

〔註3〕文化跟文明的分別，文化比較偏向精神思想上的創造，而文明則偏於物質。

的，加上絕大多數的人比較傾向於安穩，過於動盪不安會大大消耗心力，更容易危及自身，所以能使整個社會架構維持恆定不亂的價值思想，通常會被統稱爲「善」或「好」，相反的則是「惡」、「壞」。

　　普世思想出現在一個建立以久的文明社會當中，文明與文化的國度需要穩定與和平，而被定義爲「善」的價值裡也包含穩定與和平，以及能使穩定跟和平出現的要素，於是道德良善就成爲普世價值中的重要份子。普世價值中的「性善」看法與前人幾無二致，即「人性之中若無善那要如何出現善」，這是很順理成章的想法。普世價值以「道德良善」爲圭臬，通常不只是因爲「道德良善」具有超越一般性的理想式美好，若仔細觀察被歸類爲善或惡的東西，就會發現有些其實是比較中性的，多變的，無法很單純地被歸類，例如「不穩定」這個因子，從壞的來看是造成解離、破壞的潛在根源，難以被信賴；但從好的來看則代表變化，不受框架所束縛，具有可塑性。所以有些元素要被歸類爲「善」或「不善」還得從發展過程與結果來考量，不是光看最初的動機，容易發生變化的事物無法只瞧其一端。經過長期的觀察跟實驗，文明社會中的一般價值跟傳統也慢慢形成，大多數社會系統之所以極力呼籲道德良善，是因爲關乎「道德良善」的價值已經被允許，被認可，被認爲是社會文化之發展所需要的元素，於是社會體系要求人向善和行善是很正常的。

　　荀子認爲人性若「順是」發展而沒注意其走向之好壞，沒人告知行爲的界限在哪，太超出範圍就可能會觸犯社會所規範的警戒線而被視爲「惡」。文明社會爲了維持穩定和發展，會弄出一套規範讓生活在其中的人知道行爲的可行範圍與程度，像交通號誌、規章說明等是可見也常見的實體規範。無形的部分如傳統風俗、地方制度，團體規矩等能指導人的基本思路，小的能散佈到一個團體、一個機關，大的則能遍及一座都市，一個國家，有形無形的各種規定、法條使得一個社會的運作與存在得以穩固久安。若是跨越了界線，在容許範圍內還能允許，可一旦跨出太多太遠就會擾亂安定，如天秤的兩端會因過多或過少而無法保持平衡。荀子的「性惡說」放到現代社會學裡能有合理的解釋，也就是說初始的人性在接觸到社會環境後，容易被誘導眩惑而做出過份的行爲，而「化性起僞」則是指藉由文明社會所設置的禮儀規範的引導，使人的行爲能合乎正軌。

　　荀子曾說：「直木不待檃栝而直者，其性直也。枸木必將待檃栝烝矯然後

直者，以其性不直也。」〔註4〕荀子以木頭做喻，表達因為人之性惡，所以才需要外力來轉變。荀子以「木直」作為一般正常的標準，而「不直」便是有瑕疵，倘若換做以「不直」為準，那直挺挺的樹木就會被列入矯正行列，這也表示「標準」是人訂的，自然也是可以變的。流傳久遠的社會價值是積年累月才形成的，而之所以能夠保存至今，或沒有被放到次文化裡，不啻代表著那些社會價值觀、行為模式是被允許與被肯定的，即使這些價值觀不一定等於真理。在古代中國，「皇權」的地位與力量之大，可以輕易凌駕於任何思想與規範之上，也就是說在「皇權」面前，很多價值思想、規範等都可以被重新解釋與建構。例如漢武帝採董仲舒的建議而「罷黜百家，獨尊儒術」，或是「白虎觀議會」時漢宣帝對經文意義的選擇解釋等，這些都會大大影響到很多層面，可是皇帝的作法和決定並不等於正確，有時候只是為了國家的方便統治，甚至還只是出於個人的好惡而已。所謂「道德」也是常常被「微調」著，好在「道德」和文明社會的存在都一樣遠久，最基本的「道德」內涵不會被輕易改變，「道德」本身所具備的「安定和諧」性格比起具有破壞性的「非道德」更受到青睞，因為需要「長久經營」的社會環境要藉此來維持體系的完整，避免會引發結構鬆動的行動或思想的產生，除非是這些正面價值被誤用或濫用，不然在一般情況下要求「道德良善」是理所當然的。

　　除了社會文化體系的需求，還有「道德回饋」上的問題。人做事通常都有目的，而目的不一定會基於道德感，常常會帶點功利性的意圖。「功利主義」是指計較彼此的利害關係，權衡好壞之差異，基於人性的自私面會優先善待自己或是與自身相關的事物，擴大來看就會為了一個團體，為了絕大多數有相同背景、利益、或價值觀的人做出優先考量，將次等的，比較不重要的擺到一旁。普世觀念雖然要求道德良善，替人著想，但是真實的社會中卻是笑容和利爪兼具，其殘酷面亦反應出現實的利害關係，會使社會運作產生不利的行動便要求停止，可能讓一個主要團體，或多數人蒙受損害的舉止也會給予遏止，這可不是單純的道德勸說，而是基於現實的利益好壞而做出的限制，限制一個人過度越界的舉動。相反的若是順著社會規範來行事，社會通常會贈予回饋，類似商鞅「徙木立信」的例子，遵循著社會文化的基本價值或規矩，可以保證做事順利，還能博得名聲，行善有了實在的目的能賦予動力因，在情感上得到滿足、讚揚，或者依賴，這些也是一個使人持續為善的動機來

〔註4〕清　王先謙：《荀子集解》（北京：中華書局，2013 年 3 月），〈性惡篇〉，頁 427。

源。

　　孟子談「義」而不愛談「利」〔註5〕，比較著重「義」的發明，荀子的態度也是「義」大於「利」，但是荀子認為人性是「好利惡害」〔註6〕，追求好處與利益乃人之常情，而且荀子又說：「畏患而不避義死，欲利而不為所非」，人性之好利不是要被強制壓抑，而是要明白哪些利益可取，哪些利益則不可取。荀子認為：

> 欲惡取舍之權：見其可欲也，則必前後慮其可惡也者；見其可利也，
>
> 則必前後慮其可害也者，而兼權之，孰計之，然後定其欲惡取舍。
>
> 如是則常不失陷矣。凡人之患，偏傷之也。〔註7〕

見到想要的目標或利益，在追求之餘也要考慮事情背後的好壞，才不會隨便吃虧上當。孔子說：「不義之富與貴，於我如浮雲。」〔註8〕孔子之意非不取富貴，而是「不義」的財富利益便不取。富貴利益當然可以拿，人也是要滿足一般的食住需求，但要注意的是取得的態度跟手段。

　　荀子的思想常被人說有些功利主義，一方面是因為荀子思想中所具有的實際性所致，另一方面是其理論實踐之要求所帶來的副作用。「化性起偽」是取外在的力量來進行改變，糾正行為與態度，教之以一般常識跟文化價值作為立身處事的依據。一般情況是學生或受指導者接受指導來做事，可是少數情況則是受指導者不能理解指導者所給的訊息或命令，甚至是不肯聽從指導者的話。放到社會體系中來看，社會階層的關係通常是上命令下，下聽從上的關係，從家庭到公司團體，到國家機關幾乎四海皆準，倘若是產生上不能命令下，或者是下質疑上，抵抗上的情況，一個團體的結構就可能會發生動搖。荀子認為有三件對人不好的事：「幼而不肯事長，賤而不肯事貴，不肖而不肯事賢」〔註9〕，其中「賤而不肯事貴」是放在「社會階級」上來看的。過去的階級分別很明顯，上下隔閡很大，到近現代才比較沒有太顯著的階級之分。自今日的眼光來看當然認為那是一種封閉和落伍，沒有自由與尊重，可

〔註5〕孟子：「王何必曰利？亦有仁義而已矣。」或宋牼之楚遇到孟子，孟子以勸告宋牼勿以「利」止戰。

〔註6〕〈榮辱篇〉：「材性知能，君子小人一也；好榮惡辱，好利惡害，是君子小人之所同也」。

〔註7〕清 王先謙：《荀子集解》（北京：中華書局，2013年3月），〈不苟篇〉，頁51。

〔註8〕宋 朱熹：《四書集注》（台北：藝文印書館，1978年4月），〈論語四·述而〉，頁5。

〔註9〕清 王先謙：《荀子集解》（北京：中華書局，2013年3月），〈非相篇〉，頁76。

是在過往時代裡就意味在一個時期內的社會環境的階級分別越嚴密，這個社會就會處在一個相對穩定的狀態，當然前提是進行管理的當權者要有高超的治理手腕才行，一如西周前期的封建制度，不然社會結構的動搖亦難以避免。荀子生在封建制度差不多要走入尾聲的時期，階級的激烈變動也是造成時代動亂的原因之一，所以「賤而不肯事賢」才被荀子看得很嚴重。現今社會看似都人人平等，可是階級的分別依舊存在，現代人當然不可能再回到過去那階級森嚴的時候，也不會逼迫人必須要服從階級，但是至少在基本倫理上還是會要求上下的相互對待之道。倫理跟階級也是密不可分，如鋼筋梁柱一樣維持整個社會體系，所以教導者會傳授倫理，要人遵守一般規範，在最低的要求下使整體社會不至於陷入混亂，讓政策、法規等社會的流動細胞能正常作用，對大多數人也都有利，而因為對己有利所以願意去遵守，相關規範也就比較容易被人肯定與接受。

　　「化性起偽」不全然只為了道德而做。由於太放縱性情發展而導致一些違背社會標準的事情出來，那基本優先要做的是要讓人知道並且遵循規範。道德的內化需要時間跟心力，難以一蹴即就，所以先從「利益面」來「循序善誘」會比較簡單有效。孟子光談「仁義」有時會產生只注意到遠處的粗糙，容易好高騖遠，必須要兼具道德與利害兩種成份，才可能使理想與現實一塊共存。韋伯探討城市中天主教徒與新教徒的社會地位跟經濟能力之差異，他發現新教徒在經濟與社會地位上都比天主教徒為高，而一般人多認為新教徒汲汲營營於牟利，貪得無饜，導致宗教的修行與威信出現動搖。但其實新教徒卻是把虔誠嚴謹的宗教信仰和高明的經營手段做出兩相得宜的調和，經由勤奮不懈的工作以榮耀上帝，錢財和地位只是附加價值〔註10〕。「認真做事」是為了「榮耀上帝」也算是「義」的一種表現形式，荀子說：「先義而後利者榮，先利而後義者辱」〔註11〕，「義」跟「利」彼此並沒有相互隔絕，只是荀子還是比較看重「義」而已。荀子勸人勵學習禮，治心向善，先為了社會上的安定，以免「悖亂恇慢」，尚不是只為了成就仁義，道德完成與社會穩定可以並行，在謹守規範的同時亦修身養性，雙管齊下，假以時日，社會面與道德面兩邊必然有成。

〔註10〕王威海：《韋伯：擺脫現代社會兩難困境》（瀋陽：遼海出版社，1999 年 4 月），〈新教徒的職業觀念〉，頁 83～86。
〔註11〕清　王先謙：《荀子集解》（北京：中華書局，2013 年 3 月），〈榮辱篇〉，頁 58。

從社會發展、生物條件和功利層面分別來解析荀子思想，在很多地方是若合符節的，原因是荀子理論中的很多元素都與文明社會的構成密切相關，教育、法規、習俗等都是形成人類文明的零件，維繫並且不斷淘汰成長的動力來自許多層面，換句話說荀子早就相當了解人類社會的內涵。學習道德，修養心性沒有想像中的單純，人類有選擇的能力，「道德」並非是唯一解。可是在很多考量上「道德」也是必須被社會文化所贊同與需要的，人生在其中不可能不去面對。長期的薰陶下來，人類習慣了社會文化的價值觀，遵守著這些價值規範而獲得好處，「道德」本身似乎不是真的是被關心的大事。這樣說會讓人感覺冷酷、勢利，可是「道德」本身就是跟著時代與文明一塊發展而出，不可能獨立存在，人可以為了一個篤信而行道不止，卻不能把道德面與現實面給完全割裂開來談，不是每個人都是聖人，但還是可以嘗試去作，現實利害與道德良善的相互協調才是通向最終理想境地的道路。

第二節 「意志」與為善問題之探究

無疑的，現代社會的複雜程度遠勝古代社會，有些事物是過去沒有但現在才有，而有些事物則是過去就有但現在卻沒有。時過境遷，人類所創造的文明社會也以不同快慢程度的腳步在改變，文明社會像個有機體，人是活動在其中的細胞或組織液，內部的組成和變化不停地在更新著社會，反過來人類所創造的一切也在對主人施以無形的變化之手，外部亦影響著內部。

「意志」也是一雙無形之手。人類社會由不同的軟硬體所構成，缺一不可，其中「軟體」的部份是指「文化」，孔子很明白「文化」的重要性，並且擷取其中的精華部份作為做人處世的準則，而孟子與荀子則再挑取能夠獲得文化精粹的不同路線，各自發展。關於人類文明發展的各種原因，有形之力比較容易被看見，而無形之力就比較不好被指出，「意志」之力便是其中之一。

壹、論「意志」與「自由意志」的關係

荀子思想需要後天的一些配套措施來協助進行，修養從自身開始做起，結合外部的影響與幫助，使一個人在長期的「潛移默化」與自發自立的情況下逐步建立起道德事業。但回到「修養」自身，畢竟這是一個必須獨立進行的活動，若能無視其他影響因素，也就是能在各種因素下依舊實踐不輟，才是真正獨立的修養。

　　能夠獨立修養亦能夠獨立於世，天高地闊，俯仰無愧，這是修道者都很想達到的境界。儒家之修道者要成為聖人，使身心能進入一個理想境界，從最初到最後還是要靠自己來，所以自我對「道德」的堅定不疑，或許是唯一能開啟至高境界的鑰匙。可是一個人能邁向聖人之路與否，常存乎一念之間，人的「自由意志」可以左右著許多事情的發展。先不論所謂的「命運」，人的選擇會構建起因果的鎖鏈，選擇的時機、好壞等會影響未來的發展，人要成為君子或小人也要看自身的抉擇。「自由意志」和本文說的「意志」不同，前者是說人能夠按照自己的思想來做選擇，後者則是指一種具持續性的精神之力。

　　「自由意志」看似可以脫離看不到的絕對意志的掌握，使人擁有可以駕馭自我生命的能力，於是很難說人會向善還是向惡。但其實「自由意志」並沒有想像中的那麼隨興。人的思想、習慣和價值觀等很多都是從小培育起的，所以大部份時間裡人是根據早就存在的價值觀、習慣和經驗來做出選擇的。巴夫洛夫的「反射定律」實驗裡，他證實了生物會因「制約反應」而執行一些特定的，重複的動作，放到人身上也有，生理方面沒有完全的自由，我們好像能任意地做出很多事，但更多時候是受到一些長期刺激與體內激素而做出相應行為，只是我們常常不能感受到而已。換到心理層面來看，我們可以做出許多想像，選擇今天想看什麼節目，決定要吃那種晚餐，看似我們的思想是很自由的，可是當人要在 A 與 B 當中選擇其一時，絕大多數的情形則是：早就在選擇出現前就已經大致決定好了。或許中間還會猶豫不決，但是一個契機或是一個感受就能夠促使決定成行，而那個決定不是憑空冒出來的，是早就在做選擇前就藏根在心中，只是看當事人有沒有意識到，以上這是「決定論」的看法，與「自由意志」相反。

　　這一節沒有要作深入探討，因為「自由意志」與「決定論」是已經被討論很久的議題，在此只是想藉由這些命題，來探究一個人後天的「善惡」取向是如何發生的。照「決定論」的看法，人似乎沒有真正的「自由意志」，可是一個人本來就無法脫離過往所累積建立起來的「自身」，基於這個前提之下，「自由意志」的定義應該可以說在自我做出思考與判斷時，不受當下情境條件的影響，能夠做出與預定反應相反的決定；也就是當一個人處在相同的情況或條件下，照理說應該會選擇甲的情況下，那個人卻選擇了乙，他轉變了原先會自動柢定的選擇行動，這樣才可能是「自由意志」的表現。排除掉

過往與經驗的「自由意志」也不是真實人類意志的表現，於是要做出明確的定義非常困難，但在最基本條件的允許下，我們不會被其他因素給完全「強迫接受」，可以在選擇過程之中企圖繼續思辨與掙扎，或許這是最低程度的「自由意志」之展現。

在思想的掙扎中，也包括對善惡的爭執。「自由意志」也和一個人的善惡有關，荀子說：

> 世俗之為說者曰：「堯舜不能教化。」是何也？曰：「朱象不化。」
> 是不然也：堯舜至天下之善教化者也。南面而聽天下，生民之屬莫
> 不振動從服以化順之。然而朱象獨不化，是非堯舜之過，朱象之罪
> 也。〔註12〕

引句裡的「朱象」是指堯的兒子丹朱，以及舜的異母弟弟象，這裡只取舜與象的故事為例。舜與象雖然是兄弟，但是兩人的行為表現卻大相逕庭。荀子在此點出一個很重要的疑問：堯舜之德堪比聖人，丹朱和象是他們的親人，為什麼他們卻沒有成為善人呢？兩人住在一塊，就算沒很親近，照理說舜應該也會依照兄長的義務去教導弟弟，至少舜的行為應該會影響到象，但是為何象沒有成為一個好人？是舜的教育方式不夠好？還是舜其實沒有教育他弟弟？荀子認為這不是舜的問題，是象的問題。孟子說人之放心縱慾，會使善端無法茁壯，他也注意到人的一個選擇問題：從其大體或小體。現在問題出現了：既然說是象的問題，那意思是象無法成為聖人？還是說象並不想成為聖人？由於在先秦儒家的思想中沒有「誰才能成為聖人」的先天條件，所以原因應該是出在後者。

在傳說中舜的後母對象的影響應該很大〔註13〕，或許也很難說是象自己不想成為善人，但「象」應該也是有「自由意志」的，他也可以選擇做好做壞。孟荀兩人都有注意到人的「自我選擇」問題，就算孟子說人「性善」，也無法確定人就會選擇持續行善，因為人還是會為惡；換成荀子這邊，人之良善要靠後天建立，但也無法確定人會選擇化性從善。即使是被荀子所看重的良好禮樂傳統，人還是會根據許多內外因素來做出選擇，不會因為「禮樂」或傳統制度等是否完整良好而無條件跟從，兩方的問題咸在於一個個體的決定，無論是出於情感或理智，通向善惡的兩道門總是會打開其中一扇。在開

〔註12〕 清 王先謙：《荀子集解》（北京：中華書局，2013 年 3 月），〈正論篇〉，頁 328。
〔註13〕 《三十六孝》裡舜的後母常常和象一塊慫恿瞽叟去設計舜。

始進行修養以前，善惡的指針之搖擺不定總是難免，所謂「自由」就是沒有絕對偏袒某一方的，而當一個人自身的修養、經驗、智慧，還有意志力等已經趨近成熟與完善，會選擇從善行道的可能性就能夠逼近最高，無論人性如何，人還是有辦法可以走向聖人君子的道路，這應該是荀子所相信的一件事。

貳、為善，或不為善，這是個大問題

肯不肯或是想不想屬於「選擇」問題，在古代的思想世界裡，個人的自我選擇或意志取向的問題並沒有怎麼被提及和討論過，是到近現代才慢慢被受到重視。個人的「自由意志」常需要一些契機，那認同道德良善，並且決定選擇去向善的契機是從哪裡來的？又是為什麼呢？

這一小節要試著來推測幾個可能原因。第一，選擇從善是一種「信仰」問題，也就是「相信」問題。「信仰」一詞聽起來好像跟宗教有關，其實若對於一項概念，一個存在等產生仰慕、認定的想法都可以被歸類為「信仰」，例如十八世紀後工業時代人們對於「科學」的信仰。「信仰」來自於「相信」，認同某件事物的重要性，神聖性，還可能包括利益，而且「相信」還有個特徵，就是非理性的執著，固執，幾乎是無法解釋的，即便不是全然如此。相信上帝可以給予救贖，相信努力之後可以有收穫，相信有權力可以使自己得到更多，相信的東西與背後原因各各不同，而儒家是相信「道德」是做為一個人所必需的，是一個人立身處事的終極原則，所以若相信「道德」實踐是一輩子的使命的話，這種的選擇就比較不會變動。荀子說：「心知道，然後可道；可道然後守道以禁非道。」這不是一個很輕鬆自然的順接過程，因為知道不一定會可道，就像是得知辦理一件事需要好幾道程序，卻因為覺得迂腐或麻煩而不想認同。「道」之本身當然不能與一般事物等同劃一，儒家或道家等所說的「道」也不相同，可是「道」本身的「真理性」、「神聖性」、和「正確性」仍然毋庸置疑。荀子「相信」因為「道」本身具有的絕對性質會讓人「自動」去認同和實踐，也就是「道」有說服力，讓每個接觸「道」的人會相信：依循著「道」來立身處世就能夠改變自身，使一切更好。人「相信」著某項東西，「自由意志」會被「相信」所拘束，能做的選擇少了，但做出選擇之後就能堅定不移。

第二個可能是：為善能否得到「回饋」的問題。「回饋」的內容有實質和非實質兩種，如同前面說過的，文明社會藉著法律、習俗等來指導與規範他

人，為了身處在這個體系內的成員好（當然也包括自己），也為了整體社會的安定，在社會體制還很健康良好的情形下，無論如何在絕大多數時間裡，文明社會是不會作出會妨礙或破壞自身體系的選擇。可是「人」的本身不太安定，擁有「自由意志」所以不一定會乖乖聽話，此時「糖果與鞭子」就會出現，若不是用嚴刑峻罰這種「強迫性」的手段，抑制「自由意志」而謹守規則，另一種軟性手法就是給予相對的好處或鼓勵。

　　人有很多時間是依照著類似的條件或環境做出重複反應，就像看到「火」就會想到「熱」一樣。遵照著一些規則、傳統去做，很多時候只是理所當然而已，沒有什麼酬勞或安慰獎。早就習慣的人或許不會感到怎樣，但是有些人則會認為：我確實是照著規矩努力去做了，為什麼連一點鼓舞或獎勵都沒有？幾乎沒有人會希望做「白工」，就算是出於好心投個零錢給乞丐，也希望對方會說聲感謝或心懷感恩，絕大多數的情況下，無形的東西無法引起太多刺激，因為人是感官的動物，過於細微隱晦或是放在腦袋裡的東西，對方因為不能感受到，所以很容易造成雙方的誤會，或是感到徒勞、空虛。康德認為做道德之事是無關心情的，若是要使心情好而行善並不等於是擁有真正的道德，做了才感到心情愉快依舊不能算是真道德，其重點在於道德意志之實踐和任何目的皆不相關。只是康德說的是哲學理論中的一個理想狀態，現實當中若沒有一點回饋，無論回饋是實質與否，就容易會讓人感到空虛，進而熱情就會冷卻。「規範」、「習俗」本身是無形的，但因為做與不做通常會引發一些實質效應，例如違法就可能會被處罰或判刑，如此才能發揮到警告和嚇止的功效。另外如果學生可以把功課做得很好，或是很遵守老師說的話，學生能得到一些鼓勵，也會使學生更加願意去聽從老師的話。自發自立是困難的，做白工則盡量會避免，想要使一個人決定努力去做，或是決定不要去做，通常要有一定程度正反面的回饋或刺激，才能使人的「自由意志」決定往某一方靠攏。成為聖人君子，完成「道德」是儒家全體的共同理念，可是對一般人就不一定很有吸引力，儒家學者必須要讓他們能夠看得見，能得到一些東西才能達到說服的成效。

　　荀子在〈儒效篇〉裡大談「儒」的重要性，其實是在述說大儒的好處。雖然儒者不像百工，不具備什麼專業技術，但是儒者可以統合、管理這些百工，安定朝政，輔佐君王治理天下，這就是儒者自身的專業與「好處」。君王不懂儒者的價值，是君王的「蔽」，荀子必須要撥去迷霧，讓上位者明白儒者

之用，進而了解道德禮義治國的好處，而君王若能明白這些，就會選擇重用儒者。看起來是君王「相信」儒者的必要價值，從明白到相信是強化「決定」的過程，單單只取「好處面」可能會太過於現實，但不是每個人都喜歡做沒有一點回饋的義工，況且「相信」的本身也包括了對現實與理想的期盼跟堅持。在第二點中凸顯回饋的誘導功用，口頭上的鼓勵與道謝也能發揮效果。「理想」要從「現實」當中慢慢建立，「現實面」的好處是可見並且能推斷可能的結果，如果「爲善」的可靠度比較高又值得投資的話，人就可能會考慮爲之。

　　第三個是「境界」的感召，這個可能要跟第一點做配合。「境界」者像是一種最高級的形容詞，超出感官與常識的層級，通常只有感受過或接觸過的人才能心領神會。歷史上不乏觸及某種「境界」而頓悟醒覺的例子，如王陽明被貶到貴州龍場後，在一次對「生死」的嘗試裡而頓悟，這是哲學史上著名的「龍場悟道」。牛頓被蘋果打到，後來發現「萬有引力」，同樣是「悟」，但牛頓沒有經過很明顯的「境界」感召，畢竟「境界」不是可以隨意地被呼來換去的，很需要一些條件與運氣，而且偶然踏入「境界」並不代表一定可以理解或感受到什麼，因爲「境界」本身無法被輕易說明。總歸來說，藉由一種感動或刺激，使人的思想取向傾向某一方可以有很多方法，而「境界」所引發的影響，能打散心中的迷惑與不明白，讓某種眞理顯露而出，那人就會以那個終極之物做爲優先選擇，這便是境界感召的力量。

　　「境界之感召」跟第一個「相信」的關係，算是「藏寶地圖」與「藏寶地點」的關係，因爲「境界」本身是否存在難以確定，何時出現，是什麼型態也無法得知，就像是藏寶地點。「境界」的高低深淺不好推估，更何況是關於「道」或「眞理」的境界，以一般情況而言，虛無飄渺又不能確定的東西會使人有不踏實感，進而無法相信，無法繼續，理智上已經先繳白旗，「自由意志」當然不會去理會投降者。此刻還能夠負隅頑抗的就只剩下「相信」，憑藉「相信」所指出的目標和因此產生的意志力，讓「自由意志」有了可靠的方向，或者讓「自由意志」屈服在所相信的事物之下，爲之奔走。

　　以上三個方式是比較可能讓人爲善的原因，即給予一個較固定的方向，實際上也是用別組條件構成環境，使「自由意志」順著來作反應。可是還有一點需要來思考一下，假使選擇爲善，最後卻換來不好的回報，那要如何確信一定要行善守道？這大概是當孔子受困於陳蔡時，心裡也曾冒出的疑問吧？正面的回饋會帶來激勵，但負面的回饋卻會帶來失望與害怕，就像是刮

彩卷。在〈宥坐〉篇裡有一段子路問孔子爲何有德君子卻是躑躅困頓於此？
不是說上天會保佑有德之人嗎？或許子路只是爲他們的處境著急，但也表達
了即便是付出相當大的努力與時間，能不能得到什麼回報卻不一定。孔子回
答：

> 且夫芷蘭生於深林，非以無人而不芳。君子之學，非爲通也，爲窮
> 而不困，憂而意不衰也，知禍福終始而心不惑也。夫賢不肖者，材
> 也；爲不爲者，人也；遇不遇者，時也；死生者，命也。今有其人，
> 不遇其時，雖賢，其能行乎？苟遇其時，何難之有！故君子博學深
> 謀，修身端行，以俟其時。〔註14〕

孔子的回答倒是相當豁達，他看得很清楚很多事情，而且在漫長的歷史裡不
就有許多例證嗎？孔子「相信」道德本來就是君子的份內事，就算是懷德不
遇也不會就此消沈，忘卻初衷。這番話裡嗅不到一絲「功利」氣味，他相信
道德之追求是對理想的期許與堅持，不能用現實利益來衡量。可是一般人比
較寧可是「皇天不負苦心人」，出了一百份力氣卻只得到三十份回饋會使人氣
餒或憤怒，「爲善」之心就會出現動搖。能解決這問題的答案，要不是在損益
面上能得到一個妥協的平衡，不然就要靠長年深刻的修養以廣大識見和胸
襟，以積累所帶來的堅定意志去超越殘酷的現實面。

　　現在換個方向來想：若是不去理會，不做「道德」的事，卻能夠得到很
好的收穫，那人有選擇「道德」的必要嗎？在考試時候作弊以得到好成績，
雖然不是很好的行爲，卻能得到很好的結果，至少是當事者想要的，不啻也
會鼓勵他們繼續這麼做。「道德」無法規範所有的大小事情，總有鞭長莫及之
處，如舜帶著父親逃到海濱過活的故事，也是一個在「道德」選擇上的複雜
例子。走私銷贓或販賣毒品等雖然可以得到暴利，但是在文明社會裡是不被
允許的，這是第一個——外在的約束力。很多事幾乎都有代價，做好事或許
沒有什麼功勞，但是做壞事就可能要負擔危險，因爲會危害到社會體系的秩
序與安全，爲此必須設下層層把關，提高風險讓人明白不爲善可能會引起的
負面作用。第二個，「利益」分配的不均會導致混亂，例如一塊大餅分的人越
多，能分到的部份自然就越小，這時若有人硬是要比較大塊的，那剩下的就
會更少，勢必會有人出聲抗議。不以道得之，通常會比正規的手段還多，高

〔註14〕 清 王先謙：《荀子集解》（北京：中華書局，2013年3月），〈宥坐篇〉，頁508
　　　～509。

風險帶來高利潤，可是在同一個市場裡就是這麼一塊餅圖在分，如果有人發現某人竟然得到比較多，就會引發注意，進而因嫉妒、眼紅而進行搗亂或爭奪，「黑吃黑」就是指「利益」分配不均時所引發的情形。

第三個是「罪惡感」或「內疚感」，「罪惡感」主要奠基在「道德」上，道德實行或回饋上的缺失會引發罪惡感，而「內疚感」則是出自一種思想上的缺憾，是不甘願的心理狀態。這些心理狀態的存在，其消極面會使人退卻，不敢繼續做無道之事；積極面則會使人反省，甚至制止繼續為惡。孟子的「四端」裡有「羞惡心」，即是說人會因罪惡感而感到羞恥，荀子沒有在說「四端」，但是一個人若是修養久了，自然也會對不善之事感到羞恥。在現在社會裡採取不法不道的行為來獲取利益，可以經由法律來限制或剝奪，這是外部手段。內部手段則需要道德和理性的勸說，曉以利害，使「罪惡感」或「內疚感」從消極轉為積極，不是只會逃避龜縮，擴張負面心理，越陷越深，而是以積極正面的態度去遠離不道，追求有道。

現代人必須遵守社會規範，接受文明薰陶，是那些引導我們走上「好」的，「有道德」的道路，可是因為人本身的不定性，「自由意志」的潛藏變動性，人會選擇別的方式來生活。法律要求行人過馬路時要走枕木線，駕車的人不可以隨意左轉，可是直接越過馬路或左轉還是會發生。給予限制的「意志」與開放變化的「意志」不停地在眾多時空內彼此對抗，矛盾一直是近乎和諧地存在著，儒家取其中道，在合乎情理的條件之下依然秉持道德而行。「自由意志」的運作使人不呆滯，卻也讓人放縱，要適應社會的人需要經過一番薰陶、刺激與挑戰後，才能讓自己做出合理的選擇與要求，接著要靠「意志」，在嚴酷又真實的現實環境下凝聚意志力，勇敢地踏上自我的理想之途。

第三節 小 結

採社會學、生物學、教育學等理論來理解荀子，卻是補足了一些早先學者對於荀子理論的誤解與不解，因為荀子理論是以後天引導教化之法來完成一個人，人又是一個要活在社會的動物，天性上的缺陷要靠後天來彌補，社會文化體系深諳人類與國家、自然之間的優缺點，為了社會的發展與安定，人類的自我提升，兩者若要互相攜手向前，就要補足彼此的缺陷以及張揚各自的長處，荀子的理論正是要努力調和、加強社會與人類的關係與親密度，

當然也是在宣導道德教化的必須性。

　　人是本性的動物，又具有「自由意志」，即使嚴格定義的真正自由意志很難存在，人天生就已經掌握到絕大多數自身選擇的走向，加上後天的成長背景，要說人類跟社會文化的聯繫度非常緊密可能還有商榷的空間，因為一團大分子當中不是每一個小分子都會乖乖地，如磁力線會朝著同一個方向移動，何況是擁有自我主張的有機生物？於是社會體系藉由軟硬兼施的方式來規範人民，人民接收並且學習，這中間的機制不是很簡單，人在經過一連串嘗試和思索後，會選擇對自己最有利的，不可能一開始就要人去作聖人的事，是之後人才會逐漸從「利益」面轉向別的更深遠的考量，在這過程裡「意志」的存在就更顯得重要，人性的自我提升不是一件很輕鬆的工作，從選擇、經驗、遇到挫折或自我的批判反省，到最後能處之泰然，「意志」的力量伴隨著一路走來，堅定不已，幫助人們能夠突越困境，勇敢朝向理想邁進，「意志」的存在價值可說是非比尋常。

第六章　結　語

　　一個理論系統的完整性要包含很多的辯證與分析，基於一個根源性的核心思想，然後向外伸展，開枝散葉。能夠體帖到，囊括到內外整體的協調與脈落的理論思想自然是得來不易，可能是用很多心力與時間才完成，但也就是靠這樣，理論的缺陷或是矛盾才能減到最低。而一個具有「原創性」的理論比起嚴謹的理論還難出現，獨立發現或無中生有的新觀點都不是一件容易的事，光能夠做到對一些部份中的細節提出反思或新解就已經難能可貴。荀子的理論比起孟子起來，不只讓人感到有一種特別，還有新鮮感，雖然不外乎是因為孔孟的影響力太深，但荀子個人理論中的「原創性」是能讓研究者為之炫目的光點，而本文是希望能提出一個不錯的光點讓其他研究者也能一塊看見，一同讚嘆。

第一節　對新荀學的期許

　　荀子之學要被更多的人所欣賞，所發掘，需要有兩種方法。第一個是用嶄新的，清晰的，不帶太多看法方式去研究荀子，第二個則是在荀子的思想陸塊中持續發現裡頭的未知寶藏。雖然這樣子的講法好像在說荀子的思想比較不流行，原本是這樣，但是近幾十年來，研究荀子的人越來越多，荀子總算是比較不那麼寂寞，跟過去被打壓、鄙夷的歷史相較下，荀子如今正在努力發光與轉變。能接受荀子的人，至少是不會直接排斥荀子，帶有主觀思想來面對荀子是很正常的事，沒有什麼理論是會被所有人接受的。可是，孟子的影響力量太強，用孟子來對照荀子反而容易使荀子的面貌模糊，甚至可能

會搞混荀子的觀點。後來有些學者採取直接理解的方式來閱讀荀子，這樣比較能把荀子理論中的好跟壞給突顯出來，並且不會太受到孟學式思維的干擾。

　　有見識並且有志於荀子研究的學者，努力摘除過多的孟學式思考，避免採用本來就立場不同的比較方法來研究荀子，從最貼近荀子思想的其他方法和理論來理解荀子，這是荀子思想得以「純淨化」的重要步驟。荀子思想的復興和改造，其意圖不是要讓荀子凌駕於孟子之上，也不是要取代孟子，排除孟子，重點在於站穩腳跟，然後放眼未來的發展。而要有開拓未來的發展，除了要有更清晰完整的對荀子思想的理解，還要在文本裡發現到不同的觀點。不同的觀點可以有兩種解釋，第一是新的觀點，挖掘出新的觀點和視角很難，就算是讀同一本書好多遍也不一定想到新的點子，加上若是研究的人已經很多，研究的時間長度也不短，新的點子也很容易先被其他研究者給發現。第二，找到的不是什麼嶄新的，前無古人的新東西，而是早就存在，只是還沒有人提出來，或者是很少人會注意到的觀點。這個說法看起來有點籠統，因為新的觀點也是會常常藏在文本之中。

　　這兩者的區隔不太容易，新的觀點是指沒人發現到、注意到的觀點，有時候像是憑空冒出。新觀點很難找到，而被忽略的或很少人會注意的觀點卻可以靠多一點細心就可以發現，被發現時也就很像是一個新觀點。就本文而言，本文擬將「意志」作為「化性起偽」功夫理論中的核心，看起來這觀點好像很新，但其實荀子在文本裡早就有在說，而且也明明白白貼出來給人看，只是到現在似乎也沒多少人實際地提出來引起談論。但是我覺得這就是一個讓一個思想得以有新動力的來源，就譬如楊儒賓先生企圖把儒道兩教給連上一條潛藏的血脈一樣，新觀念或特別觀念的提出是帶有一些風險的，像楊儒賓先生那個說法很容易引起廣泛質疑，路子走得並不輕鬆，相對地本文比較好過些，可是因為題目內容也是前輩學者不常提出的東西，所以也會有一些質疑和疑慮出現。

　　劉又銘先生及其學生的意圖，是我閱讀一堆文獻資料以來，目前看起來最為顯著的。雖然好像還處在剛脫離草創階段的樣子，但那一股雄心可以感受得到。他們正努力把荀子的庭園門階給清掃乾淨，試著鋪上屬於荀子風格的顏色。孟子擅場於中國道德心性思想的園地裡太久了，可是「人」本身沒有這麼簡單，不能只說孟子，於是也該是讓荀子出來補充另一張拼圖，人性的善惡才得以有個比較合理的根據，可是要完全剔除孟子卻也不可能，孟、

荀兩人因為有所對比才會引發後世一堆人的興趣與參與，而且少了其中一個，儒家也會變得不完全。所以對此要思考的，是如何在荀子思想可以具備獨立地位的同時，也能夠繼續和孟子與其他思想繼續對話，這才是往後要努力去思考與進行的重要任務。

第二節　「意志」的應用與未來展望

　　人總有一堆選擇，也總是有許多得意和悔恨，選對或選錯常常是要走到最後才會發現。人類因為在思考的層級上超過絕大部分的生物，所以才會發展出文明世界，但也就因為如此，人也常常把自己搞得很複雜。荀子的理論是「外力式」的，荀子所設定的「人」是個自然人，也是個社會人，而「人」的本初狀態是不知禮義的，又不分善惡的。「自然人」必須要進階成為一個「社會人」，才能知道且明白禮義善惡。成為社會人是很緩慢、漸進的過程，經由學習、教育、習俗等「外力」去影響、變化一個人的思想與作為，這是荀子所發現到的，他只是沒有將之命名為「社會化」。「人」之塑造自己，完成自己的過程與方法有分內與外，荀子所看到與所重視的很多是「外」的部份。依照一般情況，「人」接受教導和指引，一步一步地建構起自身的思想和心靈時，這個過程常常是處在順從與反抗當中。孔子批評宰我是「朽木不可雕也」〔註1〕，對他「晝寢」的行為感到非常不屑。在孔子個人的道德光芒之朗照下，猶有如宰我這種似乎不那麼受教，相當自行其道的學生，那麼一般人之難以向善，容易為惡是可以被同情與理解的。

　　如「宰我」這樣的表現算是一種個人「自由意志」的表現。如果每個人都很直接乖巧地遵循其他人說的話，也好好依循著習俗、法規等，那這樣子的社會應該會相當地安寧穩定。可是「自由意志」的存在卻讓一個人的發展出現很多變因，連帶也影響到整個大環境。在一個背景因素和必然結果當中夾縫求存與求變的一個思想活動，是「自由意志」的源頭，文明社會中存在著許多價值觀也是因為「自由意志」。孔子贊同「三年之喪」，但是宰我卻對此提出質疑，他是孔子的學生，他應該會直接接受孔子的想法，可是他卻沒有。雖然宰我的故事在後世反成了一個負面教材，但是也看到宰我正在進行

〔註1〕宋　朱熹：《四書集注》（台北：藝文印書館，1978年4月），〈論語三‧公冶長〉，頁4

他的獨立思考，他的行為和他的反駁正展現著他的「自由意志」。宰我的作為和想法是好是壞，後人自有公道，可是正因為人具有「自由意志」，所以善惡的選擇是沒有絕對的，而且積德成善的理論也因為這「自由意志」而會受到質疑與挑戰。

即便孟子說人天生有「善根」，可是也無法避免人會學壞。人的多變和難以控制的特性，正挑戰著一個理論的可行性與完整性。荀子不認為人有善性，只認為人比較容易變壞，如果再加上「自由意志」的話，豈不是更「如虎添翼」了？於是荀子講究規矩與禮義，期盼用外在的社會與人為之力量來感化、影響一個人的身心發展，但是荀子也說過人可以選擇為不善，也就是在「自由意志」的主導下，即使是身處在一群薛居州的環境裡，人還是可能會作惡，或者是為善不全。耶穌曾經在荒野中接受魔鬼的考驗，經過多天，其心志依舊毫不動搖，這故事告訴我們這不僅僅是「相信」的問題，還有「意志」在暗中幫助耶穌渡過考驗。無論是什麼行動或理論，一旦要進行實做就很可能會面臨到許多挑戰與困難，就像是海克力斯和九頭海蛇戰鬥一樣，遇到現實上的一些限制，理論就容易發生無法磨合或相融的問題，實踐者碰到難關，若要繼續做下去而不肯放棄的話，除了要有足夠的智慧和體力之外，還要有充分強大的「意志」力。

本文沒有想要過度加強，誇耀「意志」的能耐與力量，如同在說「愛」是永恆不朽的這樣，但「意志」的力量是很強大的。「意志」是一種可長可久，可強可弱的謎樣力量，沒人知道是從人心的何處而來，是以什麼樣的機制而產生，可是這股精神力是確實存在著。修德為善是一條很艱辛的路，當一個人掌握到方法與精髓，以及下定決定要去實踐之後，他將面對很多考驗與疑惑。要解決難題有很多方法，但有些難題卻是要先去面對才有辦法解決，譬如複雜的感情問題，有的人會選擇逃避或是擱置不管，在答案要出來之前就已經遺失了問題，再者雖然是勇敢地面對問題，但沒有足夠的毅力和決心去完成，到頭來問題還是無法被解決。或許，有的問題是永遠無解，也可能是不可以去解決的，但是試圖從難關當中突破，然後成長，這是我們通常會遇到的事。

首先，下定決心，緊握信心，對準目標，接著「意志」就會出現。在過程當中讓「意志」之火繼續燃燒發亮是很重要的事。「駑馬十駕，功在不舍」，荷蘭人自己填海造陸也非三五年的事，若沒有一個動機或目標，意志就無從

生起；而若是意志不夠，目標也就不好達成。荀子理論不像孟子有個動機源頭，是自發的、能動的，荀子的理論必須倚賴外人與環境等的影響來完成，他所相信的是文明社會長期下來所建構出的大環境能夠塑造或改變一個人，禮制、規範、名物習俗等都是整體文化中的一分子，人活在文明環境裡就必然會接受到文化的薰陶，在潛移默化中逐漸轉變與影響一個人的身心發展。可是同樣存在於文明社會裡，「負面的」，具破壞性或不協調的的東西也會產生巨大影響，加以人類自身的欲望或是蒙蔽等，好的影響和壞的影響就會引發激烈的拉拔，一個不注意或懈怠就會被引導到不好的一邊。

　　「意志」在這一連串好與壞，現實跟理想之間的拉鋸戰裡，扮演著支援、中繼、和後勤等角色。基本來說，任何好的理論與方法若是沒有持之以恒地去做，效果也是有限，更何況有些方法所需要準備、醞釀的時間就比較久，完成條件比較麻煩嚴苛，「意志」之力如果不夠支撐的話就根本連起頭都談不上。荀子在文本裡不斷提到持續、專注、累積等字語，有意無意間「意志」早已經流連在荀子的思想體系當中，暗中完成自己該做的事。經過千百年來的文明發展，社會體系本身有一套對人、對事、對於一切的價值鉅冊，就像是養分或空氣一樣，幾乎脫離原始生活型態的人和文明結合，在自然本能的骨質外覆蓋上一層人造的文化外皮，而要維持這種結合並且可以順利地在社會大鍋裡生存，人就必須要學習和習慣社會的禮儀規範與價值思想，不管是自然而然還是被迫的。

　　絕大多數的情況下，人都是被慢慢轉化的，就像是瓜棚上的瓜鬚，會順著瓜棚的架置方式來延伸、旋轉其柔軟的軀幹。可是人本身的原始本性並沒有被消滅，只是被控制、壓抑；人會對於很多事產生好奇與懷疑，所以不會總是遵循一套相同模式來行動。人類不像其他動物，人類會因為思考而時常改變自身的行動模式，本性的誘導與「自由意志」的發動，加上其他因素的影響，成善成惡並非絕對，縱使是生活在一個早被認同為「道德良善」的思想價值環境中。孟子的「善根」還要靠對成善的絕對意志才能勉力維持，勿使牛山濯濯，那麼生活在複雜的文明社會中的人類，要一邊對抗本能和私慾的進逼，還要一邊努力學習禮義和道德，讓自己成為一個善人，跟孟子的比起來，從荀子之法而行卻是困難得多，那麼「意志」還不顯得極為重要與迫切嗎？

　　從先秦的經典和諸子百家的文本中，或多或少我們都可以發現到「意志」

的蹤跡，原來「意志」早就存在，只是隱而不說。而且就算是不談論先秦哲學思想的部分，其他如修煉成仙，行軍佈陣，天文星象、農漁百工等其他領域，包括實作與理論，或多或少都有「意志」在其中。斯巴達的三百壯士在溫泉關戰到全軍覆沒，卻還能硬是擋住了波斯大軍，這是戰爭；摩西帶領希伯來人去應許之地，千里迢迢從埃及出發，穿過紅海來到今日的以色列地區，中間還遇見很多難關，這是傳說。有無數的傳說、神話，無分東西地在述說著「意志」，由此可知「意志」早和人類的生命與生活緊密聯繫。我從「意志」當中看到，或者要委婉地說我發現到一個可以補充、鞏固荀子理論的關鍵點，從「積學」、「積德」、「志行修」等詞句當中察覺到「意志」的存在。「意志」是個強力接著劑，能夠將修養與成人的每個環節給緊緊聯繫起來，如果「三分鐘熱度」無法完成一件事，那「意志」可以把熱度維持的時間提昇到半永久，直到目標達成為止。而且放到其他的思想裡，「意志」也能有自己的一片天，只要是針對個人或是整體上的變化與改進等，有個目標與理想，就不可能把「意志」給丟到背後忘記。

　　本文提出「意志」是想試著「圓滿」荀子的修養理論，也認為在其他思想家的理論裡，「意志」亦佔有不小的一席之地，譬如劉蕺山的「獨體」思想。還有延伸出來的功用是，本文收集和整理關於「意志」的字詞和段落，之後若有意研究荀子思想的人，或許可以從這篇論文裡得到一些想要的東西，簡化要另外搜索跟整理的時間。光有智慧、知識和行動還不夠，還要有決心和毅力，「意志」所賦予的是恆久的，幾乎不滅的力量，雖不能說有「意志」就必然成功，但是沒有「意志」的話，就算說的再多再好聽，聽起來再多麼可行，不好好地努力持續地去做，終究只是個虛浮的天空樓閣。「意志」隨著一次一次的攀坡而愈發強健，我也希望以後也能努力培養出強韌的意志力，來迎接生命中的每個關卡。

參考文獻

一、古籍

1. 周 左丘明著，晉 杜預注，唐 孔穎達正義，李學勤主編：《春秋左傳正義：昭公》，台北：台灣古籍出版股份有限公司，2001 年 10 月。

2. 漢 孔安國傳，唐 孔穎達正義：《尚書正義》，上海：上海古籍出版社，2007 年 12 月。

3. 漢 許慎撰，清 段玉裁注：《說文解字》，浙江：浙江古籍出版社，2006 年 1 月。

4. 漢 董仲舒著，趙炎元註譯：《春秋繁露今註今譯》，台北：台灣商務印書館，1984 年 5 月。

5. 南唐 徐鍇：《說文解字繫傳》，北京：中華書局，1987 年 10 月。

6. 宋 朱熹：《四書集注》，台北：藝文印書館，1978 年 4 月。

7. 宋 朱熹：《周易本義》，台北：大安出版社，1999 年 7 月。

8. 清 王夫之：《禮記章句》，台北：廣文書局，1967 年 7 月。

9. 清 郝懿行：《鄭氏禮記箋》，濟南：齊魯書社，2010 年 4 月。

10. 江灝、錢宗武譯註，周秉鈞審校：《今古文尚書全譯》，貴州：貴州人民出版社，1991 年。

11. 金兆梓：《尚書詮釋》，北京：中華書局，2010 年 8 月。

12. 楊伯峻：《春秋左傳注》，台北：洪葉文化事業有限公司，1993 年 5 月。

13. 裴普賢：《詩經評註讀本》，台北：三民書局，2006 年 6 月。

14. 周 左丘明著，吳 韋昭：《國語》，台北：漢京文化事業有限公司，1983 年 12 月。

15. 漢 司馬遷著，日 瀧川龜太郎校注：《史記會注考證》，台北：大安出版

社，1998 年 9 月。

16. 清 黃宗羲：《宋元學案・説齋學案》，台北：河洛圖書出版社，1975 年。

17. 荀況：《荀子新註》，台北：里仁書局，1983 年 11 月。

18. 王弼：《老子道德經注》，北京：中華書局，2011 年

19. 宋 黎靖德：《朱子語類・戰國漢唐諸子》（北京：中華書局，1986 年）。

20. 明 王守仁著，施邦曜輯評：《陽明先生集要》，北京：中華書局，2008 年 10 月。

21. 明 王守仁：《王陽明全集》，杭州：浙江古籍出版社，2010 年 12 月。

22. 明 王陽明：《傳習錄》，南京：鳳凰出版社，2013 年 5 月。

23. 清 王先謙：《荀子集解》，北京：中華書局，2012 年 3 月。

24. 清 孫詒讓：《墨子閒詁》，北京：中華書局，2001 年 4 月。

25. 清 郭慶藩編，王孝魚整理：《莊子集釋》，台北：萬卷樓圖書股份有限公司，2007 年 7 月。

26. 李滌生：《荀子集釋》，台北：台灣學生書局，1979 年 2 月。

27. 梁啓雄：《荀子簡釋》，北京：中華書局，1983 年 1 月。

28. 章詩同：《荀子簡注》，上海：人民出版社，1974 年 7 月。

29. 熊公哲：《荀子今譯今注》，台北：台灣商務印書館，1975 年 9 月。

30. 劉師培：《荀子補釋》，台北：藝文印書館，出版時間不明。

31. 《諸子集成》，上海：上海書局，1986 年 7 月。

32. 東漢 張衡著，張震澤校注：《張衡詩文集校注》，上海：上海古籍出版社，1986 年 6 月。

33. 唐 韓愈撰，清 馬其昶校注，馬茂元編次：《韓昌黎文集校注》，台北：鼎淵文化事業有限公司，2005 年 11 月。

34. 宋 洪興祖：《楚辭補注》，台北：大安出版社，1995 年 6 月。

35. 清 陳澧：《陳澧集》，上海：上海古籍出版社，2008 年 7 月。

36. 卞孝萱：《劉禹錫集》，北京：中華書局，1990 年 3 月。

37. 張志烈、馬德富、周裕鍇主編：《蘇軾全集校注》，河北：河北人民出版社，2010 年 6 月。

二、專書

1. 明 傅山評注，吳連成釋文：《傅山《荀子》《淮南子》評注手稿》，上海：上海古籍出版社，1990 年 10 月。

2. 清 吳汝綸：《諸子集評》，台北：中華書局，1970 年。

3. 王穎：《荀子倫理思想研究》，哈爾濱：黑龍江人民出版社，2006 年 12

月。

4. 王祥齡：《荀子的超越性思維》，台北：五南出版社，2005 年 8 月。

5. 王邦雄：《中國哲學論集》，台北：台灣學生書局，1983 年。

6. 王開府：《儒家倫理學析解》，台北：台灣學生書局，1986 年 3 月。

7. 王壽男主編：《墨子、商鞅、莊子、孟子、荀子》，台北：台灣商務印書館，1978 年 6 月。

8. 王威海：《韋伯：擺脫現代社會兩難困境》，瀋陽：遼海出版社，1999 年 7 月。

9. 王汎森：《章太炎的思想：兼論其對儒學思想的衝擊》，上海：人民出版社，2012 年 7 月。

10. 孔繁：《荀子評傳》，南京：南京大學出版社，1997 年 11 月。

11. 孔憲鐸、王登峰：《基因與人性》，北京：北京人民出版社，2009 年 9 月。

12. 牟宗三：《名家與荀子》，台北：學生書局，1985 年。

13. 牟宗三：《牟宗三先生全集》，台北：聯經出版社，2003 年。

14. 牟宗三：《智的直覺和中國哲學》，台北：台灣商務印書館，1971 年 3 月。

15. 何淑靜：《孟荀道德實踐理論之研究》，台北：文津出版社，1988 年。

16. 向仍旦：《荀子通論》，福建：福建教育出版社，1987 年 12 月。

17. 任繼愈：《中國哲學發展史：先秦》，北京：人民出版社，2010 年 6 月。

18. 岑賢安等著：《性》，北京：中國人民大學出版社，1995 年。

19. 杜維明著，陳靜譯，楊儒賓導讀：《儒教》，台北：麥田出版社，2002 年。

20. 杜維明：《我們的宗教：儒教》，台北：麥田出版社，2002 年。

21. 杜正勝：《編戶齊民：傳統政治社會結構之形成》，台北：聯經出版社，1990 年 4 月。

22. 李天虹：《郭店楚簡〈性自命出〉研究》，武漢：湖北教育出版社，2002 年。

23. 李瑩瑜：《荀子內聖外王思想研究》，台北：花木蘭文化出版社，2009 年 9 月。

24. 李哲賢：《荀子之名學析論》，台北：文津出版社，2005 年 10 月。

25. 李哲賢：《荀子之核心思想——「禮義之統」及其現代意義》，台北：文津出版社，1994 年 8 月。

26. 李書有：《中國倫理思想發展史》，江蘇：江蘇古籍出版社，1992 年 1 月。

27. 李亞彬：《道德哲學之維——孟子荀子人性論比較研究》，北京：人民出版社，2007 年 12 月。

28. 吳茹寒：《荀子學說淺論》，台北：文津出版社，1982 年 6 月。

29. 吳復生：《荀子思想新探》，台北：文史哲出版社，1998 年 9 月。

30. 吳樹勤：《禮學視野中的荀子人學：以知通統類為核心》，濟南：齊魯書社，2007 年 9 月。

31. 吳光：《儒家哲學片論：東方道德人文主義之研究》，台北：允晨文化出版社，1990 年 6 月。

32. 吳汝鈞：《儒家哲學》，台北：台灣商務印書館，1995 年 12 月。

33. 吳怡：《中庸誠的哲學》，台北：東大圖書股份有限公司，1976 年 2 月。

34. 吳康：《學庸論文集》，台北：黎明文化事業股份有限公司，1981 年 1 月。

35. 周群振：《荀子思想研究》，台北：文津出版社，1987 年 4 月。

36. 周與沉：《身體：思想與修行》，北京：中國社會科學出版社，2005 年 1 月。

37. 周志煌著：《物類與倫類：荀學觀念與近現代中國學術話語》，台北：洪葉文化出版社，2013 年 3 月。

38. 林清江：《教育社會學析論：我國社會與教育關係之研究》，台北：五南圖書出版公司，1981 年 7 月。

39. 林登順：《魏晉南北朝儒學流變之省察》，台北：文津出版社，1996 年 4 月。

40. 東方朔：《合理性之尋求：荀子思想研究論集》，台北：國立台灣大學出版中心，2011 年 6 月。

41. 韋政通：《荀子與古代哲學》，台北：台灣商務印書館，1966 年 9 月。

42. 姜國柱：《中國歷代思想史》，台北：文津出版社，1993 年 12 月。

43. 姚才剛：《終極信仰與多元價值的融通：劉述先新儒學思想研究》，成都：巴蜀書社，2003 年 10 月。

44. 高正：《《荀子》版本源流考》，北京：中國社會科學出版社，1992 年 4 月。

45. 高柏園：《中庸形上思想》，台北：東大圖書出版有限公司，1988 年 3 月。

46. 唐君毅：《中國哲學原論，原性篇》，台北：台灣學生書局，1989 年 11 月。

47. 唐端正：《先秦諸子論叢》，台北：東大出版社，1981 年 5 月。

48. 袁信愛、潘小慧：《荀子社會學思想研究、從解蔽心看荀子的知識論與方法學》，台北：花木蘭文化出版社，2008 年 9 月。

49. 徐復觀：《中國人性論史・先秦篇》，台中：私立東海大學出版，1977 年。

50. 徐復觀：《中國思想史論集》，上海：上海書局，2004 年 6 月。

51. 徐復觀：《中國思想史論集續篇》，上海：上海書局，2004 年 6 月。

52. 徐學庸：《靈魂的奧德賽：柏拉圖費多篇》，台北：長松文化興業有限公司，2004 年 2 月。

53. 徐學庸譯注：《米諾篇、費多篇譯注》，台北：台灣商務印書館，2013 年 10 月。

54. 徐干章：《荀子與兩漢儒學》，台北：文津出版社，1988 年 2 月。

55. 郭志坤：《荀學論稿》，上海：三聯書局，1991 年 9 月。

56. 翁惠美：《荀子論人研究》，台北：正中書局，1988 年 7 月。

57. 陶鴻慶：《讀諸子札記》，台北：商務印書館，1971 年 11 月。

58. 夏甄陶：《論荀子的哲學思想》，上海：人民出版社，1979 年 8 月。

59. 晁福林：《先秦社會思想研究》，北京：商務印書館，2007 年 6 月。

60. 秦彥士：《諸子學與先秦社會》，河北：河北人民出版社，2003 年 1 月。

61. 馬積高：《荀學源流》，上海：上海古籍出版社，2000 年 9 月。

62. 陳來：《古代宗教與倫理：儒家思想的根源》，北京：生活、讀書、新知三聯書局，1996 年。

63. 陳靜美：《荀子的教育哲學——以「成德理論」為進路》，台北：花木蘭文化出版社，2010 年 9 月。

64. 陳修武：《荀子：人性的批判》，台北：時報文化出版公司，2012 年。

65. 陳鼓應：《尼采新論》，台北：台灣商務印書館，2005 年 12 月。

66. 陳大齊：《荀子學說》，台北：中國文化大學出版社，1989 年。

67. 陳飛龍：《荀子禮學之研究》，台北：文史哲出版社，1979 年 4 月

68. 陳科華：《儒家中庸之道研究》，桂林：廣西師範大學出版社，2000 年 4 月。

69. 陳慶衍：《大學探義》，台北：法蘭克福國際工作室，2001 年 8 月。

70. 張丰乾：《《詩經》與先秦哲學》，北京：北京大學出版社，2009 年 11 月。

71. 張勻翔：《攝王於禮、攝禮於德－荀子之智德及倫理社會建構之意涵》，台北：花木蘭文化出版社，2010 年 3 月。

72. 張立文：《天》，台北：七略出版社，1996 年。

73. 張立文：《性》，台北：七略出版社，1996 年。

74. 張立文：《中國哲學範疇精粹叢：道》，北京：中國人民大學出版社，1989 年 3 月。

75. 張維安：《文化與經濟：韋伯社會學研究》，台北：巨流圖書有限公司，1995 年 2 月。

76. 張博樹：《利維坦導讀》，成都：四川教育出版社，2002 年 12 月。

77. 張春興：《張氏心理學辭典》，台北：台灣東華書局，1991 年 11 月。

78. 張豈之：《中國儒學思想史》，台北：水牛圖書出版社，1992 年 4 月。

79. 許建良：《先秦儒家的道德世界》，北京：中國社會科學出版社，2008 年 8 月。

80. 梁濤、斯雲龍編：《出土文獻與君子慎獨——慎獨問題討論集》，廣西：漓江出版社，2012 年 1 月。

81. 梁瑞明：《道德體驗与道德哲學：康德道德形上學探本實踐理性批判導讀》，香港：志蓮靜苑，2009 年 2 月。

82. 黃聖旻：《王先謙荀子集解研究》，台北：花木蘭文化出版社，2006 年 3 月。

83. 馮友蘭：《中國哲學簡史》，台北：新世界出版社，2004 年 1 月。

84. 程兆熊：《儒家思想——性情之教》，台北：明文書局，1986 年 4 月。

85. 曾昭旭：《道德與道德實踐》，台北：漢光文化事業股份有限公司，1983 年 4 月。

86. 嵇哲：《先秦諸子學》，台北：洪氏出版社，1982 年 10 月。

87. 傅武光：《中國思想史論集》，台北：文津出版社，1990 年 9 月。

88. 楊華：《先秦禮樂文化》，漢口：湖北教育出版社，1997 年 3 月。

89. 楊秀宮：《孔孟荀禮法思想的演變與發展》，台北：文史哲出版社，2000 年 8 月。

90. 楊長鎮：《荀子類的存有論研究》，台北：文津出版社，1996 年。

91. 楊祖漢：《中庸義理疏解》，台北：鵝湖月刊社，1984 年 5 月。

92. 葛兆光：《七世紀前中國的知識、思想與信仰世界》，上海：復旦大學出版社，1998 年 4 月。

93. 廖其發：《先秦兩漢人性論與教育思想研究》，重慶：重慶出版社，1999 年 12 月。

94. 廖名春：《荀子新探》，台北：文津出版社，1994 年 2 月。

95. 蒙培元：《中國心性論》，台北：台灣學生書局，1990 年。

96. 蔡仁厚：《孔孟荀哲學》，台北：台灣學生書局，1984 年。

97. 蔡仁厚、林月惠編：《牟宗三先生全集 心體與性體（一）》，台北：正中書局，1968 年 5 月。

98. 蔡仁厚：《中國哲學史》，台北：台灣學生書局，2009 年 7 月。

99. 蔡錦昌：《從中國古代思考方式論較：荀子思想之特色》，台北：唐山出版社，1989 年 3 月。

100. 趙士林：《荀子》，台北：東大圖書出版社，1999 年 6 月。

101. 趙澤厚：《大學研究》，台北：台灣中華書局，1972 年 3 月。

102. 潘菽：《意識：心理學研究》，北京：商務印書館，1998 年 12 月。

103. 劉述先等著：《當代新儒學論文集・外王篇》，台北：文津出版社，1996 年 5 月。

104. 龍宇純：《荀子論集》，台北：台灣學生書局，1987 年。

105. 鮑國順：《荀子學說析論》，台北：華正書局，1982 年 6 月。

106. 錢遜：《先秦哲學》，遼寧：遼寧教育出版社，1994 年 2 月。

107. 錢新祖：《中國思想史講義》，台北：國立台灣大學出版中心，2013 年 8 月。

108. 鄺士元：《中國學術思想史》，台北：里仁書局，1992 年 1 月。

109. 韓宏韜：《《毛詩正義》研究》，北京：中國社會科學出版社，2009 年 8 月。

110. 謝謙：《中國古代宗教與禮樂文化》，成都：四川人民出版社，1996 年 7 月。

111. 謝君直：《郭店楚簡儒家哲學研究》，台北：萬卷樓，2008 年 8 月。

112. 韓廷一：《韓昌黎思想研究》，台北：台灣商務印書館，1982 年 2 月。

113. 韓宏韜：《毛詩正義研究》，北京：中國社會科學出版社，2009 年 8 月。

114. 魏元珪：《荀子哲學思想》，台北：花木蘭文化出版社，2009 年 9 月。

115. 魏啓鵬：《簡帛〈五行〉箋釋》，台北：萬卷樓，2000 年 7 月。

116. 譚宇權：《荀子學說評論》，台北：文津出版社，1994 年 1 月。

117. 譚宇權：《中庸哲學研究》，台北：文津出版社，1995 年 11 月。

118. 羅光：《中國哲學思想史：先秦篇》，台北：台灣學生書局，1982 年。

119. 蘇郁銘：《1994 年～2003 年美國的荀子研究》，台北：花木蘭文化出版社，2012 年 9 月。

120. 《中國哲學 第十輯》，北京：三聯書局，1983 年。

三、期刊與會議論文

1. 王慶光：〈先秦內聖觀由「神文」向「人文」之轉型〉，《興大人文社會學報》第 6 期，1997 年 6 月）、《原道》第五輯，陳明、朱漢民主編，貴州人民出版社，1999 年 4 月。

2. 王慶光：〈荀子「化性起偽」淵源孔子之研究〉，荀子研究的回顧與開創系列研討會，「第一次：中日荀子研究的評述」，雲林科技大學漢學資料整理研究所，2005 年 11 月。

3. 王慶光：〈荀子「天君」之心的倫理學意涵〉，「傳統中國倫理觀的當代省」國際學術研討會，2008 年 5 月。

4. 李哲賢：〈荀子人性論研究在美國〉，政大中文學報第八期，2007 年 12

月。

5. 周德良：〈荀子「心偽論」的重建〉，臺北大學中文學報第 4 期，2008 年
   3 月。

6. 東方朔：〈心知與心慮——兼論荀子的道德主體與人的概念〉，《國立政治
   大學哲學學報》，第二十七期，2012 年 1 月。

7. 潘小慧：〈從「解蔽心」到「是是非非」：荀子道德知識論的建構及其當
   代意義〉，《哲學與文化》，第卅四卷第十二期，2007 年 12 月。

8. 劉又銘：〈從「蘊謂」論荀子哲學潛在的性善觀〉，孔學與二十一世紀國
   際學術研討會，國立政治大學文學院，2001 年 10 月。

9. 劉又銘：〈論荀子的哲學典範及其流變〉，荀子研究的回顧與開創國際學
   術研討會，國科會國際合作處贊助，雲林科技大學漢學資料整理研究所
   主辦，2006 年 2 月。

10. 佐藤將之：〈荀子哲學研究之解構與建構：以中日學者之嘗試與「誠」概
    念之探討為線索〉，《國立臺灣大學哲學論評》，第三十四期，2007 年 10
    月。

11. 佐藤將之：〈掌握變化的道德——荀子「誠」概念的研究〉，漢學研究第
    27 卷第 4 期，2009 年 12 月。

四、外文資料

1. （日）小野澤精一等編：《氣的思想：中國自然觀和人的觀念的發展》，
   上海：人民出版社，2007 年 3 月。

2. （日）加藤常賢等著，蔡懋棠譯：《中國思想史》，台北：台灣學生書局，
   1978 年 5 月。

3. （日）西田幾多郎：《善的研究》，北京：商務印書館，1965 年 8 月。

4. （日）金子榮一著，李永熾譯：《韋伯的比較社會學》，台北：水牛圖書
   出版事業有限公司，1988 年 10 月。

5. （日）渡邊秀方著，劉侃元譯：《中國哲學史概論》，台北：台灣商務印
   書館，1979 年 7 月。

6. （英）弗蘭克・帕金：《馬克斯・韋伯》，南京：譯林出版社，2011 年 6
   月。

7. （美）赫博特・芬格萊特著，劉東主編：《孔子：即凡而聖》，南京：江
   蘇人民出版社，2002 年 9 月。

8. （德）霍布斯：《論公民》，貴州：人民出版社，2003 年。

9. （德）尼采著，楊桓達等譯：《尼采之查拉圖斯特拉如是說》，台北：百
   善書房，2004 年。

10. （美）里奇拉克：《發現自由意志與個人責任》，貴陽：貴州人民出版社，

1994 年 4 月。

11. （德）叔本華，石冲白譯，楊一之校：《作爲意志和表象的世界》，北京：商務印書館，1982 年 11 月。

12. （德）格奧爾格·西美爾，朱雁冰譯：《叔本華與尼采》，上海：人民出版社，2009 年 7 月。

13. （美）班杰明·史華慈著，劉東主編：《古代中國的思想世界》，南京：江蘇人民出版社，2003 年 12 月。

14. （德）阿爾伯特·史懷哲：《中國思想史（Geschichte des Chinesischen Denkens）》，北京：社會科學文獻出版社，2009 年 9 月。

15. （德）韋伯著，簡惠美譯：《中國的宗教：儒教與道教》，台北：遠流出版社，1996 年 1 月。

16. （德）韋伯：《新教倫理與資本主義精神》，台北：左岸文化出版社，2008 年 9 月。